税务干部培训系列教材

小企业财务会计·税务版

朱亚军　李淑霞　编著

经济科学出版社

图书在版编目（CIP）数据

小企业财务会计：税务版/朱亚军，李淑霞编著．—北京：经济科学出版社，2013.5

税务干部培训系列教材

ISBN 978－7－5141－3186－4

Ⅰ．①小…　Ⅱ．①朱…②李…　Ⅲ．①中小企业－财务会计　Ⅳ．①F276.3

中国版本图书馆CIP数据核字（2013）第061067号

责任编辑：段　钢　卢元孝

责任校对：杨　海

版式设计：代小卫

责任印制：邱　天

小企业财务会计·税务版

朱亚军　李淑霞　编著

经济科学出版社出版、发行　新华书店经销

社址：北京市海淀区阜成路甲28号　邮编：100142

总编部电话：88191217　发行部电话：88191537

网址：www.esp.com.cn

电子邮件：esp@esp.com.cn

北京万友印刷有限公司印装

787×1092　16开　21印张　370000字

2013年5月第1版　2013年5月第1次印刷

ISBN 978－7－5141－3186－4　定价：45.00元

（图书出现印装问题，本社负责调换。电话：88191502）

前　言

小企业是我国国民经济和社会发展的重要力量，促进小企业健康发展，是保持国民经济平稳较快发展的重要基础。中央一直高度重视和支持小企业发展，2003 年制定了《中华人民共和国中小企业促进法》。国务院先后于 2005 年、2009 年印发了《鼓励支持和引导个体私营等非公有制经济发展的若干意见》(国发［2005］3 号）和《关于进一步促进中小企业发展的若干意见》(国发［2009］36 号)。财政部于 2011 年 10 月制定了《小企业会计准则》，2013 年 1 月 1 日起在小企业范围内施行。《小企业会计准则》是贯彻落实《中华人民共和国会计法》等法律法规、加强小企业管理、促进小企业健康发展的重要制度安排。

《小企业会计准则》的亮点之一是简化会计处理，减少税会差异，与税法保持高度一致。为方便广大税务干部学习《小企业会计准则》，提高征管水平，更好地服务于小企业，我们在大量调研的基础上，编写了本书。

本书是税务干部培训系列教材之一。教材的编写力求更适合税务干部教育培训的特点和要求，更接近税收工作实际。具体体现在以下三个方面：

其一，体系新颖。结构编排上，突破传统财务会计的要素体系，以制造业小企业生产经营过程和资金循环为主线，以小企业筹建为起点，经过供应、生产和销售三个阶段直至利润的形成与分配，最后编报财务报表，将各会计要素的相关内容分别融入其中。另外，生物资产、投资和外币业务等特殊业务单列一章，以保证内容的完整。其他特殊业务在《小企业会计准则》中没有单独规范的，可以参照《企业会计准则》的规定执行，本教材不再重复。这一结构体系编排上的突破，更接近小企业会计核算的实际，更鲜明地揭示税收的形成过程，也有利于税务干部结合税收工作的实际情况学习。

其二，内容完整。内容安排上，将小企业会计核算的内容与税法（主要是企业所得税）的差异分析有机地结合。在小企业会计与税法存在差异以及容易出现涉税风险的环节进行涉税提示，并列示税法的相关规定，会计与税法相互对照，差异清晰明了。利于税务干部系统了解小企业会计准则的理论体系，熟悉小企业生产经营业务各环节的会计处理及涉税规定，并能够利用会计报表进行涉税分析，从而为税收征管与税务稽查提供指导。

其三，实用性强。教材示例详尽，会计核算内容后均有例题，便于税务干部对照税法学习会计，参照会计理解税法。

本教材也适用于小企业会计人员及其他相关人员的学习与参考。

本教材由朱亚军、李淑霞编著。第一章、第五章、第六章的第二节、第七章、第八章由朱亚军编写，第二章、第三章、第四章、第六章中的第一节、第三节由李淑霞编写。朱亚军进行了总纂，王宝田、周家才审定了全书。周家才对教材的内容和结构编排等提出了宝贵的建议。

本教材是辽宁税务高等专科学校税务干部教育培训教材体系建设的成果之一，在编写和出版过程中，得到了校领导及科研处等部门的大力支持，在此深表谢意。

由于编者水平有限，时间仓促，书中难免有疏漏和不足之处，恳请广大读者批评指正。

编者

2013 年 3 月于大连

目 录

第一章

总　论

本章讲述小企业财务会计的概念、小企业会计核算的基本内容、基本假设以及基本原则等。

第一节　小企业财务会计的意义

一、小企业财务会计的概念

小企业财务会计，是以会计法为准绳，以小企业会计准则为主要依据，采用会计核算的一系列专门方法，通过对小企业发生的经济业务进行全面、系统、连续、综合的核算与监督，为会计信息使用者提供财务状况、经营成果和现金流量等经济信息而进行的一项经济管理活动。小企业财务会计是现代企业会计的一个重要组成部分。随着我国市场经济的不断发展与完善，小企业已经成为促进市场竞争和市场经济发展的生力军，是推动我国技术创新、增加就业和稳定社会的重要力量。小企业财务会计以提供符合国家宏观经济管理要求的财务信息，满足企业内部以及有关外部各方了解小企业财务状况、经营成果和现金流量为目标。小企业财务会计作为小企业管理工作的一项重要组成部分，主要有以下几方面的作用：

1. 有助于提供决策有用的信息，提高企业透明度，规范小企业行为。小企业财务会计通过其核算职能，提供有关企业财务状况、经营成果和现金流量等方面的信息，为投资者进行投资决策提供依据。

2. 有助于小企业加强经营管理，提高经济效益，促进小企业可持续发展。小企业经营管理水平的高低，直接影响着企业的经济效益、经营成果、竞争能力和发展前景，在一定程度上决定着小企业的前途和命运。小企业财务会计通过提供的各项财务信息，为经营管理者财务分析、经营风险防范、经营决策提供依据。

3. 有助于国家政府部门对小企业进行宏观管理和宏观调控。国家作为社会管理者，在制定社会资源配置、产业结构、企业改组等重大经济政策时，必须以会计信息为依托。尤其是税务部门对小企业进行日常涉税管理时，主要以小企业提供的财务信息为依据。

二、小企业范围的界定

小企业，是指在中华人民共和国境内依法设立的，符合《中小企业划型标准规定》（工信部联企业［2011］300号）（见附录1）所规定的小型企业标准的企业。但不包括下列三类小企业：一是股票或债券在市场上公开交易的小企业；二是金融机构或其他具有金融性质的小企业；三是企业集团内的母公司和子公司。这里所称的企业集团、母公司和子公司的定义与《企业会计准则》的规定相同。

（一）一般规定

根据《中小企业划型标准规定》的规定，把中小企业划分为中型、小型、微型三种。具体标准根据企业从业人员、营业收入、资产总额等指标，结合行业特点制定。该规定适用的行业包括：农、林、牧、渔业，工业（包括采矿业，制造业，电力、热力、燃气及水的生产和供应业），建筑业，批发业，零售业，交通运输业（不含铁路运输业），仓储业，邮政业，住宿业，餐饮业，信息传输业（包括电信、互联网和相关服务），软件和信息技术服务业，房地产开发经营，物业管理，租赁和商务服务业，其他未列明行业（包括科学研究和技术服务业，水利、环境和公共设施管理业，居民服务、修理和其他服务业，社会工作，文化、体育和娱乐业等）。该规定的中型企业标准上限即为大型企业标准的下限，国家统计部门据此制定大中小微型企业的统计分类。国务院有关部门据此进行相关数据分析，不得制定与该规定不一致的企业划型标准。

（二）特殊规定

除了上述一般规定外，小企业会计准则还规定了一些例外情形，企业可根据其自身的具体情况进行判断，选择执行相应的会计标准。

1. 符合一般规定条件的小企业，可以按照《小企业会计准则》进行会计处理，也可以选择执行《企业会计准则》。

2. 执行《小企业会计准则》的小企业，发生的交易或者事项《小企业会计准则》未作规范的，可以参照《企业会计准则》中的相关规定处理。

3. 选择执行《企业会计准则》的小企业，不得在执行《企业会计准则》的同时，选择执行《小企业会计准则》的相关规定。

4. 执行《小企业会计准则》的小企业，公开发行股票或债券的，应当转为执行《企业会计准则》；因经营规模或企业性质变化导致不符合《小企业会计准则》所规定的小企业标准而成为大中型企业或金融企业的，应当从次年1月1日起转为执行《企业会计准则》。

由此可见，企业在选择执行的会计标准时，遵循了就高不就低的原则。小企业既可执行《企业会计准则》，也可执行《小企业会计准则》，选择范围更广泛，自由度更高，但是无论选择执行哪个标准，都必须坚持一致性原则，不得随意变化。

【涉税提示】

《小企业会计准则》中的小企业是指符合《中小企业划型标准规定》规定的小型企业，它既不同于《中华人民共和国增值税暂行条例实施细则》（以下简称《增值税实施细则》）中规定的“小规模纳税人”，也不同于《中华人民共和国企业所得税法实施条例》（以下简称《企业所得税法实施条例》）中规定的“小型微利企业”。其中，增值税实施细则规定，符合下列标准之一的企业为小规模纳税人：（1）从事货物生产或者提供应税劳务的纳税人，以及以从事货物生产或者提供应税劳务为主，并兼营货物批发或者零售的纳税人，年应征增值税销售额在50万元以下（含本数）的；这里所称以从事货物生产或者提供应税劳务为主，是指纳税人的年货物生产或者提供应税劳务的销售额占年应税销售额的比重在50%以上。（2）除上述规定以外的纳税人，年应税销售额在80万元以下的。小规模纳税人增值税征收率为3%。

《企业所得税法实施条例》规定，符合条件的小型微利企业，是指从事国家非限制和禁止行业，并符合下列条件的企业：（1）工业企业，年度应纳税所得额不超过30万元，从业人数不超过100人，资产总额不超过3 000万元；（2）其他企业，年度应纳税所得额不超过30万元，从业人数不超过80人，资产总额不超过1 000万元。符合条件的小型微利企业，减按20%的税率征收企业所得税。

三、小企业会计核算的内容

（一）小企业会计核算对象

会计对象是小企业财务核算和监督的具体内容，在社会主义市场经济体制下，就是社会再生产过程中的资金及其运动。

企业无论大小，要想从事生产经营活动，必须具备三个基本要素：劳动者、劳动资料和劳动对象，三者缺一不可。制造业小企业要生产制造产品，首先必须有人，即劳动者。其次还必须拥有一定的物质基础，即劳动资料和劳动对象，如厂房、建筑物、机器设备、材料物资等。劳动者借助于劳动资料对劳动对象进行加工改造生产出各种产品，以满足社会各方面的需要，这一过程称为生产过程。在市场经济条件下，生产过程中消耗的各种材料物资又都属于商品，有商品就要有衡量商品价值的尺度，即商品价值的一般等价物——货币。各项财产物资的货币表现就是资金。

小企业的资金只有不断运动变化才能给企业带来经济利益的流入。如制造业小企业的经营活动，分为供应、生产、销售三个环节。小企业为了能进行正常的生产经营活动，必须通过各种渠道拥有一定数量的经营资金，这些经营资金在生产经营过程中又表现为不同的占用形态，而且随着生产经营过程的不断进行，其资金形态也在不断地转化，从而形成经营资金的循环与周转。

1. 资金的筹集

就小企业而言，资金的筹集渠道主要有两种方式：一是接受投资人投入的资金，形成投资人的权益，投资者对资产的要求权，形成小企业的所有者权益；二是债权人借入的资金，形成债权人的权益，债权人对资产的要求权形成小企业的负债。小企业通过接受投资或通过负债，将筹集到的资金运用到正常的生产经营业务中，即进入到小企业生产经营的第一个环节——供应过程。

2. 供应过程

供应过程是小企业产品生产的准备过程。在这个过程中，小企业要用筹集到的货币资金购买生产经营所需的各项财产物资。购买的机器设备等主要劳动资料形成固定资产，购买的生产经营用材料等劳动对象形成材料储备等。此时，货币资金分别转化为固定资金和储备资金形态。所以，对小企业来说，供应过程所涉及的主要业务就是通过不同渠道、不同方式取得生产经营所需的各项财产物资，包括固定资产、无形资产、材料及其他资产等。具备了这些物资条件以后，就进入到生产经营的下一个环节——生产过程。

3. 生产过程

生产过程是制造业小企业生产经营活动的中心环节。在生产过程中，劳动者借助于劳动资料对劳动对象进行加工、改造，生产出各种产品满足社会各方面的需要。生产过程既是产品的制造过程，又是物化劳动和活劳动的耗费过程。在这一过程中，原材料等劳动对象通过加工形成在产品，随着生产过程的不断进行，在产品最终要转化为产成品。从价值形态来看，生产过程中发生的各种耗费，形成小企业的生产费用。具体而言，为生产产品而耗费的材料形成材料费用，耗费的活劳动形成工资及福利费等费用，使用厂房、机器设备等劳动资料形成折旧费用等。生产过程中发生的生产费用的总和构成产品的生产成本。其资金形态从固定资金、储备资金和一部分货币资金形态转化为生产资金形态。随着生产过程的不断进行，生产出的产成品验收入库后，其资金形态又转化为成品资金形态。生产费用的发生、归集和分配，以及完工产品生产成本的计算等构成了生产过程核算的基本内容。产品生产完工验收入库后，就进入到生产经营的下一个环节——销售过程。

4. 销售过程

销售过程是产品价值的实现过程。在销售过程中，小企业通过销售产品，实现销售收入，并按照销售价格与购买单位办理各种款项的结算并收回货款，从而使得成品资金形态转化为货币资金形态，又回到了资金运动的起点状态，完成了一次资金的循环。此外，在销售过程中还要发生各种诸如包装费、广告费等销售费用，计算缴纳各种销售税金，结转销售成本等业务，这些业务构成了销售过程核算的内容。

5. 利润形成与分配过程

按照配比原则的要求，小企业在生产经营过程中所获得的各项收入，补偿了各项成本税费之后的差额，形成小企业的经营成果。对于制造业小企业而言，产品的生产、销售业务还不是实现收益的全部内容，除此以外，还可能发生对外投资业务以实现投资收益、在非日常营业活动中产生营业外收支、有外币业务的企业产生汇兑收益等。这些共同构成了小企业最终的经营成果——利润。

小企业实现的利润，一部分要以税收的形式上缴国家，形成国家的财政收入。另一部分即税后利润，要按规定的程序和要求进行合理的分配。如果是发生了亏损，还要按照规定的程序进行弥补。通过利润分配，一部分资金要退出小企业，另一部分资金要以公积金等形式继续参与小企业的资金周转。

综上所述，小企业在经营过程中发生的资金筹集业务，供产销业务，利润的形成与分配业务，投资与外币等特殊业务，以及财务报表的编报等经济活动，构成了小企业会计核算的具体内容。

（二）小企业会计要素

会计要素是会计对象的具体化，是会计用以反映财务状况、确定经营成果的基本要素。《企业会计准则——基本准则》将会计要素划分为两大类六个要素：第一类是财务状况要素，反映小企业在某一特定日期经营资金的来源和分布情况，包括资产、负债和所有者权益，一般通过资产负债表反映。第二类是经营成果要素，反映小企业在一定时期内生产经营活动的成果，包括收入、费用和利润，一般通过利润表来反映。

1. 反映财务状况的会计要素

（1）资产

资产，是指小企业过去的交易或事项形成的，由小企业拥有或者控制的，预期会给小企业带来经济利益的资源。资产具有如下三个特征：

①资产是由过去的交易或事项所形成的。也就是说，资产是现实的资产，而不是预期的资产，是由过去已经发生的交易或事项所产生的结果。未来交易或事项以及未发生的交易或事项可能产生的结果，则不属于现在的资产，不得作为资产进行确认。

②资产是由小企业拥有或控制的。一般来说，一项资源要作为小企业

的资产予以确认，对于企业来说，要拥有其所有权，可以按照自己的意愿使用或处置。对于一些特殊方式形成的资产，小企业虽然对其不拥有所有权，但能够对其进行实际控制的，也应将其作为小企业的资产予以确认。

③资产预期会给小企业带来经济利益，即资产是可望给小企业带来现金流入的经济资源。资产必须具有交换价值和使用价值，能够可靠地计量，即可以用货币进行计量。

小企业的资产按照其流动性，可分为流动资产和非流动资产。

流动资产，是指预计在 1 年内（含 1 年）或超过 1 年的一个正常营业周期中变现、出售或耗用的资产。小企业的流动资产包括货币资金、短期投资、应收及预付款项、存货等。

流动资产以外的其他资产属于非流动资产。非流动资产包括长期债券投资、长期股权投资、固定资产、生产性生物资产、无形资产、长期待摊费用等。

（2）负债

负债，是指小企业过去的交易或事项形成的，预期会导致经济利益流出企业的现时义务。负债具有如下两个特征：

①负债是小企业的现时义务。负债作为小企业承担的一种义务，是由小企业过去的交易或事项形成的、已承担的现时义务。

②负债的清偿预期会导致经济利益流出小企业。无论负债以何种形式出现，作为一种现时义务，最终的履行预期均会导致经济利益流出小企业，具体表现为交付资产、提供劳务、将一部分股权转让给债权人等。

小企业的负债按照其流动性，可分为流动负债和非流动负债。

流动负债，是指预计在 1 年内或者超过 1 年的一个正常营业周期内清偿的债务。小企业的流动负债包括短期借款、应付及预收款项、应付职工薪酬、应交税费等。

流动负债以外的负债为非流动负债。小企业的非流动负债包括长期借款、长期应付款等。

（3）所有者权益

所有者权益，是指小企业资产扣除负债后由所有者享有的剩余权益。

小企业的所有者权益包括实收资本（或股本）、资本公积、盈余公积和未分配利润。实收资本和资本公积，是由所有者直接投入小企业所形成的，又称投入资本；盈余公积和未分配利润，是小企业在生产经营过程中所实现的利润留存于小企业而形成的，因此又称为留存收益。

2. 反映经营成果的会计要素

（1）收入

收入，是指小企业在日常经营活动中形成的、会导致所有者权益增加的、与所有者投入资本无关的经济利益的总流入。收入具有如下四个特征：

①收入是在小企业的日常活动中产生的，而不是从偶发的交易、事项中产生。

②收入导致小企业资产的增加或负债的减少，或两者同时发生。

③收入会导致小企业所有者权益的增加。

④收入只是本小企业经济利益的流入，不包括代收的款项。

小企业的收入通常包括销售商品收入和提供劳务收入。按照各项收入在总收入中所占比重不同，可以分为主营业务收入和其他业务收入。

（2）费用

费用，是指小企业在日常活动中发生的、会导致所有者权益减少的、与向所有者分配利润无关的经济利益的总流出。费用具有如下两个特征：

①最终会减少小企业的资源，它与资产流入小企业所形成的收入正相反。

②最终会减少小企业的所有者权益。

小企业的费用包括营业成本、营业税金及附加、销售费用、财务费用、管理费用等。

（3）利润

利润，是指小企业在一定会计期间的经营成果。通常来讲，收入大于费用为盈利，收入小于费用则为亏损。利润主要包括营业利润、利润总额和净利润。

（三）小企业会计科目

会计科目，是按照小企业发生的经济业务内容和管理的要求，对会计要素的具体内容进行的分类。小企业的会计科目以及主要账务处理，是依据《小企业会计准则》对会计要素确认和计量的规定而制定的，涵盖了各类小企业的交易和事项。小企业在不违反会计准则中确认、计量和报告规定的前提下，可以根据本企业的实际情况自行增设、分拆、合并会计科目。小企业不存在的交易或者事项，可不设置相关会计科目。对于明细科目，小企业可以比照《小企业会计准则——会计科目、主要账务处理》的规定自行设置。会计科目编号供小企业填制会计凭证、登记会计账簿、查阅会计账目、采用会计软件系统时参考，小企业可结合本企业的实际情况自行确定其他会计科目的编号。（见附录3）

第二节　小企业会计基本假设和会计基础

一、基本假设

企业是经济社会构成的基础单位，但是经济环境的不确定性及企业经营活动的复杂性，导致会计人员在进行会计核算过程中，不得不做出一些合理的假设，即建立会计核算的基本前提，也称为会计假设。会计的基本假设是小企业会计确认、计量和报告的前提，是对会计核算所处时间、空间环境等所做的合理设定。只有明确会计核算的基本前提，才能运用更加科学的方式方法对小企业的经营活动进行全方位多角度的透视，以提供更加可靠真实的会计信息，满足各方面的需要。小企业会计基本假设包括会计主体、持续经营、会计分期和货币计量。

（一）会计主体

会计主体，是指会计为之服务的对象，是小企业会计确认、计量和报告的空间范围。在这一前提下，小企业应当只对其本身的交易或事项进行确认、计量和报告，反映主体本身所从事的各项经营活动。

会计主体不同于法律主体。一般说来，一个法律主体必然是一个会计主体，但会计主体不一定都是法律主体。会计主体可以是一个有法人资格的企业，也可以是由若干家企业通过控股关系组织起来的集团公司，还可以是企业单位下属的二级核算单位。明确界定会计主体，是开展会计确认、计量和报告工作的重要前提。

【涉税提示】

一般情况下，税法上的纳税主体与会计主体是一致的，一个纳税主体通常也是一个会计主体。但是，在某些情况下，二者也可能不同，一个会计主体不一定就是一个纳税主体。如总公司下属的分公司，是一个独立核算的会计主体，但不是独立的企业所得税的纳税主体。《中华人民共和国企业所得税法》（以下简称《企业所得税法》）第一条规定：在中华人民共和国境内，企业和其他取得收入的组织为企业所得税的纳税人，依照本法的规定缴纳企业所得税。第五十条规定：居民企业在中国境内设立不具有法人资格的营业机构的，应当汇总计算并缴纳企业所得税。

（二）持续经营

持续经营，是指小企业或会计主体的生产经营活动将无限期地延续下去，即在可以预见的将来，会计主体不会停业或破产清算。在持续经营前提下，会计确认、计量和报告应当以小企业持续、正常的生产经营活动为前提。

小企业是否持续经营，在会计原则、会计方法的选择上有很大差别。一般情况下，应当假定小企业将会按照当前的规模和状态继续经营下去。明确这个基本假设，就意味着会计主体将按照既定用途使用资产，按照既定的合约条件清偿债务，会计人员就可以在此基础上选择会计原则和会计方法。如判断小企业会持续经营，就可以假定企业的固定资产会在持续的生产经营过程中长期发挥作用，并服务于生产经营过程，固定资产就可以根据历史成本进行记录，并采用折旧的方法，将历史成本分摊到各个会计期间或相关资产的成本中。如果判断小企业不会持续经营，固定资产就不应采用历史成本进行计量并按期计提折旧。在市场经济条件下，每个小企业都有可能面临经营失败的风险，都有可能出现资不抵债等情况而被迫宣告破产或者重组。当有足够的证据证明一个会计主体已无法履行其所承担的义务时，持续经营为前提的会计核算程序和方法就不再适用，应当选择其他会计规范的方法处理。

【涉税提示】

尽管企业所得税法对持续经营没有明确规定，但是，在计算应纳税所得额时，已经隐含了持续经营这一基本假设。比如，对固定资产折旧年限的规定，就是假设在持续经营的前提下，按照税法规定的年限范围计提的折旧可以在税前扣除等。如果企业不能持续经营而进入清算阶段，应当按照规定程序确认清算所得，就其清算所得计算缴纳企业所得税。《企业所得税法》第五十五条规定：企业在年度中间终止经营活动的，应当自实际经营终止之日起60日内，向税务机关办理当期企业所得税汇算清缴。企业应当在办理注销登记前，就其清算所得向税务机关申报并依法缴纳企业所得税。

（三）会计分期

会计分期，是指将小企业持续经营的生产经营活动划分为一个个连续的、长短相同的期间，据以结算账目和编制会计报表，从而及时地提供有关财务状况和经营成果的会计信息。会计期间通常分为年度和中期。中期，是指短于一个完整的会计年度的报告期间。我国会计法规定，以日历年作为一个会计年度，即以公历1月1日至12月31日为一个会计年度。此外，小企业还须按半年、季度、月度为会计期间编制财务报表。

会计期间的划分对于确定会计核算程序和方法具有极为重要的作用。由于有了会计期间才产生了本期与非本期的区别，由于有了本期与非本期的区别，才产生了权责发生制和收付实现制，才使不同类型的会计主体有了记账的基准。例如，划分会计期间后，就产生了某些费用要在不同的会计期间进行摊销，从而分别列为当期费用和下期费用的问题。采用权责发生制后，一些收入和费用按照权责关系需要在本期和以后会计期间进行分配，应确定其归属的会计期间。为此，需要在会计处理上运用应收预收、应付预付等会计方法。

【涉税提示】

我国的会计期间和企业所得税的纳税期间基本相同。《企业所得税法》第五十三条规定：企业所得税按纳税年度计算。纳税年度自公历1月1日起至12月31日止。企业在一个纳税年度中间开业，或者终止经营活动，使该纳税年度的实际经营期不足12个月的，应当以其实际经营期为一个纳税年度。企业依法清算时，应当以清算期间作为一个纳税年度；第五十四条规定：企业所得税分月或者分季预缴。企业应当自月份或者季度终了之日起15日内，向税务机关报送预缴企业所得税纳税申报表，预缴税款。企业应当自年度终了之日起5个月内，向税务机关报送年度企业所得税纳税申报表，并汇算清缴，结清应缴应退税款。

（四）货币计量

货币计量，是指小企业在会计核算中要以货币为统一的主要的计量单位，记录和反映小企业生产经营过程和经营成果。会计主体的经济活动是多种多样、错综复杂的。为了实现会计目标，必须综合反映会计主体的各项经济活动，这就要求有一个统一计量尺度。在会计的确认、计量和报告过程中，选择以货币为基础进行计量，是由货币的本身属性决定的。货币是商品的一般等价物，是衡量一般商品价值的共同尺度，具有价值尺度、流通手段、贮藏手段和支付手段等特点。其他计量单位，如重量、长度、容积、台、件等，只能从一个侧面反映小企业的生产经营情况，无法在总量上进行汇总和比较，不便于会计计量和经营管理。

货币计量假设有两层含义：一是会计核算要选择一种货币作为记账本位币，记账本位币是指小企业经营所处的主要经济环境中的货币。我国会计法规定，会计核算以人民币为记账本位币，业务收支以人民币以外的货币为主的单位，可以选定其中一种货币作为记账本位币，但是编报的财务会计报表应当折算为人民币。二是假定币值稳定，因为只有在币值稳定或相对稳定的情况下，不同时点上资产的价值才有可比性，不同期间的收入和费用才能进行比较，并计算确定其经营成果，会计核算提供的会计信息才能真实反映会计主体的经济活动情况。

【涉税提示】

会计是以货币作为主要计量单位，除此以外，在会计实务中，还有其他计量单位作为辅助。而税法只规定了货币计量。《企业所得税法》第五十六条规定：依照本法缴纳的企业所得税，以人民币计算。所得以人民币以外的货币计算的，应当折合成人民币计算并缴纳税款。

二、会计基础

《企业会计准则——基本准则》第九条规定，企业应当以权责发生制为基础进行会计确认、计量和报告。

权责发生制是依据持续经营和会计分期两个基本前提来划分不同会计期间会计要素的归属。按照权责发生制原则的要求，凡是当期已经实现的收入和已经发生或应当负担的费用，不论其款项是否已经收付，都应作为当期的收入和费用处理；凡是不属于当期的收入和费用，即使款项已经在当期收付，都不应作为当期的收入和费用。因此，权责发生制属于会计要素确认计量方面的要求，它解决了收入和费用何时予以确认以及确认多少的问题。

【涉税提示】

《企业所得税法实施条例》第九条规定：企业应纳税所得额的计算，以权责发生制为原则。属于当期的收入和费用，不论款项是否收付，均作为当期的收入和费用；不属于当期的收入和费用，即使款项已经在当期收付，均不作为当期的收入和费用。本条例和国务院财政、税务主管部门另有规定的除外。由此可见，小企业在计算应纳税所得额时，一般也应当以权责发生制为原则。

第三节 小企业会计信息质量要求

会计信息质量要求是对小企业财务报告中所提供会计信息质量的基本要求，是会计信息应具备的基本质量特征。《企业会计准则——基本准则》规定了八项信息质量要求，包括可靠性、相关性、明晰性、可比性、实质重于形式、重要性、谨慎性和及时性等。小企业在处理各种交易或者事项时，应根据信息质量要求来把握其会计处理原则。

一、可靠性

可靠性，是指小企业应当以实际发生的交易或者事项为依据进行确认、计量和报告，如实反映符合确认和计量要求的各项会计要素及其他相关信息，保证会计信息真实可靠、内容完整。

真实可靠是指会计信息值得使用者信赖的程度，又分为真实性、可验证性和中立性。

真实性，是指会计信息能够反映小企业财务状况和经营成果的真相，丝毫不加掩饰。这是会计信息最重要的属性，也是相关性的前提。

可验证性，是指彼此独立的会计人员，对发生的经济业务使用相同的会计计量方法，可以得出相同的结果。如果其他会计人员采用同一方法，却得到截然不同的结果，则说明会计信息不具有可验证性，便失去了可靠性。

中立性，是指财务报告所提供的数据，包括文字数据和图表数据等，反映了实际所发生的或所存在的事实，即所谓的账证一致、账表一致。中立性意味着信息的产生不偏向任何一方利益攸关集团，不带主观成分。也只有这样，才能产生实事求是的、真实的、不偏不倚的会计信息。

二、相关性

相关性，是指小企业提供的会计信息应当与财务报告使用者的经济决策需要相关，有助于财务报告使用者对企业过去、现在或者未来的情况作出评价或者预测。相关性和可靠性是会计信息质量的基本特征。

相关性要求所提供的会计信息与使用者的决策有关，可以增进使用者的预测和决策能力，从而影响其投资或其他经济行为。如投资者要了解小企业盈利能力，以决定是否投资或继续投资；金融机构要了解小企业偿债能力，以决定是否对其贷款；税务部门要了解小企业的盈利及生产经营情况，以分析其纳税情况是否合理等。

三、明晰性

明晰性，是指小企业提供的会计信息应当清晰明了，便于财务会计报告使用者理解和使用。根据明晰性原则的要求，会计人员在处理经济业务事项时，日常记录应当完整、准确，并能清晰地反映小企业经济活动的来龙去脉。提供的会计报表应当是通俗易懂，各项目之间的勾稽关系要清楚明了。

四、可比性

可比性，是指两家企业的同类会计信息或同一企业不同时期的会计信息可以相互比较。前者是不同企业间会计信息的横向比较，后者是同一企业内不同时期会计信息的纵向比较。

横向比较要求不同企业发生的相同或者相似的交易或者事项，应当采用统一的会计政策，确保会计信息口径一致、相互可比。

纵向比较要求同一企业对于不同时期发生的相同或者相似的交易或者事项，应当采用一致的会计政策，不得随意变更。但这并不表示企业不能从一种会计方法改为另一种会计方法。如果有足够的证据表明，企业改用另一种会计方法要比原来的方法更合适，那么就应当改变方法。但是，会计变更的性质、影响及其变更的原因，必须在变更的当期予以披露，以提醒信息使用者注意。

五、实质重于形式

实质重于形式，是指小企业应当按照交易或者事项的经济实质进行会计确认、计量和报告，而不应仅以交易或者事项的法律形式为依据。如果小企业仅仅以交易或者事项的法律形式为依据进行会计确认、计量和报告，那么就容易导致会计信息失真，无法如实反映经济现实和实际情况。遵循实质重于形式原则，体现了对经济实质的尊重，能够保证会计确认、计量的信息与客观经济事实相符。

六、重要性

重要性，是指小企业提供的会计信息应当反映与企业财务状况、经营成果和现金流量有关的所有重要交易或者事项。

重要性要求对资产、负债、损益等有较大影响，并进而影响财务报告使用者据以做出合理判断的重要会计事项，必须按照规定的会计方法和程序予以处理，并在财务报告中予以充分、准确的披露。而对于次要的会计事项，在不影响会计信息真实性和不至于导致财务报告使用者做出正确判断的前提下，可适当简化处理。强调重要性，主要是考虑会计信息的效益和核算成本之间的比较。判断某项会计事项是否重要，一般取决于会计人员的职业判断。

七、谨慎性

谨慎性，是指小企业对交易或者事项进行会计确认、计量和报告时应当保持应有的谨慎，不应高估资产或者收益、低估负债或者费用。如果小企业故意高估资产或者收益，或者故意低估负债或者费用，将不符合会计信息的可靠性和相关性要求，损害会计信息质量，扭曲小企业实际的财务状况和经营成果，从而对使用者的决策产生误导。谨慎性原则要求体现于会计要素确认、计量、报告的全过程。在会计确认方面，要求确认标准和方法建立在稳妥、合理的基础之上；在会计计量方面，要求不得高估资产和利润的数额；在财务报告方面，要求向会计信息的使用者提供尽可能全面的会计信息，特别是一些可能发生的重大事项。小企业由于经营模式以及日常业务的单一性，对会计事项的确认与计量一般很少运用谨慎性原则判断。

八、及时性

及时性，是指小企业对于已经发生的交易或者事项，应当及时进行确认、计量和报告，不得提前或者延后。

及时性在会计确认、计量和报告过程中主要体现在以下三个方面：一是会计信息收集要求及时，即在经济业务发生后，及时收集、整理各种原始单据或者凭证。二是会计信息处理要及时，即按照小企业会计准则的规定，及时对经济交易或事项进行确认、计量，并编制财务报告。三是会计信息传递要及时，即按照国家规定的期限，及时地将编制的财务报告传递给财务报告使用者，便于及时使用。

【涉税提示】

会计信息的质量要求是会计核算的基本原则，是实现会计信息真实可靠的基本保障。按照企业所得税法的规定，小企业在计算应纳税所得额时，也应当遵循相关的原则规定。《企业所得税法》第八条规定：企业实际发生的与取得收入有关的、合理的支出，包括成本、费用、税金、损失和其他支出，准予在计算应纳税所得额时扣除。《国家税务总局关于确认企业所得税收入若干问题的通知》（国税函［2008］875号）第一条规定：除企业所得税法及实施条例另有规定外，企业销售收入的确认，必须遵循权责发生制原则和实质重于形式原则。

第四节　小企业会计计量属性

会计计量，是指在符合会计要素确认条件的基础上，对经济交易或事项的价值数量关系进行计量和衡量的过程，其实质是以数量关系揭示经济交易和事项之间的内在联系。会计计量的关键在于计量属性的选择，它对会计信息质量起着十分重要的作用。《企业会计准则——基本准则》规定的会计计量属性包括历史成本、重置成本、可变现净值、现值和公允价值。

一、历史成本

在历史成本计量下，资产按照购置时支付的现金或者现金等价物的金额，或者按照购置资产时所付出对价的公允价值计量。负债按照因承担现时义务而实际收到的款项或者资产的金额，或者承担现时义务的合同金额，或者按照日常活动中为偿还负债预期需要支付的现金或者现金等价物的金额计量。

二、重置成本

在重置成本计量下，资产按照现在购买相同或者相似资产所需支付的现金或者现金等价物的金额计量。负债按照现在偿付该项债务所需支付的现金或者现金等价物的金额计量。

三、可变现净值

在可变现净值计量下，资产按照其正常对外销售所能收到现金或者现金等价物的金额扣减该资产至完工时估计将要发生的成本、估计的销售费用以及相关税费后的金额计量。

四、现值

在现值计量下，资产按照预计从其持续使用和最终处置中所产生的未来净现金流入量的折现金额计量。负债按照预计期限内需要偿还的未来净现金流出量的折现金额计量。

五、公允价值

在公允价值计量下，资产和负债按照在公平交易中，熟悉情况的交易双方自愿进行资产交换或者债务清偿的金额计量。

按照小企业会计准则的相关规定，对会计要素进行计量时，一般应当采用历史成本计量，在无法取得历史成本的情况下，可采用评估确认的价值计量。

【涉税提示】

小企业常用的计量属性是历史成本和评估价值，这与企业所得税法的规定基本一致。企业所得税法在确认资产的计税基础时规定了三种计量属性，即历史成本、重置成本和公允价值。其中重置成本和公允价值与小企业会计准则规定的评估价值都是建立在市场价值的基础上确定的。税法一般不承认现值和可变现净值计量。因此，如果小企业采用了这两种会计计量属性，就会导致会计与税法之间产生差异。

第二章 筹建业务

本章讲述小企业在开始筹建时发生的资金筹集业务、筹建过程中发生的开办费业务等。包括投入资本、借入资金以及与之相关的货币资金业务。

第一节 投入资本

一、企业组织形式

企业组织形式，是指企业财产及其社会化大生产的组织状态，它表明一个企业的财产构成、内部分工协作与外部社会经济联系的方式。企业的组织形式不同，投资者出资的方式、承担的法律责任以及享有的利益分配政策等都有所不同。

按照财产的组织形式和所承担的法律责任，把企业划分为业主制企业、合伙制企业和公司制企业。

（一）业主制企业

业主制企业，也称个人独资企业，是指由一个自然人投资，财产为投资人个人所有，投资人以其个人财产对企业债务承担无限责任的经营实体。

个人独资企业不具有企业法人资格，投资人对本企业的财产依法享有所有权，其有关权利可以依法进行转让或继承。

（二）合伙制企业

合伙企业，是指由两个或两个以上的合伙人按照协议共同出资，共同承担企业经营风险，并且对企业债务承担连带责任的企业。

合伙企业一般不具有企业法人资格，全体合伙人订立书面合伙协议，合伙企业的设立、经营活动、变更、解散等一系列行为都必须符合合伙协议。合伙人可以用货币、实物、知识产权、土地使用权或者其他财产权利出资，也可以用劳务出资。当合伙企业财产不足清偿合伙企业债务时，各合伙人对于不足的部分一般应承担连带清偿责任。

（三）公司制企业

公司，是指依照《中华人民共和国公司法》的规定，在中国境内设立的有限责任公司和股份有限公司。公司是企业法人，有独立的法人财产，享有法人财产权，公司以其全部财产对公司的债务承担责任。依法设立的公司，由公司登记机关发给公司营业执照。公司营业执照签发日期为公司成立日期。公司营业执照应当载明公司的名称、住所、注册资本、实收资本、经营范围、法定代表人姓名等事项。公司营业执照记载的事项发生变更的，公司应当依法办理变更登记，由公司登记机关换发营业执照。

1. 有限责任公司

有限责任公司，是指在中国境内设立的，股东以其认缴的出资额为限对公司承担责任，公司以其全部资产为限对公司的债务承担责任的企业法人。有限责任公司由50个以下的股东出资设立。

有限责任公司的注册资本为在公司登记机关登记的全体股东认缴的出资额。公司全体股东的首次出资额不得低于注册资本的20%，也不得低于法定的注册资本最低限额人民币3万元。股东可以用货币出资，全体股东的货币出资金额不得低于有限责任公司注册资本的30%；也可以用实物、知识产权、土地使用权等可以用货币估价并可以依法转让的非货币财产作价出资，对作为出资的非货币财产应当评估作价，核实财产，不得高估或者低估作价。公司成立后，股东不得抽逃出资。

2. 股份有限公司

股份有限公司，是指将全部资本划分为等额股份，股东以其认购的股份为限对公司承担责任，公司以全部财产对公司债务承担责任的法人。设立股份有限公司，应当有2人以上200人以下为发起人，其中须有半数以上的发起人在中国境内有住所。股份有限公司的设立，可以采取发起设立或者募集设立的方式。

股份有限公司的注册资本（股本）划分为金额相等的股份。股份有限公司采取发起设立方式设立的，注册资本为在公司登记机关登记的全体发起人认购的股本总额，公司全体发起人的首次出资额不得低于注册资本的20%，其余部分由发起人自公司成立之日起两年内交足。采取募集方式设立的，注册资本为在公司登记机关登记的实收股本总额。股份有限公司注册资本的最低限额为人民币500万元。

小企业的组织形式主要有有限责任公司、合伙企业和个人独资企业。

二、投入资本的核算

投入资本，是指投资者实际投入小企业生产经营活动所需的各项财产物资。小企业的投入资本由实收资本（或股本）与资本公积（资本溢价或股本溢价）两部分构成。

实收资本，是小企业按照公司章程的规定或合同、协议的约定，接受投资者投入企业的资本。我国实行的是注册资本金制度，要求小企业的实收资本应与在工商行政管理部门登记的注册资本相一致。注册资本投入可以一次性完成，也可以分期完成。实收资本是确定投资者在小企业所有者权益中所占的份额和参与小企业财务经营决策的基础，是小企业进行利润分配或股利分配的依据，也是小企业清算时确定所有者对净资产要求权的依据。

资本公积，是小企业收到投资者的出资额超过其在注册资本（或股本）中所占份额的部分。小企业收到投资者的投入资本，只有按投资者占被投资小企业注册资本比例计算的份额部分，才作为实收资本，超过份额部分，作为资本（或股本）溢价，形成小企业的资本公积。小企业的资本公积可用于转增资本，但不得用于弥补亏损。

（一）设置的会计科目

1.“实收资本”科目

“实收资本”科目，核算小企业收到投资者按照合同协议约定或相关规定投入的、构成注册资本的部分。小企业（股份有限公司）应当将本科目的名称改为“股本”科目。该科目应按照投资者设置明细账进行明细核算。小企业（中外合作经营）根据合同规定在合作期间归还投资者的投资，应在该科目设置“已归还投资”明细科目进行核算。期末贷方余额，反映小企业实收资本总额。

小企业收到投资者出资超过其在注册资本中所占份额的部分，作为资本溢价，在“资本公积”科目核算，不在本科目核算。

2.“资本公积”科目

“资本公积”科目，核算小企业收到的投资者出资额超过其在注册资本或股本中所占份额的部分。该科目应设置资本溢价（或股本溢价）明细账进行明细核算。期末贷方余额，反映小企业资本公积总额。

（二）投入资本的会计处理

小企业收到投资者投资时，一般应做如下会计处理：收到投资者投入的现金，应于实际收到或存入开户银行时，借记“库存现金”、“银行存款”等科目；收到投资者投入的存货、固定资产、无形资产等非货币性资产，应当按照评估价值和支付的相关税费，借记“固定资产”、“无形资产”、“原材料”、“库存商品”等科目，涉及可抵扣的增值税进项税额的，借记“应交税费——应交增值税（进项税额）”科目；投资者未一次缴足投入资本的，按其应缴部分借记“其他应收款”科目；同时按照投入资本在注册资本中所占的份额，贷记“实收资本”科目，按其差额，贷记“资本公积——资本溢价”科目。

根据有关规定增加注册资本，根据实际收到的投资额或用资本公积或盈余公积转增资本时，借记“银行存款”、“资本公积”、“盈余公积”等科目，贷记“实收资本”科目。

根据有关规定减少注册资本，借记“实收资本”、“资本公积”等科目，贷记“库存现金”、“银行存款”等科目。

小企业（中外合作经营）根据合同规定在合作期间归还投资者的投资，

应当按照实际归还投资的金额，借记“实收资本——已归还投资”科目，贷记“银行存款”等科目，同时，借记“利润分配——利润归还投资”科目，贷记“盈余公积——利润归还投资”科目。

【例2－1】林海有限责任公司（以下简称“林海公司”）是一家新成立的制造业小企业，由王林和刘海各出资2 000 000元设立。营业执照的签发日期为20×3年1月10日，主要加工生产甲、乙两种产品，为增值税一般纳税人。20×3年1月15日收到银行转来投资款存单。

林海公司应做如下会计处理：

借：银行存款	4 000 000	
贷：实收资本——王林		2 000 000
——刘海		2 000 000

三、开办费的核算

筹建期，是指从小企业被批准筹建之日起至开始生产经营（包括试生产、试营业）之日的期间。小企业在筹建期间发生的不应计入有关资产成本的各项费用称为开办费。开办费具体包括筹建期间工作人员的工资费、办公费、差旅费、培训费、印刷费、律师费、业务招待费、广告宣传费、注册登记费以及不能计入固定资产、无形资产等资产成本的各项支出。小企业在筹建期发生的借款利息，应区分借款用途等情形分别处理。如果是为以后生产经营取得的借款，借款利息应计入开办费。如果是为购建固定资产等取得的借款，在工程竣工决算前发生的借款利息，应计入固定资产等工程成本，竣工决算后发生的应计入开办费。

小企业在筹建期间内发生的开办费，在实际发生时直接计入当期损益。借记“管理费用”科目，贷记“库存现金”、“银行存款”、“应付职工薪酬”、“应付利息”等科目。

【涉税提示】

小企业在筹建期发生的开办费，按照小企业会计准则的规定应计入管理费用，而不通过长期待摊费用核算。按照企业所得税的相关规定，开办费应区别不同情况处理。

《国家税务总局关于企业所得税若干税务事项衔接问题的通知》（国税函［2009］98号）第九条规定：新税法中开（筹）办费未明确列作长期待摊费用，企业可以在开始经营之日的当年一次性扣除，也可以按照新税法有关长期待摊费用的处理规定处理，但一经选定，不得改变。

《国家税务总局关于贯彻落实企业所得税法若干税收问题的通知》（国税函［2010］79号）第七条规定：企业自开始生产经营的年度，为开始计算企业损益的年度。企业从事生产经营之前进行筹办活动期间发生筹办费用支出，不得计算为当期的亏损，应按照《国家税务总局关于企业所得税若干税务事项衔接问题的通知》（国税函［2009］98号）第九条规定执行。

《国家税务总局关于企业所得税应纳税所得额若干税务处理问题的公告》（国家税务总局公告2012年第15号）第五条规定：企业在筹建期间，发生的与筹办活动有关的业务招待费支出，可按实际发生额的60%计入企业筹办费，并按有关规定在税前扣除；发生的广告费和业务宣传费，可按实际发生额计入企业筹办费，并按有关规定在税前扣除。

【例2-2】林海公司20×3年1月17日，以银行存款支付购买办公用品费10 000元。

林海公司应做如下会计处理：

借：管理费用　　10 000

　　贷：银行存款　　10 000

【例2-3】林海公司20×3年1月20日，以银行存款支付业务招待费2 500元。

林海公司应做如下会计处理：

借：管理费用　　2 500

　　贷：银行存款　　2 500

【例2-4】林海公司20×3年1月25日，以银行存款支付验资费12 000元。

林海公司应做如下会计处理：

借：管理费用　　12 000

　　贷：银行存款　　12 000

【例2-5】林海公司20×3年1月31日计提筹建期间人员工资80 000元。

林海公司应做如下会计处理：

借：管理费用　　80 000

　　贷：应付职工薪酬　　80 000

第二节 借入资金

小企业接受投资者投入的资金，往往不能满足生产经营的需要。在这种情况下，小企业可向金融企业申请贷款。小企业取得的借款，按照用途和偿还时间的不同，分为短期借款和长期借款。

一、短期借款

短期借款，是指小企业向银行或其他金融机构等借入的期限在 1 年内的各种借款。小企业取得短期借款主要是为了满足日常生产经营的需要。

（一）设置的会计科目

1. “短期借款”科目

“短期借款”科目，核算小企业向银行或其他金融机构等借入的期限在 1 年内的各种借款。贷方登记取得短期借款的本金，借方登记偿还的短期借款本金。该科目应按照借款种类、贷款人和币种设置明细账进行明细核算。期末贷方余额，反映小企业尚未偿还的短期借款本金。

2. “应付利息”科目

“应付利息”科目，核算小企业按照合同约定应支付的利息费用。贷方登记在应付利息日，小企业按照合同利率计算确定的利息，借方登记实际支付的利息。该科目应按照贷款人等设置明细账进行明细核算。期末贷方余额，反映小企业应付未付的利息。

（二）短期借款的会计处理

小企业取得各种短期借款时，借记“银行存款”科目，贷记“短期借款”科目。在应付利息日，短期借款应当按照借款本金和借款合同利率计算确定的利息费用，借记“财务费用”科目，贷记“应付利息”等科目。实际支付利息时，借记“应付利息”科目，贷记“银行存款”等科目。归还短期借款时，借记“短期借款”科目，贷记“银行存款”科目。

【例 2－6】林海公司为筹集生产经营用资金，于 20×3 年 4 月 1 日从银行借入期限9个月，年利率6%的借款100 000元，借款合同规定每季度末支付利息，到期还本。

林海公司应做如下会计处理：

（1）4月1日取得短期借款时：

借：银行存款　　100 000

　　贷：短期借款　　100 000

（2）按月计提应付利息时：

4月末计提利息＝100 000×6%÷12＝500（元）

借：财务费用　　500

　　贷：应付利息　　500

（3）5月末计提利息的会计处理同上。

（4）6月末支付利息时：

借：应付利息　　1 000

　　财务费用　　500

　　贷：银行存款　　1 500

（5）第三、四季度末的会计处理同上。

（6）12月31日偿还短期借款本金时：

借：短期借款　　100 000

　　贷：银行存款　　100 000

二、长期借款

长期借款，是小企业向银行或其他金融机构借入的期限在1年以上的各种借款。小企业取得长期借款主要是为购建固定资产、购买或自行研发无形资产和需经过1年期以上的制造才能达到预定可销售状态的产品。

（一）设置的会计科目

小企业应设置“长期借款”科目，核算小企业向银行或其他金融机构借入的期限在1年以上的各项借款本金。该科目应按照借款种类、贷款人和币种设置明细账进行明细核算。期末贷方余额，反映小企业尚未偿还的长期借款本金。

（二）长期借款的会计处理

小企业发生的长期借款业务应按下列规定进行会计处理：

1. 小企业取得长期借款时，借记“银行存款”科目，贷记“长期借款”科目。

2. 在应付利息日，应当按照借款本金和借款合同利率计提利息费用。

小企业取得的长期借款，为购建固定资产在办理竣工决算前发生的借款费用、购买或自行研发无形资产在达到预定用途前发生的借款费用及经过1年期以上的制造才能达到预定可销售状态的存货发生的借款费用，应予资本化，借记“在建工程”、“研发支出”、“制造费用”等科目，贷记“应付利息”科目。

固定资产办理竣工决算后发生的借款费用，无形资产达到预定用途后发生的借款费用及存货达到预定可销售状态后发生的借款费用计入当期损益，借记“管理费用”（筹建期间发生的）、“财务费用”等科目，贷记“应付利息”科目。

这里的借款费用，是指小企业因借款而发生的利息及其他相关成本。包括借款利息、辅助费用以及因外币借款而发生的汇兑差额等。

3. 实际支付利息时，借记“应付利息”科目，贷记“银行存款”等科目。

4. 偿还长期借款时，按借款本金，借记“长期借款”科目，按已计提的未付利息，借记“应付利息”科目，贷记“银行存款”科目。

在进行长期借款核算时，由于长期借款还本付息的方式不同，在会计处理上也有所区别。小企业长期借款的还本付息方式主要有分期付息、到期还本和到期一次还本付息两种。按照小企业会计准则的规定，在应付利息日，应当按照借款本金和借款合同利率计提利息费用。对于到期一次还本付息的长期借款，即使未到应付利息日也应按借款用途，遵循权责发生制原则分期计提利息计入有关资产的成本或当期损益。

【例2-7】林海公司为建造仓库，于20×3年4月1日从银行借入3年期借款600 000元，年利率8%，假设借款合同规定每年年末支付当年利息，到期一次还本。款项已存入银行。该工程于20×4年12月31日竣工并办理决算。

林海公司应做如下会计处理：

（1）20×3年4月1日取得借款时：

借：银行存款　　600 000

　　贷：长期借款　　600 000

（2）20×3 年 12 月 31 日计提利息时：

20×3 年 12 月 31 日应计提的借款利息 =600 000×8% ×9÷12 =36 000（元）

借：在建工程　　36 000

　　贷：应付利息　　36 000

（3）20×3 年 12 月 31 日支付利息时：

借：应付利息　　36 000

　　贷：银行存款　　36 000

（4）20×4 年 12 月 31 日计提利息时：

20×4 年 12 月 31 日应计提的借款利息 =600 000×8% =48 000（元）

借：在建工程　　48 000

　　贷：应付利息　　48 000

（5）20×4 年 12 月 31 日支付利息时：

借：应付利息　　48 000

　　贷：银行存款　　48 000

（6）20×5 年 12 月 31 日计提利息时：

20×5 年 12 月 31 日应计提的借款利息 =600 000×8% =48 000（元）

借：财务费用　　48 000

　　贷：应付利息　　48 000

（7）20×5 年 12 月 31 日支付利息时：

借：应付利息　　48 000

　　贷：银行存款　　48 000

（8）20×6 年 4 月 1 日偿还借款本金并支付 20×6 年的利息时：

20×6 年 4 月 1 日应归还的借款利息 =600 000×8% ×3÷12 =12 000（元）

借：财务费用　　12 000

　　长期借款　　600 000

　　贷：银行存款　　612 000

【例 2 -8】 以例 2 -7 资料为例，假设借款合同规定到期一次还本付息。林海公司应做如下会计处理：

（1）20×3 年 4 月 1 日取得借款时：

借：银行存款　　600 000

　　贷：长期借款　　600 000

（2）20×3 年 12 月 31 日计提利息时：

20×3 年 12 月 31 日应计提的借款利息 =600 000×8% ×9÷12 =36 000（元）

借：在建工程　　36 000

　　贷：应付利息　　36 000

（3）20×4 年 12 月 31 日计提利息时：

20×4 年 12 月 31 日应计提的借款利息 =600 000×8% =48 000（元）

借：在建工程　　48 000

　　贷：应付利息　　48 000

（4）20×5 年 12 月 31 日计提利息时：

20×5 年 12 月 31 日应计提的借款利息 =600 000×8% =48 000（元）

借：财务费用　　48 000

　　贷：应付利息　　48 000

（5）20×6 年 4 月 1 日偿还借款本金和利息时：

借：财务费用　　12 000

　　应付利息　　132 000

　　长期借款　　600 000

　　贷：银行存款　　744 000

【涉税提示】

小企业会计准则对借款费用的处理与企业所得税法的规定基本一致，只是在税前扣除时，税法要求提供相关的资料。

《企业所得税法实施条例》第三十七条规定：企业在生产经营活动中发生的合理的不需要资本化的借款费用，准予扣除。企业为购置、建造固定资产、无形资产和经过 12 个月以上的建造才能达到预定可销售状态的存货发生借款的，在有关资产购置、建造期间发生的合理的借款费用，应当作为资本性支出计入有关资产的成本。第三十八条规定：企业在生产经营活动中发生的下列利息支出，准予扣除：（1）非金融企业向金融企业借款的利息支出、金融企业的各项存款利息支出和同业拆借利息支出、企业经批准发行债券的利息支出；（2）非金融企业向非金融企业借款的利息支出，不超过按照金融企业同期同类贷款利率计算的数额的部分。

《国家税务总局关于企业所得税若干问题的公告》（国家税务总局公告2011年第34号）第一条规定：根据《实施条例》第三十八条规定，非金融企业向非金融企业借款的利息支出，不超过按照金融企业同期同类贷款利率计算的数额的部分，准予税前扣除。鉴于目前我国对金融企业利率要求的具体情况，企业在按照合同要求首次支付利息并进行税前扣除时，应提供“金融企业的同期同类贷款利率情况说明”，以证明其利息支出的合理性。

“金融企业的同期同类贷款利率情况说明”中，应包括在签订该借款合同当时，本省任何一家金融企业提供同期同类贷款利率的情况。该金融企业应为经政府有关部门批准成立的可以从事贷款业务的企业，包括银行、财务公司、信托公司等金融机构。“同期同类贷款利率”是指在贷款期限、贷款金额、贷款担保以及企业信誉等条件基本相同下，金融企业提供贷款的利率。既可以是金融企业公布的同期同类平均利率，也可以是金融企业对某些企业提供的实际贷款利率。

第三节 货币资金

货币资金，是指小企业的生产经营资金在周转过程中处于货币形态的那部分资金。按照存放地点及用途的不同，货币资金分为库存现金、银行存款和其他货币资金。

一、库存现金

库存现金，是指小企业存放于财务部门、由出纳人员经管的货币资金。小企业必须根据国务院颁布的《中华人民共和国现金管理暂行条例》、中国人民银行发布的《中华人民共和国现金管理暂行条例实施细则》和财政部印发的《内部会计控制规范——货币资金》等相关规定，加强库存现金的管理和内部控制。

（一）库存现金管理制度

1. 库存现金使用范围

根据《中华人民共和国现金管理暂行条例》的规定，在银行开立账户的小企业可以使用现金办理结算的经济业务包括：职工工资、各种工资性津贴，个人劳务报酬，根据国家规定颁发给个人的科学技术、文化艺术、体育等各种奖金，各种劳保、福利费用以及国家规定的对个人的其他支出，向个人收购农副产品和其他物资的价款，出差人员必须随身携带的差旅费，结算起点以下（1 000 元）的零星支出，中国人民银行确定需要支付现金的其他支出。

小企业在日常资金结算工作中，应按照上述范围严格控制现金支出。不属于现金结算范围的款项支出，一律通过银行转账结算。

2. 库存现金限额

库存现金限额，是指为保证各单位日常零星支出按规定允许留存的库存现金最高数额。开户银行应当根据实际需要，核定开户单位 3 ~5 天的日常零星开支所需库存现金的限额。小企业必须严格遵守，超过限额部分应当及时送存银行。库存现金低于限额时，可以签发现金支票从银行提取现金，补足限额。需要增加或减少库存现金限额的，应向开户银行提出申请，由开户银行核定。

3. 库存现金的管理

小企业在办理日常现金收支业务时，要严格遵循以下规定：

（1）库存现金收入应于当日送存开户银行，当日送存有困难的，由开户银行确定送存时间。

（2）在日常经营活动中发生的现金收入应及时送存银行，不得直接用于自己的支出。

（3）从银行提取现金时，应当在取款凭证上写明具体用途，并由财会部门负责人签字盖章后，交由银行审核后方可支取。

（4）将现金存入银行时，应当根据有关原始凭证，由会计主管人员或指定人员审核，并根据审核无误的原始凭证编制记账凭证，以避免重复记账。

（5）不准用不符合制度规定的凭证顶替现金，不准谎报用途套取现金，不准利用银行账户代其他单位和个人存入或支取现金，不准将单位收入的库存现金以个人名义存储，不准私设“小金库”保留账外公款等。

（二）库存现金的核算

1. 库存现金的总分类核算

为了总括地反映和监督库存现金的收支情况，小企业应设置“库存现金”科目，核算小企业库存现金的收入、支出和结存情况。

小企业日常开支所需现金，必须开出现金支票从银行提取，借记“库存现金”科目，贷记“银行存款”科目。取得零星销售收入收到的现金，借记“库存现金”科目，贷记“主营业务收入”等科目。同时，将收到的现金存入银行时，借记“银行存款”科目，贷记“库存现金”科目。收到报销差旅费交回的现金、存入的保证金、罚款收入等，借记“库存现金”科目，贷记“其他应收款”、“其他应付款”、“营业外收入”等科目。小企业按照现金开支范围支付现金时，借记“应付职工薪酬”、“其他应收款”、“管理费用”等科目，贷记“库存现金”科目。

【例2-9】林海公司20×3年5月发生的有关现金收入业务如下：5月5日签发现金支票一张，从银行提取现金10 000元备用。5月12日取得零星销售产品收入现金468元，开出的增值税专用发票注明价款400元，增值税额68元。

林海公司应做如下会计处理：

（1）5月5日提取现金时：

借：库存现金　　10 000

　　贷：银行存款　　10 000

（2）5月12日取得零星销售产品收入时：

借：库存现金　　468

　　贷：主营业务收入　　400

　　　　应交税费——应交增值税（销项税额）　　68

【例2-10】林海公司20×3年5月发生的有关现金支出业务如下：5月10日职工方杰因出差向公司预借差旅费3 000元。5月16日管理部门报销办公费用400元。5月18日职工方杰报销差旅费2 500元，并将余款500元现金交回公司。

林海公司应做如下会计处理：

（1）5月10日方杰预借差旅费时：

借：其他应收款——方杰　　3 000

　　贷：库存现金　　3 000

（2）5月16日报销办公费用时：

借：管理费用　　400

　　贷：库存现金　　400

（3）5月18日方杰报销差旅费时：

借：库存现金　　500
　　管理费用　　2 500
　　贷：其他应收款——方杰　　3 000

2. 库存现金的序时核算

小企业应设置“现金日记账”，对库存现金进行序时核算。由出纳人员根据收、付款凭证，按照经济业务发生顺序逐日逐笔登记。每日终了，应当计算当日的库存现金收入合计数、库存现金支出合计数和库存现金结余数，并将现金结余数与实际库存数核对，做到账实相符。

有外币现金收支业务的小企业，应当分别人民币和各种外币设置“现金日记账”进行序时核算。

（三）库存现金的清查

为了保证库存现金的安全完整，做到账实相符，小企业应当定期或不定期的清查库存现金。库存现金清查的基本方法是清点库存现金的实存数，并将库存现金的实存数与现金日记账余额进行核对。对发现的现金短缺或溢余，应根据“库存现金盘点报告单”进行会计处理。

小企业应当设置“待处理财产损溢”科目，核算小企业在财产清查过程中发现的财产短缺或溢余。库存现金清查中发现短缺的库存现金，应按照短缺的金额，借记“待处理财产损溢——待处理流动资产损溢”科目，贷记“库存现金”科目。发现溢余的库存现金，应按照溢余的金额，借记“库存现金”科目，贷记“待处理财产损溢——待处理流动资产损溢”科目。

库存现金短缺查明原因经批准处理时，按照可收回的保险赔偿或过失人赔偿款，借记“其他应收款”科目，按照实际短缺的金额扣除可收回的保险赔偿或过失人赔偿部分后的金额，借记“营业外支出”科目，按实际短缺的金额，贷记“待处理财产损溢——待处理流动资产损溢”科目。

库存现金溢余查明原因经批准处理时，按照实际溢余的金额，借记“待处理财产损溢——待处理流动资产损溢”科目，贷记“营业外收入”科目。

【例2－11】林海公司在20×3年5月15日清查小组清查库存现金时，发现现金短款400元，原因待查。5月26日清查小组经过调查发现短缺的库存现金150元系出纳员王伟的责任，应由王伟赔偿；其余250元无法查明原因，作为营业外支出处理。

林海公司应做如下会计处理：

（1）5月15日发现库存现金短款时：

借：待处理财产损溢——待处理流动资产损溢　　400

　　贷：库存现金　　400

（2）5月26日处理库存现金短款时：

借：其他应收款——王伟　　150

　　营业外支出　　250

　　贷：待处理财产损溢——待处理流动资产损溢　　400

【例2-12】林海公司在20×3年5月20日清查小组清查库存现金时发现长款800元，原因待查。5月30日清查小组经过调查后发现该企业出纳员王伟在支付工资时少支付给职工张华300元，其余500元无法查明原因。

林海公司应做如下会计处理：

（1）5月20日发现库存现金长款时：

借：库存现金　　800

　　贷：待处理财产损溢——待处理流动资产损溢　　800

（2）5月30日处理库存现金长款时：

借：待处理财产损溢——待处理流动资产损溢　　800

　　贷：其他应付款——张华　　300

　　　　营业外收入　　500

【涉税提示】

小企业发生的现金短缺损失，按照管理权限经批准后计入营业外支出，冲减了当期利润总额。在进行所得税处理时，应当按照《财政部、国家税务总局关于企业资产损失税前扣除政策的通知》（财税［2009］57号）和《国家税务总局关于发布〈企业资产损失所得税税前扣除管理办法〉的公告》（国家税务总公告2011年第25号）规定的程序和要求向主管税务机关申报后方能在税前扣除。未经申报的损失，不得在税前扣除。

二、银行存款

银行存款，是小企业存放于银行或其他金融机构的那部分货币资金。小企业发生的各项支出，除了在规定范围内可以使用现金支付外，必须通过银行办理转账结算。

（一）银行存款账户的开立

小企业必须遵守中国人民银行发布的《人民币银行结算账户管理办法》和《支付结算办法》的规定在银行开立账户，以办理存款、取款和支付等结算业务。小企业可以根据实际需要在银行开立基本存款账户、一般存款账户、临时存款账户和专用存款账户。

基本存款账户，是小企业办理日常结算和现金收付业务的账户。小企业日常经营活动的资金结算和现金收付业务，以及工资、奖金等现金的支取，只能通过该账户办理。

一般存款账户，是小企业在基本存款账户以外的银行借款转存以及与基本存款账户的企业不在同一地点的附属非独立核算的单位的账户。该账户可以办理转账结算和现金缴存，但不能支取现金。

临时存款账户，是小企业因临时经营活动需要而开立的账户。可办理转账结算和根据国家现金管理的规定办理现金收付业务。

专用存款账户，是小企业因特殊用途需要而开立的具有特定用途的账户。

小企业在使用银行存款账户时，应严格执行银行结算纪律的规定。

（二）银行存款结算方式

银行存款结算，是指企业之间的款项收付不是动用现金，而是由银行从付款单位账户划转到收款单位账户的货币资金结算行为。根据中国人民银行发布的《支付结算办法》的规定，银行结算方式主要有以下几种：

1. 银行汇票

银行汇票，是汇款人将款项交存当地银行，由出票银行签发的，由其在见票时按照实际结算金额无条件支付给收款人或持票人的票据。

银行汇票具有使用灵活、票随人到、兑现性强的特点，适用于先收款后发货或钱货两清的商品交易。单位或个人的各种款项结算，均可使用银行汇票。

银行汇票适用于转账，填明“现金”字样的银行汇票也可以用于支取现金，银行汇票一律记名，提示付款期限为自出票日起1个月。

采用这种结算方式时，收款单位应根据银行的收账通知和有关的原始凭证，编制收款凭证。付款单位应在收到银行签发的银行汇票后，根据“银行汇票委托书（存根联）”编制付款凭证。如有多余款项或因汇票超过付款期等原因而退票时，应根据银行的余款收账通知，编制收款凭证。

2. 银行本票

银行本票，是由银行签发的，承诺自己在见票时无条件支付确定金额给收款人或者持票人的票据。银行本票由银行签发并保证兑付，而且见票即付。

银行本票分为定额本票和不定额本票两种，其中定额本票分为1 000元、5 000元、10 000元和50 000元4种面额。银行本票一律记名，可以背书转让，提示付款期限为自出票日起最长不得超过2个月。

采用这种结算方式时，收款单位按规定受理银行本票后，应将本票连同进账单送交银行办理转账，根据银行盖章退回的进账单和有关原始凭证，编制收款凭证。付款单位在填送“银行本票申请书”并将款项交存银行，收到银行签发的银行本票后，根据申请书存根联编制付款凭证。

3. 商业汇票

商业汇票，是由出票人签发的，委托付款人在指定日期无条件支付确定的金额给收款人或持票人的票据。按承兑人不同，商业汇票可分为商业承兑汇票和银行承兑汇票。

商业承兑汇票由收款人签发，经付款人承兑，或由付款人签发并承兑。承兑时，购货方应在汇票正面记载“承兑”字样和承兑日期并签章。汇票到期时，付款企业的开户银行凭票将票款划给收款企业或贴现银行。汇票到期，如付款企业不能支付货款，开户银行应将汇票退还收款企业，银行不负责付款，由购销双方自行处理。

银行承兑汇票由收款人或承兑申请人签发，由银行承兑。付款单位应于汇票到期前将票款足额交存其开户银行，以备由承兑银行在汇票到期日或到期后的见票当日支付票款。到期时，承兑银行凭汇票将承兑款无条件划转给收款单位。如果付款单位于汇票到期日未能足额交存票款，承兑银行除凭票向持票人无条件付款外，对付款人尚未支付的汇票金额按规定计收罚息。

商业汇票一律记名，可以背书转让或贴现。商业汇票的付款期限由交易双方商定，但最长不得超过6个月。商业汇票的提示付款期限自汇票到期日起10日。

4. 支票

支票，是由银行的存款人签发给收款人，委托办理存款业务的银行在见票时无条件支付确定的金额给收款人或者持票人的票据。支票是同城结算中应用比较广泛的一种结算方式。单位或个人在同一票据交换地区的各种款项结算，均可以使用支票。

支票按结算方式分为现金支票和转账支票。现金支票只能提取现金，转账支票只能用于转账，不可提取现金。支票一律记名，起点金额为100元，支票的提示付款期限为自出票日起10日。

5. 汇兑

汇兑，是汇款人委托银行将其款项支付给收款人的结算方式。企业与异地单位或个人的各种款项结算均可以使用。汇兑分为信汇与电汇。这种结算方式具有划拨款项简便、灵活的特点。

6. 委托收款

委托收款，是收款人委托银行向付款人收取款项的结算方式。这一结算方式适用于同城和异地的结算，不受金额起点限制。有邮寄和电报划回两种。

7. 托收承付

托收承付，是指根据经济合同由收款单位发货后委托银行向异地付款单位收取款项，由付款单位向银行承兑付款的结算方式。

按照银行结算办法的规定，使用托收承付结算方式的收款单位和付款单位，必须是国有企业、供销合作社以及经营管理较好，并经开户银行审查同意的城乡集体所有制工业企业。这种结算方式只适用于异地订有经济合同的商品交易及相关劳务款项的结算。代销、寄销、赊销商品的款项，不得办理异地托收承付结算。

采用托收承付结算方式下，销货单位在按合同规定向购货单位发货后，应填写一式五联的托收承付结算凭证，连同合同以及能够证明货物确实发出的发运证件送交开户银行办理托收手续。经银行审查同意办理托收后，根据回单联进行销售商品的会计处理，待收到开户银行的收款通知时，进行收款的会计处理。付款单位收到开户银行转来的付款通知后，应在承付期内及时组织审查核对，安排资金，支付货款。付款单位在承付期内如果有完整的拒付手续和充足的理由，可以向银行提出全部或部分拒绝付款。

承付货款分为验单付款和验货付款两种方式，由收付款双方选择使用，并在合同中加以明确。验单付款的承付期是3天，从付款单位开户银行发出承付通知的次日起计算。验货付款的承付期是10天，从运输部门向付款单位发出提货通知的次日起计算。

8. 信用卡

信用卡，是商业银行向个人和单位发行的，凭此向特约单位购物、消费和向银行存取现金，且具有消费信用的特制载体卡片。

信用卡按使用对象分为单位卡和个人卡。凡在中国境内金融机构开立基本账户的单位，均可以申领单位卡。单位卡一律不得用于10万元以上的商品交易、劳务供应款项的结算，且不得支取现金。信用卡在规定的限额和期限内允许善意透支，透支期限最长为60天。信用卡适用于同城或异地款项的结算。

9. 信用证

信用证，是进口方银行应进口方要求，向出口方（受益人）开立，以受益人按规定提供单据和汇票为前提的、支付一定金额的书面承诺。信用证结算方式是国际结算的一种主要方式。

（三）银行存款的核算

1. 银行存款的总分类核算

小企业应设置“银行存款”科目，核算小企业存入银行或其他金融机构的各种款项。按照开户银行和其他金融机构、存款种类等设置“银行存款日记账”，有外币银行存款的小企业，应当分别按照人民币和外币进行明细核算。期末借方余额，反映小企业存在银行或其他金融机构的各种款项。

为了总括地核算小企业存入银行或其他金融机构的各种款项的收入、支出和结存情况，需进行银行存款的总分类核算。

小企业增加银行存款，借记“银行存款”科目，贷记“库存现金”、“应收账款”、“主营业务收入”、“预收账款”等科目。减少银行存款，借记“原材料”、“固定资产”、“库存现金”、“管理费用”、“应付账款”、“预付账款”等科目，贷记“银行存款”科目。

【例2-13】林海公司20×3年3月6日收回大江公司所欠货款20 000元存入银行。

林海公司应做如下会计处理：

借：银行存款　　　　20 000

贷：应收账款——大江公司 20 000

【例2-14】林海公司20×3年3月20日收到银行存款结息单，金额5 000元。

林海公司应做如下会计处理：

借：银行存款 5 000

贷：财务费用 5 000

【例2-15】林海公司20×3年3月21日用银行存款支付业务招待费3 000元。

林海公司应做如下会计处理：

借：管理费用 3 000

贷：银行存款 3 000

2. 银行存款的序时核算

小企业应当按照开户银行和其他金融机构、存款种类等设置“银行存款日记账”进行序时核算，由出纳人员根据有关银行存款的收付款凭证，按照经济业务的发生顺序逐日逐笔登记。每日终了，应结出银行存款日记账余额。

（四）银行存款的清查

1. 银行存款清查的内容

为了防止记账发生差错，正确掌握银行存款实际数额，小企业应加强对银行存款的管理，并定期对银行存款进行检查。银行存款的清查包括三个方面：

一是“银行存款日记账”与银行存款收、付款凭证相互核对，对于将现金存入银行的业务还要与现金付款凭证核对，做到账证相符。

二是“银行存款日记账”与银行存款总账相互核对，做到账账相符。

三是在账账相符的基础上，将“银行存款日记账”与“银行对账单”核对，至少每月核对一次，做到账单相符。

2. 银行存款余额调节表的编制

小企业“银行存款日记账”余额应当与“银行对账单”余额相符。但在实务中，二者往往不相符，其原因有两个：一是记账错误，二是存在未达账项。

如果小企业和银行一方或双方同时存在记账错误，如当企业有两个以上的开户银行时，企业签发的某一开户银行的支票有可能错记在另一开户银行的账上，银行也有可能将某一存款户的业务错记在另一存款户的账户中。又如小企业签发支票的金额与记账的金额不符等，都会使银行存款日记账的余额与银行对账单上的存款余额不一致。

未达账项是造成银行存款日记账余额与银行对账单余额不一致的主要原因。未达账项，是指小企业与银行之间对于同一业务由于记账时间的不同，一方已登记入账，而另一方尚未登记入账的会计事项。未达账项归纳起来，一般有以下四种情况：

第一，小企业已收款入账，银行尚未收到的款项，如小企业送存银行的支票，但银行尚未转账。

第二，小企业已付款入账，银行尚未支付的款项，如小企业开出的支票并根据支票存根记账，收款人尚未到银行办理取款或转账。

第三，银行已收款入账，小企业尚未收到的款项，如银行存款利息，银行已办理入账，小企业尚未收到利息入账通知单据以入账。

第四，银行已付款入账，小企业尚未记录支付的款项，如银行借款利息，银行已划款办理入账，小企业尚未收到支付利息通知。

为了掌握小企业银行存款的实有数，小企业在收到银行转来的对账单后，要将银行存款日记账的记录与银行对账单的记录进行核对，判明小企业和银行双方是否存在记账错误，同时确定出所有的未达账项，然后通过编制“银行存款余额调节表”的方法来确定小企业银行存款的实有数。

编制“银行存款余额调节表”时，一般分别以小企业银行存款账面余额和银行对账单余额为起点，加减各自的调整项目，得出各自的余额。如果余额相等，则说明双方记账正确；如果不等，则说明有一方或双方存在记账错误，应及时查明原因予以更正。

【例2－16】 林海公司20×3年3月31日银行存款日记账余额为37 740元，收到开户银行提供的银行对账单余额为42 980元。经查双方记账无误，但发现下列未达账项：

（1）企业委托银行收款1 800元，银行已入账，企业尚未入账；

（2）企业销售产品收到支票1 200元已入账，银行尚未入账；

（3）银行代企业支付电费760元，企业尚未记账；

（4）企业开出转账支票支付广告费5 400元，银行尚未支付。

根据以上资料编制的“银行存款余额调节表”见表2－1。

表 2－1　　银行存款余额调节表

20×3 年 3 月 31 日　　单位：元

项目	金额	项目	金额
银行存款日记账余额	37 740	银行对账单余额	42 980
加：银行已收款入账，企业尚未收到的款项	1 800	加：企业已收款入账，银行尚未收到的款项	1 200
减：银行已付款入账，企业尚未记录支付的款项	760	减：企业已付款入账，银行尚未支付的款项	5 400
调节后的存款余额	38 780	调节后的存款余额	38 780

【涉税提示】

银行存款日记账是记录银行存款日常收付和结存情况的序时账簿。通过银行存款日记账，可以全面、连续地了解小企业各项经营资金的来龙去脉，掌握银行存款的收支动态和结余情况。

银行对账单虽然不是小企业入账的原始凭证，但通过银行对账单，可以获得小企业银行转账结算资金客观真实的资料。

银行存款余额调节表是税收检查过程中应关注的重要信息资料之一。对于小企业长期未入账的未达账项，特别是银行对账单中已经入账，银行存款日记账尚未入账的资金收付，要认真查找原因。小企业可能存在出借银行账户、收入不入账、挪用资金、伪造变造银行对账单等问题。

三、其他货币资金

其他货币资金，是指除库存现金、银行存款以外的其他各种货币资金，主要包括银行汇票存款、银行本票存款、信用卡存款、信用证保证金存款、外埠存款等。

（一）设置的会计科目

小企业应设置“其他货币资金”科目，核算小企业的银行汇票存款、银行本票存款、信用卡存款、信用证保证金存款、外埠存款等其他货币资金。该科目应按照银行汇票或本票、信用卡发放银行、信用证的收款单位、外埠存款的开户银行等，分别“银行汇票存款”、“银行本票存款”、“信用卡存款”、“信用证保证金存款”、“外埠存款”等设置明细账进行明细核算。

期末借方余额反映小企业持有的其他货币资金。

小企业的“备用金”也在“其他货币资金”科目核算。

（二）其他货币资金的会计处理

小企业增加其他货币资金时，借记“其他货币资金”科目，贷记“银行存款”科目。减少其他货币资金时，借记“固定资产”、“原材料”、“管理费用”等科目，贷记“其他货币资金”科目。

【例2－17】林海公司20×3年5月3日为办理银行汇票结算，委托银行为其开具金额为80 000元的银行汇票一份。

林海公司应做如下会计处理：

借：其他货币资金——银行汇票存款　　80 000

　　贷：银行存款　　80 000

【例2－18】以例2－17资料为例，林海公司采购员20×3年5月8日持银行汇票采购A材料一批，取得的增值税专用发票上注明价款40 000元，增值税额6 800元。采购的材料已到达并验收入库，余款33 200元已退回企业银行存款户。

林海公司应做如下会计处理：

（1）采购材料时：

借：原材料——A材料　　40 000

　　应交税费——应交增值税（进项税额）　　6 800

　　贷：其他货币资金——银行汇票存款　　46 800

（2）收到退回余款时：

借：银行存款　　33 200

　　贷：其他货币资金——银行汇票存款　　33 200

（三）小企业备用金的核算

备用金，是指为了满足小企业内部各部门和职工个人生产经营活动的需要，而暂付给有关部门和职工个人使用的备用现金。

为了反映和监督备用金的领用和使用情况，小企业应在“其他货币资金”科目下设置“备用金”明细科目或单独设置“备用金”科目进行核算。

小企业通常对日常开支、零星采购等使用现金比较频繁的部门，建立定额备用金制度来加以管理和控制。

采用定额备用金制度的小企业，由会计部门根据实际情况拨出一笔固定金额的现金给使用部门，并规定使用范围。备用金由专人经管，经管人员必须妥善保存有关支付备用金的收据、发票等各种报销凭证，并设置备用金登记簿记录各项零星开支。经管人员按规定的间隔日期或在备用金不够周转时，凭有关凭证向会计部门报销，并补足备用金的规定金额。

会计部门拨付备用金时，借记“其他货币资金——备用金”或“备用金”科目，贷记“库存现金”科目。使用备用金部门自备用金中支付零星支出，应根据有关支付凭证，定期编制备用金报销清单，会计部门根据内部各单位提供的备用金报销清单，定期补足备用金，借记“销售费用”、“管理费用”等科目，贷记“库存现金”科目。除了增加或减少拨入的备用金外，使用或报销有关备用金支出不再通过“其他货币资金——备用金”或“备用金”科目核算。

【例2－19】林海公司20×3年5月25日核定销售部备用金定额为10 000元，以现金拨付，并规定每月月底由备用金专门经管人员凭有关凭证向会计部门报销，补足备用金。月末，销售部报销日常业务支出8 000元。

林海公司应做如下会计处理：

（1）拨付备用金时：

借：其他货币资金——备用金　　10 000

　　贷：库存现金　　10 000

（2）报销日常业务支出时：

借：销售费用　　8 000

　　贷：库存现金　　8 000

第三章 供应业务

本章讲述小企业为产品生产经营活动而取得固定资产、无形资产、原材料等生产要素的会计处理。

第一节 固定资产的取得

一、固定资产的概念

固定资产，是指小企业为生产产品、提供劳务、出租或经营管理而持有的，使用寿命超过 1 年的有形资产。主要包括房屋、建筑物、机器、机械、运输工具、设备、器具、工具等。

固定资产具有以下三个特征：

第一，固定资产是为生产商品、提供劳务、出租或经营管理而持有的。小企业持有固定资产的目的是为了生产商品、提供劳务、出租或经营管理，这意味着，小企业持有的固定资产是企业的劳动工具或手段，而不是直接用于出售的产品。

第二，固定资产使用寿命超过一个会计年度。固定资产的使用寿命，是指小企业使用固定资产的预计期间，或者该固定资产所能生产产品或提供劳务的数量。通常情况下，固定资产的使用寿命是指使用固定资产的预计期间，如自用房屋建筑物的使用寿命按预计使用年限表示。某些机器设备，其使用寿命往往以该固定资产所能生产产品或提供劳务的数量来表示，如汽车等交通工具一般按其预计行驶里程估计使用寿命。

第三，固定资产为有形资产。固定资产以一个实物存在，可以看得见、摸得着。这一特征将固定资产与无形资产区别开来。有些无形资产可能同时符合固定资产的其他特征，如无形资产为生产商品、提供劳务而持有，使用寿命超过一个会计年度，但是，由于其没有实物形态，所以不属于固定资产。

【涉税提示】

在固定资产的界定上，小企业会计准则与企业所得税法的规定基本一致。

《企业所得税法实施条例》第五十七条规定：固定资产，是指企业为生产产品、提供劳务、出租或者经营管理而持有的、使用时间超过 12 个月的非货币性资产，包括房屋、建筑物、机器、机械、运输工具以及其他与生产经营活动有关的设备、器具、工具等。

在实务中，小企业容易混淆固定资产与低值易耗品或包装物等周转材料的界限，将符合固定资产特征的设备、器具、工具等计入“周转材料”核算，采用一次摊销法或分次摊销法计入当期损益，从而导致摊销当期利润的减少，影响当期应纳税所得额。

二、固定资产的分类

小企业应当结合本企业的具体情况，对固定资产进行科学、合理的分类，制定固定资产目录，作为会计核算的依据。

（一）按固定资产经济用途分类

固定资产按经济用途分类，可分为生产经营用固定资产和非生产经营用固定资产两大类。

1. 生产经营用固定资产，是指直接服务于企业生产经营过程的各种固定资产，如生产经营用的房屋、建筑物、机器、设备、器具、工具等。

2. 非生产经营用固定资产，是指不直接服务于生产经营过程的各种固定资产，如用于职工宿舍、食堂、浴室、理发室等方面的房屋、设备和器具等。

（二）按固定资产使用情况分类

固定资产按使用情况分类，可分为使用中固定资产、未使用固定资产、不需用固定资产和出租固定资产四大类。

1. 使用中固定资产，是指正在使用中的经营用和非经营用的固定资产。小企业的房屋、建筑物无论是否在实际使用，都应视为使用中固定资产。由于季节性经营或进行大修理等原因，暂时停止使用的固定资产也属于小企业使用中的固定资产。

2. 未使用固定资产，是指已建造但尚未正式交付使用的新增固定资产以及因进行改建、扩建等原因暂停使用的固定资产。

3. 不需用固定资产，是指小企业多余或不适用的各种固定资产。

4. 出租固定资产，是指小企业以经营性租赁方式出租给其他单位使用的固定资产。

实务中，为了更好地满足固定资产管理和核算的需要，往往考虑固定资产的经济用途、使用情况和所有权等综合因素，将固定资产分为生产经营用固定资产、非生产经营用固定资产、经营性出租固定资产、不需用固定资产、未使用固定资产和融资租入固定资产等。

三、固定资产的计价

固定资产计价，是指以货币为计量单位计量固定资产的价值。小企业对固定资产价值的计量标准有原始价值、重置完全价值和净值。

（一）原始价值

原始价值，是指小企业取得固定资产的实际成本。按这种计价方法确定的固定资产价值，均是实际发生并有支付凭证的支出，具有客观性和可验证性，所以原始价值成为固定资产的基本计价标准。采用原始价值计价的不足之处是，当经营环境和社会物价水平发生变化时，它不能反映固定资产的真实价值，也不能真实地反映企业当前的经营规模。

固定资产的来源渠道不同，构成原始价值的内容也不同，如小企业外购固定资产的原始价值，是指小企业取得某种固定资产所支付的全部价款，以及使固定资产达到预期使用状态所发生的各种支出，包括购买价款、相关税费、运输费、装卸费、保险费、安装费等。再如小企业接受投资者投入的固定资产的原始价值，由该固定资产的评估价值和相关税费构成等。

（二）重置完全价值

重置完全价值，是指按当前的生产技术条件和市场情况，重新购置某项同样的固定资产所需支付的金额。采用重置完全价值对固定资产计价，可以比较真实地反映固定资产的现实价值，但会计实务中不具有可操作性。一般只在取得无法确定其原始价值的固定资产时采用这种计价标准，如盘盈的固定资产，按照同类或者类似固定资产的市场价格或评估价值，扣除按照该项固定资产新旧程度估计的折旧后的余额入账，就是以重置完全价值为计价标准。

（三）净值

固定资产的净值，也称折余价值，是指固定资产原始价值减去累计折旧后的净额。它反映的是小企业固定资产的账面价值。

四、取得固定资产的核算

（一）取得固定资产成本的确认

固定资产应当按照取得成本进行确认与计量。由于小企业取得固定资产的方式不同，确认固定资产成本的方式也有所不同。

1. 外购的固定资产

小企业外购固定资产的成本包括购买价款、相关税费、运输费、装卸费、保险费、安装费等，但不含按照税法规定可以抵扣的增值税进项税额。

以一笔款项购入多项没有单独标价的固定资产，应当按照各项固定资产或类似资产的市场价格或评估价值比例对总成本进行分配，分别确定各项固定资产的成本。

外购固定资产所负担的税金，应区分价内税和价外税两种不同情况处理，对于价内税，如进口关税、消费税等应当计入固定资产成本。对于价外税，主要是增值税，应根据《中华人民共和国增值税暂行条例》的规定，区别两种不同情况处理：

（1）属于一般纳税人的小企业，外购固定资产支付的增值税额，凡是取得增值税专用发票，并符合税法的规定可以抵扣时，记入“应交税费——应交增值税（进项税额）”科目，不计入所购固定资产的成本，如外购与生产经营有关的设备、机械、运输工具等。但未取得增值税专用发票或者用于非增值税应税项目、免征增值税项目时，企业所支付的增值税进项税额不得从销项税额中抵扣，应计入外购固定资产的成本，如小企业购入自用的应征消费税的摩托车、汽车、游艇，其进项税额不得从销项税额中抵扣。

因固定资产购置而发生的运费，在取得货物运费发票并经过认证后，按税法规定准予抵扣的部分记入“应交税费——应交增值税（进项税额）”科目，不准予抵扣的部分计入固定资产的成本。对于因固定资产购置发生的其他相关税费，计入固定资产的成本。

（2）属于小规模纳税人的小企业，外购固定资产支付的增值税额，一律计入所购固定资产的成本。

2. 自行建造的固定资产

小企业自行建造固定资产的成本，由建造该项资产在竣工决算前发生的支出（含相关的借款费用）构成。小企业在建工程在试运转过程中形成的产品、副产品或试车收入应冲减在建工程成本。

3. 投资者投入的固定资产

小企业接受投资者投入固定资产的成本，应当按照评估价值和相关税费确定。

4. 融资租入固定资产

小企业融资租入固定资产的成本，应当按照租赁合同约定的付款总额和在签订租赁合同过程中发生的相关税费确定。

5. 盘盈的固定资产

小企业盘盈固定资产的成本，应当按照同类或者类似固定资产的市场价格或评估价值，扣除按照该项固定资产新旧程度估计的折旧后的余额确定。

【涉税提示】

小企业不同渠道取得的固定资产成本，与企业所得税法的规定基本一致。

《企业所得税法实施条例》第五十八条规定：外购的固定资产，以购买价款和支付的相关税费以及直接归属于使该资产达到预定用途发生的其他支出为计税基础。自行建造的固定资产，以竣工结算前发生的支出为计税基础。融资租入的固定资产，以租赁合同约定的付款总额和承租人在签订租赁合同过程中发生的相关费用为计税基础，租赁合同未约定付款总额的，以该资产的公允价值和承租人在签订租赁合同过程中发生的相关费用为计税基础。盘盈的固定资产，以同类固定资产的重置完全价值为计税基础。通过捐赠、投资、非货币性资产交换、债务重组等方式取得的固定资产，以该资产的公允价值和支付的相关税费为计税基础。

属于一般纳税人的小企业，外购与生产经营有关的设备、机械、运输工具等取得增值税专用发票并支付的增值税进项税额准予抵扣，不计入外购固定资产的成本。但如果购入自用的应征消费税的摩托车、汽车、游艇及以建筑物或者构筑物为载体的给排水、采暖、卫生、通风、照明、通信、煤气、消防、中央空调、电梯、电气、智能化楼宇设备等附属设备和配套设施，无论在会计处理上是否单独计价与核算，均应作为建筑物或者构筑物的组成部分，其进项税额不得在销项税额中抵扣，应计入外购固定资产的成本。

（二）设置的会计科目

1. “固定资产”科目

“固定资产”科目，核算小企业固定资产的原价（成本）。该科目应按照固定资产类别和项目设置明细账进行明细核算，并根据实际情况设置“固定资产登记簿”和“固定资产卡片”。期末借方余额，反映小企业固定资产的原价（成本）。

小企业购置计算机硬件所附带的、未单独计价的软件，也通过“固定资产”科目核算。

小企业临时租入的固定资产和以经营租赁方式租入的固定资产，应另设备查簿进行登记，不在“固定资产”科目核算。

2. “在建工程”科目

“在建工程”科目，核算小企业需要安装的固定资产、固定资产新建工程、改扩建等所发生的成本。借方登记发生的各项工程成本，贷方登记办理竣工决算的工程成本。该科目应按照在建工程项目设置明细账进行明细核算。期末借方余额，反映小企业尚未完工或虽已完工，但尚未办理竣工决算的工程成本。

小企业购入不需要安装的固定资产，直接在“固定资产”科目核算，不通过“在建工程”科目核算。

小企业已提足折旧的固定资产的改建支出和经营租入固定资产的改建支出，在“长期待摊费用”科目核算，不在“在建工程”科目核算。

3. “工程物资”科目

“工程物资”科目，核算小企业为在建工程准备的各种物资的成本，包括工程用材料，尚未安装的设备以及为生产准备的工器具等。借方登记购入为工程准备的物资成本，贷方登记工程领用物资的成本及工程完工后转作本企业存货的剩余工程物资的成本。该科目应按照“专用材料”、“专用设备”、“工器具”等设置明细账进行明细核算。期末借方余额，反映小企业为在建工程准备的各种物资的成本。

4. “长期应付款”科目

“长期应付款”科目，核算小企业除长期借款以外的其他各种长期应付款项。包括应付融资租入固定资产的租赁费和以分期付款方式购入固定资产发生的应付款项等。该科目应按照长期应付款的种类和债权人设置明细账进行明细核算。期末贷方余额，反映小企业应付未付的长期应付款项。

（三）取得固定资产的会计处理

1. 外购的固定资产

小企业购入不需要安装的固定资产，应当按照实际支付的购买价款、相关税费（不包括按照税法规定可抵扣的增值税进项税额）、运输费、装卸费、保险费等，借记“固定资产”科目，按照税法规定可抵扣的增值税进项税额，借记“应交税费——应交增值税（进项税额）”科目，贷记“银行存款”、“应付账款”等科目。

小企业购入需要安装的固定资产，应当按照实际支付的购买价款、相关税费（不包括按照税法规定可抵扣的增值税进项税额）、运输费、装卸费、保险费、安装费等，借记“在建工程”科目，按照税法规定可抵扣的增值税进项税额，借记“应交税费——应交增值税（进项税额）”科目，贷记“银行存款”、“应付账款”等科目。固定资产安装完成，借记“固定资产”科目，贷记“在建工程”科目。

以分期付款方式购入固定资产，应当按照实际支付的购买价款和相关税费（不包括按照税法规定可抵扣的增值税进项税额），借记“固定资产”或“在建工程”科目，按照税法规定可抵扣的增值税进项税额，借记“应交税费——应交增值税（进项税额）”科目，贷记“长期应付款”科目。固定资产需要安装的，待安装完成，借记“固定资产”科目，贷记“在建工程”科目。

【例3-1】林海公司20×3年4月2日购入一台不需要安装的设备，取得增值税专用发票上注明价款100 000元，增值税额17 000元，发生的运输费5 000元，款项全部以银行存款付清。假定不考虑其他相关税费。

林海公司应做如下会计处理：

购置设备的成本=100 000+5 000×（1-7%）=104 650（元）

借：固定资产　　104 650

　　应交税费——应交增值税（进项税额）　　17 350

　　贷：银行存款　　122 000

【例3-2】林海公司20×3年4月5日购入为生产车间安装的中央空调设备，取得的增值税专用发票上注明价款200 000元，增值税额34 000元，款项以银行存款支付。另支付安装费5 000元，月末安装完毕交付使用。

林海公司应做如下会计处理：

（1）购入空调时：

借：在建工程　　234 000

　　贷：银行存款　　234 000

（2）支付安装费时：

借：在建工程　　5 000

　　贷：银行存款　　5 000

（3）安装完毕交付使用时：

借：固定资产　　239 000

　　贷：在建工程　　239 000

【例3-3】林海公司20×3年4月10日向天泰公司一次购进了三台型号不同的生产设备A、B、C，共支付含税价款585 000元，取得增值税专用发票上注明价款500 000元，增值税额85 000元，另以银行存款支付运杂费10 000元。A、B、C三种设备不含税市场价格分别为300 000元、150 000元和100 000元。不考虑其他相关税费。

林海公司应做如下会计处理：

（1）确定应计入固定资产的成本：

500 000+10 000=510 000（元）

（2）确定A、B、C三种设备应分配的固定资产价值比例：

A 设备应分配的固定资产价值比例 = 300 000 ÷ (300 000 + 150 000 + 100 000) = 54.55%

B 设备应分配的固定资产价值比例 = 150 000 ÷ (300 000 + 150 000 + 100 000) = 27.25%

C 设备应分配的固定资产价值比例 = 100 000 ÷ (300 000 + 150 000 + 100 000) = 18.20%

(3) 确定 A、B、C 设备各自的成本：

A 设备的成本 = 510 000 × 54.55% = 278 205（元）

B 设备的成本 = 510 000 × 27.25% = 138 975（元）

C 设备的成本 = 510 000 × 18.20% = 92 820（元）

(4) 会计处理：

借：固定资产——A 设备　　278 205
　　　　　　——B 设备　　138 975
　　　　　　——C 设备　　92 820
　　应交税费——应交增值税（进项税额）　　85 000
　　贷：银行存款　　595 000

2. 自行建造的固定资产

小企业自行建造的固定资产应先通过“在建工程”科目核算。自行建造固定资产完成竣工决算，按照竣工决算前发生的相关支出，借记“固定资产”科目，贷记“在建工程”科目。

自行建造固定资产根据实施的方式不同，可分为自营工程和出包工程两种方式，其会计处理也不尽相同。

(1) 自营工程

自营工程，是指小企业自行组织工程物资采购、自行组织施工人员施工的建筑工程和安装工程等。

自营工程的会计处理包括以下几方面内容：

①小企业自营建造建筑物等不动产，购入为工程准备的物资，应按实际支付的购买价款和相关税费，借记“工程物资”科目，贷记“银行存款”、“应付账款”等科目。

②小企业自营建造生产设备、安装生产设备工程，购入为工程准备的物资，应按实际支付的购买价款，借记“工程物资”科目，按增值税专用发票上注明的增值税税额，借记“应交税费——应交增值税（进项税额）”，

贷记“银行存款”、“应付账款”等科目。

③领用工程物资时，应按工程物资的实际成本，借记“在建工程”科目，贷记“工程物资”科目。

④在建工程应负担的职工薪酬，借记“在建工程”科目，贷记“应付职工薪酬”科目。

⑤在建工程使用本企业的产品或商品，应按照成本，借记“在建工程”科目，贷记“库存商品”科目。按照税法规定应缴纳的增值税税额，借记“在建工程”科目，贷记“应交税费——应交增值税（销项税额）”科目。

⑥在建工程在竣工决算前发生的借款利息，在应付利息日应根据借款合同利率计算确定的利息费用，借记“在建工程”科目，贷记“应付利息”科目。

⑦在建工程在试运转过程中发生的支出计入工程成本，借记“在建工程”科目，贷记“银行存款”等科目。形成的产品或者副产品对外销售或转为库存商品的，冲减在建工程成本，借记“银行存款”、“库存商品”等科目，贷记“在建工程”科目。

⑧工程完工后将领出的剩余物资退库时，借记“工程物资”科目，贷记“在建工程”科目。工程完工后剩余的工程物资转作本企业存货的，借记“原材料”等科目，若工程物资存在可抵扣的增值税进项税额，应同时借记“应交税费——应交增值税（进项税额）”科目，贷记“工程物资”科目。

⑨自营工程办理竣工决算，借记“固定资产”科目，贷记“在建工程”科目。

【例3－4】林海公司于20×3年2月1日开始自行建造仓库一座，以银行存款购入工程物资，取得增值税专用发票上注明价款300 000元，增值税额51 000元，物资已验收入库。工程施工时领用工程物资351 000元。工程领用本企业外购的A材料一批，成本20 000元，购进该材料时已抵扣进项税额3 400元。工程建设期间发生工程人员工资40 000元，发放职工福利费7 000元。以银行存款支付工程管理费等10 000元。20×3年12月1日仓库建造完工并办理竣工决算。

林海公司应做如下会计处理：

①购入工程物资时：

借：工程物资　　　　　　　　　　　　　　351 000

贷：银行存款　　351 000

②工程领用工程物资时：

借：在建工程　　351 000

贷：工程物资　　351 000

③工程领用生产用材料时：

借：在建工程　　23 400

贷：原材料——A 材料　　20 000

应交税费——应交增值税（进项税额转出）　　3 400

④分配工程人员工资及福利费时：

借：在建工程　　47 000

贷：应付职工薪酬　　47 000

⑤支付工程管理费时：

借：在建工程　　10 000

贷：银行存款　　10 000

⑥仓库完工办理竣工决算时：

借：固定资产　　431 400

贷：在建工程　　431 400

【例 3－5】 林海公司于 20×3 年 2 月 10 日开始自行建造一条生产线，以银行存款购入各种工程物资，取得增值税专用发票上注明价款 200 000 元，增值税额 34 000 元。实际领用工程物资 190 000 元，剩余物资转为原材料。工程领用本企业甲产品一批，实际成本 25 000 元，计税价格 30 000 元，该产品适用的增值税税率 17%。分配工程人员工资 40 000 元。企业辅助生产车间为工程提供有关劳务支出共计 5 000 元。生产线于 20×3 年 6 月 20 日办理竣工决算。

林海公司应做如下会计处理：

①购入工程物资时：

借：工程物资　　200 000

应交税费——应交增值税（进项税额）　　34 000

贷：银行存款　　234 000

②领用工程物资时：

借：在建工程　　190 000

贷：工程物资　　190 000

③领用产品时：

借：在建工程　　25 000

　　贷：库存商品　　25 000

④分配工程人员工资时：

借：在建工程　　40 000

　　贷：应付职工薪酬　　40 000

⑤分配辅助生产车间提供的劳务支出时：

借：在建工程　　5 000

　　贷：生产成本——辅助生产成本　　5 000

⑥剩余物资转为材料时：

借：原材料　　10 000

　　贷：工程物资　　10 000

⑦工程完工办理竣工决算时：

借：固定资产　　260 000

　　贷：在建工程　　260 000

（2）出包工程

出包工程，是指小企业通过招标等方式将工程项目发包给承包企业，由承包企业组织施工的建筑工程和安装工程。

小企业以出包方式建造固定资产，其成本由建造该固定资产竣工决算前发生的相关支出构成。

小企业出包工程的具体支出由承包企业核算，“在建工程”科目主要核算与承包企业工程价款的结算。小企业按照合同规定预付的工程价款，借记“预付账款”科目，贷记“银行存款”等科目。按照工程进度结算工程价款，借记“在建工程”科目，贷记“银行存款”、“预付账款”等科目。

工程完工收到承包单位提供的账单并办理竣工决算时，借记“固定资产”科目，贷记“在建工程”科目。

【例3－6】林海公司20×3年2月25日将一幢厂房工程出包给德利公司承建，按规定在工程开工时向德利公司预付工程价款800 000元。厂房工程完工后收到德利公司结算账单，该项工程实际支出1 000 000元，以银行存款补付工程价款200 000元。出包的厂房完工后办理竣工决算，经验收合格交付使用。

林海公司应做如下会计处理：

①预付工程款时：

借：预付账款——德利公司　　800 000

　　贷：银行存款　　800 000

②按照工程进度结算工程价款时：

借：在建工程　　1 000 000

　　贷：银行存款　　200 000

　　　　预付账款——德利公司　　800 000

③工程完工验收，办理竣工决算时：

借：固定资产　　1 000 000

　　贷：在建工程　　1 000 000

3. 投资者投入的固定资产

小企业取得投资者投入的固定资产，应当按照评估价值和相关税费，借记“固定资产”或“在建工程”科目，贷记“实收资本”、“资本公积”等科目。

【例3－7】林海公司20×3年1月10日收到神峰公司投入的不需要安装的设备一台，该设备评估价值200 000元，合同约定林海公司接受神峰公司的投入资本为180 000元。

林海公司应做如下会计处理：

借：固定资产　　200 000

　　贷：实收资本——神峰公司　　180 000

　　　　资本公积——资本溢价　　20 000

4. 融资租入的固定资产

融资租赁，是指在实质上转移了与资产所有权有关的全部风险和报酬的一种租赁，其所有权最终可能转移，也可能不转移。

与经营租赁相比，融资租赁主要具备如下特点：租期较长，即使资产的所有权不转移，但租赁期占租赁资产使用寿命的大部分（一般达到租赁资产使用年限的75%以上）。租赁合同一般不能撤销。支付的租金包括了设备的价款、租赁费和借款利息等。租赁期满，承租人有优先选择廉价购买租赁资产的权利等。

小企业采用融资租赁方式租入固定资产，在固定资产租赁期间虽然所有权尚未转移，但其全部的风险和报酬已全部转移到承租方。因此，承租企业应将融资租入的固定资产视同自有固定资产核算，并将承诺分期支付的租赁费总额作为一项长期负债入账。

小企业融资租入的固定资产，在租赁期开始日按照租赁合同约定的付款总额和在签订租赁合同过程中发生的相关税费等，借记“固定资产”科目或“在建工程”科目，贷记“长期应付款”、“银行存款”等科目。

其中，租赁期开始日，是指承租人有权行使其使用租赁资产权利的日期，表明租赁行为的开始；租赁合同约定的付款总额，是指租赁合同中承租人与出租人双方协议约定的付款总额；相关税费，是指承租人为融资租入固定资产发生的印花税、佣金、律师费、差旅费、谈判费、运杂费、保险费、安装调试费等，在实际发生时应当计入租入的固定资产成本。

【例 3-8】林海公司 20×3 年 3 月 1 日以融资租赁方式从某租赁公司租入生产用设备一台，租赁合同确定的租赁费总额 200 000 元，以银行存款支付设备运杂费 5 000 元。

林海公司应做如下会计处理：

借：固定资产——融资租入固定资产　　205 000

　贷：长期应付款——应付融资租赁款　　200 000

　　　银行存款　　5 000

第二节　无形资产的取得

一、无形资产的概念

无形资产，是指小企业为生产产品、提供劳务、出租或经营管理而持有的、没有实物形态的可辨认非货币性资产。相对于其他资产，无形资产具有以下特征：

（一）无形资产不具有实物形态

无形资产通常表现为某种权利、某项技术或是某种获取超额利润的综合能力，它们不具有实物形态，如土地使用权和非专利技术等。无形资产很大程度上是通过自身所具有的技术等优势为企业带来未来经济利益。

某些无形资产的存在有赖于实物载体。如计算机软件需要存储在磁盘中。但这并不改变无形资产本身不具实物形态的特性。在确定一项包含无形和有形要素的资产是属于固定资产还是属于无形资产时，需要通过判断来加以确定，通常以哪个要素更重要作为判断的依据。例如，计算机控制的机械工具没有特定计算机软件就不能运行时，说明该软件是构成相关硬件不可缺少的组成部分，该软件应作为固定资产处理。如果计算机软件不是相关硬件不可缺少的组成部分，则该软件应作为无形资产核算。

（二）无形资产具有可辨认性

符合以下条件之一的，则认为其具有可辨认性：

1. 能够从企业中分离或者划分出来，并能单独用于出售或转让等，不需要同时处置在同一获利活动中的其他资产，表明无形资产可以辨认。某些情况下无形资产可能需要与有关的合同一起用于出售转让等，这种情况下也视为可辨认无形资产。

2. 产生于合同性权利或其他法定权利，无论这些权利是否可以从企业或其他权利和义务中转移或者分离。如一方通过与另一方签订特许权合同而获得的特许使用权，通过法律程序申请获得的商标权和专利权等。

如果企业有权获得一项无形资产产生的未来经济利益，并能约束其他方获取这些利益，则表明企业控制了该项无形资产。如对于会产生经济利益的技术知识，若其受到版权、贸易协议约束（如果允许）等法定权利或雇员保密法定职责的保护，说明该企业控制了相关利益。

客户关系、人力资源等，由于企业无法控制其带来的未来经济利益，不符合无形资产的定义，不应将其确认为无形资产。

内部产生的品牌、报刊名、刊头、客户名单和实质上类似的项目支出，由于不能与整个业务开发成本区分开来，这类项目不应确认为无形资产。

（三）无形资产属于非货币性资产

无形资产由于没有发达的交易市场，一般不容易转化成现金，在持有过程中为企业带来未来经济利益的情况不确定，属于非货币性资产。

二、无形资产的内容

小企业的无形资产通常包括专利权、非专利技术、商标权、著作权、特许权、土地使用权等。

（一）专利权

专利权，是指国家专利主管机关依法授予发明创造专利申请人，对其发明创造在法定期限内所享有的专有权利，包括发明专利权、实用新型专利权和外观设计专利权。专利权受法律保护。

法律按照专利权种类规定了其有效期，发明专利权 15 年，实用新型专利权 10 年，外观设计专利权 5 年。在专利权有效期内，其他企业和个人未经发明人许可不得无偿使用其专利。

专利权的持有人在专利权的有效期内受益，专利权的法定有效期满将不受法律保护。

（二）非专利技术

非专利技术，也称专有技术，是指不为外界所知，在生产经营活动中已采用了的，不享有法律保护的，可以带来经济效益的各种技术和诀窍。非专利技术一般包括工业专有技术、商业贸易专有技术、管理专有技术、技术设计和操作上的数据、工艺诀窍等。

非专利技术不受法律保护，没有有效期，只要拥有非专利技术的企业将其保密不公开，非专有技术仍由其拥有，企业就可独享其带来的经济利益。

（三）商标权

商标权，是指专门在某类指定的商品或产品上使用特定的名称或图案的权利。企业使用的这种特定的名称、图案、标记称为商标，它不仅是识别企业产品的标志，而且是企业间相互竞争，抢占市场份额，追逐利润的重要工具。

根据我国商标法的规定，经商标管理部门注册的商标为注册商标。只有注册的商标，其持有人才拥有商标权并受法律保护，才能构成企业的无形资产。

商标权具有独占使用权和禁止使用权功能，未经商标持有人允许，任何人不得使用，否则就属侵权行为。法律规定商标权的有效期为 10 年，但期满前可以申请延长注册有效期。

（四）著作权

著作权，又称版权，是指作者对其创作的文学、科学和艺术作品依法享有的某些特殊权利。著作权包括作品署名权、发表权、修改权和保护作品完整权，还包括复制权、发行权、出租权、展览权、表演权、放映权、广播权、信息网络传播权、摄制权、改编权、翻译权、汇编权以及应当由著作权人享有的其他权利。著作权受法律保护，法律规定作品的发表权、使用权和获得报酬权的有效期为作者终生及其死亡后50年，职务创作作品的保护期为50年。

（五）特许权

特许权，又称经营特许权、专营权，是指企业在某一地区经营或销售某种特定商品的权利或是一家企业接受另一家企业使用其商标、商号、技术秘密等的权利。通常有两种形式，一种是由政府机构授权，准许企业使用或在一定地区享有经营某种业务的特权，如水、电、邮电通信等专营权、烟草专卖权等。另一种指企业间依照签订的合同，有限期或无限期使用另一家企业的某些权利，如连锁店分店使用总店的名称等。

（六）土地使用权

土地使用权，是指国家准许某企业在一定期间内对国有土地享有开发、利用和经营的权利。我国土地为国家所有，任何单位和个人只能拥有土地的使用权，而不是所有权。土地使用权可以通过行政划拨和外购取得及投资者投资取得。

【涉税提示】

在无形资产的界定上，小企业会计准则与企业所得税法存在的差异主要是对商誉的认定。小企业会计准则规定，无形资产，是指小企业为生产产品、提供劳务、出租或经营管理而持有的、没有实物形态的可辨认的非货币性资产，强调无形资产的可辨认性，不包括商誉。

企业所得税法界定的无形资产包括商誉。《企业所得税法实施条例》第六十五条规定：无形资产，是指企业为生产产品、提供劳务、出租或者经营管理而持有的、没有实物形态的非货币性长期资产，包括专利权、商标权、著作权、土地使用权、非专利技术、商誉等。

三、取得无形资产的核算

（一）取得无形资产成本的确认

无形资产应当按照取得成本进行确认与计量。由于小企业取得无形资产的方式不同，确认无形资产成本的方式也有所不同。

1. 外购的无形资产

小企业外购无形资产的成本，包括支付的购买价款、相关税费和相关的其他支出。

其中，相关的其他支出，是指使该项资产达到预定用途所发生的其他支出，包括使无形资产达到预定用途所发生的专业服务费用、测试无形资产是否能够正常发挥作用的费用、相关的借款费用等，不包括为引入新产品进行宣传发生的广告费、管理费用及其他间接费用，也不包括在无形资产已经达到预定用途以后发生的费用。

小企业以外购方式取得的土地使用权通常应确认为无形资产，自行开发建造厂房等建筑物相关的土地使用权与建筑物应当分别进行处理，即土地使用权的账面价值不与地上建筑物合并计算其成本，仍作为无形资产进行核算，土地使用权与地上建筑物分别进行摊销和计提折旧。但下列情况除外：

（1）房地产开发企业取得的土地使用权用于建造对外出售的房屋建筑物，相关的土地使用权应当计入所建造的房屋建筑物成本。

（2）企业外购的房屋建筑物，实际支付的价款中包括土地以及建筑物的价值，应当对支付的价款按照合理的方法（如按照土地使用权与建筑物市场价值比例或评估价值的比例）在土地和地上建筑物之间进行分配。如果确实无法在地上建筑物与土地使用权之间进行合理分配，应当全部作为固定资产核算。

2. 投资者投入的无形资产

小企业接受投资者投入的无形资产，其成本应当按照评估价值和相关税费确定。

3. 自行开发的无形资产

小企业自行开发的无形资产，应划分为研究阶段和开发阶段，不同阶段发生的内部研究开发费用，其会计处理有所不同。

(1) 研究阶段

研究阶段，是指为获取新的技术和知识等进行有计划调查的阶段。常见的研究活动是为获取知识而进行的活动，包括研究成果或其他知识的应用研究、评价和最终选择，材料、设备、产品、工序、系统或服务替代品的研究，以及新的或经改进的材料、设备、产品、工序、系统或服务的可能替代品的配制、设计、评价和最终选择。

研究阶段具有计划性和探索性的特点。计划性，是指研究阶段是建立在有计划的调查基础上，即研发项目已经董事会或者相关管理层的批准，并着手收集相关资料、进行市场调查等。探索性，是指研究阶段基本上是探索性的，为进一步的开发活动进行资料及相关方面的准备，这一阶段不会形成阶段性成果。

从研究活动的特点看，其研究是否能在未来形成成果，即通过开发后是否会形成无形资产均有很大的不确定性，小企业也无法证明其研究活动一定能够形成带来未来经济利益的无形资产。因此，小企业自行开发无形资产在研究阶段发生的有关支出在发生时应当费用化，计入当期损益。

(2) 开发阶段

开发阶段，是指在进行商业性生产或使用前，将研究成果或其他知识应用于某项计划或设计，以生产出新的或具有实质性改进的材料、装置、产品等。开发活动包括生产前或使用前的原型和模型的设计、建造和测试，含新技术的工具、夹具、模具和冲模的设计，不具有商业性生产经济规模的试生产设施的设计、建造和运营，新的或改造的材料、设备、产品、工序、系统或服务所选定的替代品的设计、建造和测试等。

开发阶段具有针对性强和形成成果的可能性大等特点。由于开发阶段相对于研究阶段更进一步，进入开发阶段的研发项目往往形成成果的可能性较大，形成一项新产品或新技术的基本条件已经具备，所发生的开发支出如果符合资本化条件，应确认为无形资产的成本，否则应计入当期损益。

小企业自行开发无形资产发生的支出，同时满足下列五个条件的，才能确认为无形资产成本：

①完成该无形资产以使其能够使用或出售在技术上具有可行性。判断无形资产的开发在技术上是否具有可行性，应当以目前阶段的成果为基础，并提供相关证据和材料，证明企业进行开发所需的技术条件等已经具备，

不存在技术上的障碍或其他不确定性。比如，企业已经完成了全部计划、设计和测试活动，这些活动是使资产能够达到设计规划书中的功能、特征和技术所必需的活动或经过专家鉴定等。

②具有完成该无形资产并使用或出售的意图。开发某项产品或专利技术产品等，通常是根据管理当局决定该项研发活动的目的或者意图加以确定，也就是说，研发项目形成成果以后，是为出售还是为自己使用并从使用中获得经济利益，应当依管理当局的决定为依据。因此，企业的管理当局应当明确表明其持有拟开发无形资产的目的，并具有完成该项无形资产开发并使其能够使用或出售的可能性。

③能够证明运用该无形资产生产的产品存在市场或无形资产自身存在市场，无形资产将在内部使用的，应当证明其有用性。开发支出资本化作为无形资产确认，其基本条件是能够为企业带来未来经济利益。如果有关的无形资产在形成以后，主要是用于形成新产品或新工艺的，企业应对运用该无形资产生产的产品市场情况进行估计，应能够证明所生产的产品存在市场，能够带来经济利益的流入。如果有关的无形资产开发以后主要是用于对外出售的，则企业应能够证明市场上存在对该类无形资产的需求，开发以后存在外在的市场可以出售并带来经济利益的流入。如果无形资产开发以后不是用于生产产品，也不是用于对外出售，而是在企业内部使用的，则企业应能够证明在企业内部使用时对企业的有用性。

④有足够的技术、财务资源和其他资源支持，以完成该无形资产的开发，并有能力使用或出售该无形资产。这一条件主要包括：

第一，为完成该项无形资产开发具有技术上的可靠性。开发的无形资产并使其形成成果在技术上的可靠性是继续开发活动的关键。因此，必须有确凿证据证明企业继续开发该项无形资产有足够的技术支持和技术能力。

第二，财务资源和其他资源支持。财务和其他资源支持是能够完成该项无形资产开发的经济基础，因此，企业必须能够说明为完成该项无形资产的开发所需的财务和其他资源，是否能够足以支持完成该项无形资产的开发。

第三，能够证明企业获取在开发过程中所需的技术、财务和其他资源，以及企业获得这些资源的相关计划等。如在企业自有资金不足以提供支持的情况下，是否存在外部其他方面的资金支持，如银行等借款机构愿意为该无形资产的开发提供所需资金的声明等来证实。

第四，有能力使用或出售该无形资产以取得收益。

⑤归属于该无形资产开发阶段的支出能够可靠计量。企业对于研究开发活动发生的支出应单独核算，如发生的研究开发人员的工资和材料费等，在企业同时从事多项研究开发活动的情况下，所发生的支出同时用于支持多项研究开发活动的，应按照一定的标准在各项研究开发活动之间进行分配，无法明确分配的，应予费用化计入当期损益，不计入开发活动的成本。

综上所述，自行研发的无形资产成本，由符合资本化条件后至达到预定用途前发生的支出（含相关的借款费用）构成。

【涉税提示】

小企业会计准则对从各种渠道取得的无形资产的实际成本与企业所得税法规定的计税基础基本一致。

《企业所得税法实施条例》第六十六条规定：外购的无形资产，以购买价款和支付的相关税费以及直接归属于使该资产达到预定用途发生的其他支出为计税基础。自行开发的无形资产，以开发过程中该资产符合资本化条件后至达到预定用途前发生的支出为计税基础。通过捐赠、投资、非货币性资产交换、债务重组等方式取得的无形资产，以该资产的公允价值和支付的相关税费为计税基础。

自行开发无形资产发生的支出，在进行会计处理时划分为费用化支出或资本化支出，除影响当期管理费用和开发完成的无形资产成本外，还会影响到按企业所得税法规定对研究开发费用的加计扣除。《企业所得税法实施条例》第九十五条规定：企业为开发新技术、新产品、新工艺发生的研究开发费用，未形成无形资产的计入当期损益，在按照规定据实扣除的基础上，按照研究开发费用的50%加计扣除。形成无形资产的，按照无形资产成本的150%摊销。

（二）设置的会计科目

1.“无形资产”科目

“无形资产”科目，核算小企业持有的无形资产成本。借方登记通过各种方式取得的无形资产成本，贷方登记因出售、报废、对外投资等原因处置的无形资产成本。该科目应按照无形资产项目设置明细账进行明细核算。期末借方余额，反映小企业无形资产的成本。

2.“研发支出”科目

“研发支出”科目，核算小企业进行研究与开发无形资产过程中发生的各项支出。借方登记自行开发无形资产发生的研发支出，贷方登记结转达到预定用途的研究开发项目应资本化的金额和期末结转的费用化金额。该科目可按研究开发项目，分别“费用化支出”、“资本化支出”设置明细账进行明细核算。期末借方余额，反映正在进行的无形资产研究开发项目满足资本化条件的支出。

（三）无形资产取得的会计处理

1. 外购无形资产

小企业外购无形资产，应当按照实际支付的购买价款、相关税费和相关的其他支出（含相关的利息费用），借记“无形资产”科目，贷记“银行存款”、“应付利息”等科目。

【例3-9】林海公司20×3年2月10日从利华公司购入一项专利权，支付的买价和有关费用共计700 000元，以银行存款支付。

林海公司应做如下会计处理：

借：无形资产　　　　　　　　　　700 000

　　贷：银行存款　　　　　　　　　　700 000

2. 投资者投入的无形资产

小企业收到投资者投入的无形资产，应当按照评估价值和相关税费，借记“无形资产”科目，贷记“实收资本”、“资本公积”等科目。

【例3-10】林海公司20×3年2月20日接受胜峰公司投入一项专利技术，评估确认的价值为400 000元，假设不考虑其他因素。

林海公司应做如下会计处理：

借：无形资产　　　　　　　　　　400 000

　　贷：实收资本——胜峰公司　　　　400 000

3. 自行开发的无形资产

小企业自行研究开发无形资产发生的研发支出，不满足资本化条件的，借记“研发支出——费用化支出”科目，满足资本化条件的，借记“研发支出——资本化支出”科目，贷记“原材料”、“银行存款”、“应付职工薪酬”、“应付利息”等科目。

期末，应将“研发支出”科目归集的费用化支出金额转入管理费用，借记“管理费用”科目，贷记“研发支出——费用化支出”科目。

研究开发项目达到预定用途形成无形资产时，应按“研发支出——资本化支出”科目的余额，借记“无形资产”科目，贷记“研发支出——资本化支出”科目。

【例3-11】林海公司20×3年7月1日开始进行一项新产品专利技术研发，在研究开发过程中发生材料费400 000元，研发人员薪酬100 000元，以银行存款支付其他费用30 000元，总计530 000元，其中，符合资本化条件的支出350 000元。20×3年12月31日，该专利技术已经达到预定用途并成功申请了国家专利。假定不考虑相关税费。

林海公司应做如下会计处理：

(1) 发生各项研发费用时：

借：研发支出——费用化支出　180 000
　　　　　——资本化支出　350 000
　贷：原材料　400 000
　　　应付职工薪酬　100 000
　　　银行存款　30 000

(2) 年末结转费用化支出及达到预定用途的专利技术成本时：

借：管理费用　180 000
　　无形资产——专利权　350 000
　贷：研发支出——费用化支出　180 000
　　　　　　——资本化支出　350 000

第三节　材料的取得

一、材料的概念

材料是制造业小企业存货的构成内容之一。小企业的存货，是指小企业在日常生产经营过程中持有以备出售的产成品或商品、处在生产过程中的在产品、将在生产过程或提供劳务过程中耗用的材料和物料等，以及小企业（农、林、牧、渔业）为出售而持有的，或在将来收获为农产品的消耗性生物资产。

制造业小企业的材料，是指直接用于生产产品并构成产品的实体，或有助于产品形成但不构成产品实体的物品，主要包括原材料、周转材料和委托加工材料等。

（一）原材料

原材料，是指小企业在生产过程中经加工改变其形态或性质并构成产品主要实体的各种原料及主要材料、辅助材料、外购半成品（外购件）、修理用备件（备品备件）、包装材料、燃料等。其中，原料及主要材料，是指经过加工后构成产品实体的各种原料和材料。原料是直接取自于自然界的劳动对象，如纺纱用的原棉，炼铁用的铁矿石等。主要材料，是指已被加工的劳动对象，如织布用的棉纱、汽车制造厂用的不锈钢材等。辅助材料，是指用于生产的有助于产品形成或便于生产进行的各种材料，但不构成产品的实体，如染料、机油等。外购半成品（外购件），是指从企业外部通过购入或其他途径取得，经过加工或装配构成产品实体的半成品或配件，如纺织厂外购的棉纱等。修理用备件（备品备件），是指用于修理本企业机器设备和运输设备等所专用的各种零件和备件，如齿轮、阀门等。包装材料，是指包装本企业产品用的除包装物以外的各种材料，如纸、绳、袋等。燃料，是指在生产过程中用来燃烧发热，为创造正常的劳动条件用的各种材料，如煤、柴油等。

（二）周转材料

周转材料，是指小企业能够多次使用、逐渐转移其价值但仍保持原有形态且不确认为固定资产的材料，包括包装物、低值易耗品等。其中，包装物，是指为了包装本企业商品而储备的各种包装容器，如桶、箱、瓶、坛、袋等，主要作用是盛装、装潢产品。低值易耗品，是指不能作为固定资产的各种用具物品，如工具、管理用具、玻璃器皿、劳动保护用品，以及在经营过程中周转使用的容器等。周转材料一般单位价值较低，使用期限相对于固定资产较短，在使用过程中基本保持其原有实物形态。

（三）委托加工材料

委托加工材料，是指小企业委托外单位加工的各种材料，收回后可能直接出售，也可能作为原材料用于继续生产产品。

二、取得材料成本的确认

材料应当按照取得成本进行确认与计量。由于小企业取得材料的方式不同，确认材料成本的方式也有所不同。

（一）外购材料

小企业外购材料的成本，是指材料从采购到入库前所发生的全部支出，包括购买价款、相关税费、运输费、装卸费、保险费以及在外购材料过程中发生的其他直接费用，但不含一般纳税人按照税法规定可以抵扣的增值税进项税额。

1. 购买价款，是指小企业购入的材料或商品的发票账单上列明的价款，但不含按照税法规定可以抵扣的增值税进项税额。

2. 相关税费，是指小企业计入材料成本的进口关税、消费税、资源税和不能从增值税销项税额中抵扣的进项税额。

3. 运输费，是指小企业运输材料过程中发生的应计入材料成本的费用。不包括按规定根据运输费的一定比例计算的可抵扣的增值税额。

4. 外购材料过程中发生的其他直接费用，包括装卸费、保险费、仓储费用、包装费、运输途中合理损耗、入库前的挑选整理费用等。

材料在采购过程中发生的毁损、短缺等合理损耗，应当计入材料采购成本。属于过失人造成的损失，应向供应单位或外部运输机构索赔，不计入采购成本。属于自然灾害等发生的损失和尚待查明原因的途中损耗，应先作为待处理财产损失核算，待查明原因后处理。

（二）自制材料

小企业自制材料的成本，包括直接材料、直接人工以及按照一定方法分配的制造费用。

（三）投资者投入材料

小企业接受投资者投入材料的成本，应当按照评估价值确定。

（四）委托加工材料

小企业委托加工材料的成本，包括发给外单位加工实际耗用的原材料成本、支付的加工费、加工材料应负担的运杂费以及按规定应计入委托加工材料成本的税金等。

（五）盘盈材料

小企业盘盈材料的成本，应当按照同类或类似材料的市场价格或评估价值确定。

三、取得材料按实际成本计价的核算

实务中，材料的日常核算有按实际成本计价核算和按计划成本计价核算两种方法。小企业可根据实际情况自行选择。

材料按实际成本计价核算，是指材料的日常收入、发出和结存均按照实际成本计价。

（一）设置的会计科目

1.“原材料”科目

“原材料”科目，核算小企业库存各种材料的实际成本。借方登记已验收入库材料的实际成本，贷方登记发出材料的实际成本。该科目应按照材料的保管地点（仓库）、材料的类别、品种和规格等设置明细账进行明细核算。期末借方余额，反映小企业库存材料的实际成本。

购入的工程用材料，在“工程物资”科目核算，不在“原材料”科目核算。

2.“在途物资”科目

“在途物资”科目，核算小企业采用实际成本进行材料、商品等物资的日常核算、尚未到达或尚未验收入库的各种物资的实际采购成本。借方登记本期购入材料物资的买价和采购费用，贷方登记已完成采购手续而转入“原材料”科目的材料实际成本。该科目应按照供应单位和物资品种设置明细账进行明细核算。期末借方余额，反映小企业已经收到发票账单，但材料或商品尚未到达或尚未验收入库的在途材料、商品等物资的采购成本。

3. "应付票据"科目

"应付票据"科目，核算小企业因购买材料、商品和接受劳务等日常生产经营活动开出、承兑的商业汇票（包括银行承兑汇票和商业承兑汇票）的票面金额。贷方登记小企业开出、承兑商业汇票的金额，借方登记到期支付的汇票金额。该科目应按照债权人设置明细账进行明细核算。期末贷方余额，反映小企业开出、承兑的尚未到期的商业汇票的票面金额。

小企业应当设置"应付票据备查簿"，详细登记商业汇票的种类、号数和出票日期、到期日、票面金额、交易合同号和收款人姓名或单位名称以及付款日期和金额等资料，商业汇票到期结清票款后，在备查簿中应予以注销。

4. "应付账款"科目

"应付账款"科目，核算小企业因购买材料、商品和接受劳务等日常生产经营活动应支付的款项。贷方登记应付给供应单位的款项，借方登记偿付供应单位的款项。该科目应按照对方单位（或个人）设置明细账进行明细核算。期末贷方余额，反映小企业尚未支付的应付账款。

5. "预付账款"科目

"预付账款"科目，核算小企业按照合同规定预付的款项。包括根据合同规定预付的购货款、租金、工程款等。借方登记向供应单位预付的货款和补付的款项，贷方登记收到供应单位提供的材料及有关发票账单而冲销的预付账款。该科目应按照对方单位（或个人）设置明细账进行明细核算。期末借方余额，反映小企业预付的各种款项；期末如为贷方余额，反映小企业尚未补付的款项。

小企业预付的工程价款，也通过"预付账款"科目核算。

预付款项情况不多的小企业，也可以不设置"预付账款"科目，将预付的款项直接记入"应付账款"科目借方。

（二）取得材料的会计处理

1. 外购材料

小企业外购材料，由于采购地点、货款结算方式等不同，可能导致材料验收入库和货款结算不同步进行，应根据实际情况分别进行会计处理。

（1）货款已经支付，材料已验收入库

这种情况属于收料和付款同步进行的业务，一般在当地采购时较为常见。小企业应当按照发票账单等所列购买价款、相关税费、运输费、装卸费、保险费以及在外购材料过程中发生的其他直接费用，借记“原材料”科目，按照税法规定可抵扣的增值税进项税额，借记“应交税费——应交增值税（进项税额）”科目，按照实际支付的款项或应付票据面值及未付款项，贷记“库存现金”、“银行存款”、“其他货币资金”、“应付票据”等科目。

【例3－12】林海公司20×3年4月10日从天泰公司购入一批A材料，取得增值税专用发票上注明价款50 000元，增值税额8 500元。货款已通过银行转账支付，材料也已验收入库。

林海公司应做如下会计处理：

借：原材料　　50 000
　　应交税费——应交增值税（进项税额）　　8 500
　　贷：银行存款　　58 500

（2）已办理货款结算手续，但材料尚在运输途中

小企业外购材料，应当按照发票账单所列购买价款、运输费、装卸费、保险费以及在外购材料过程发生的其他直接费用，借记“在途物资”科目，按照税法规定可抵扣的增值税进项税额，借记“应交税费——应交增值税（进项税额）”科目，按照实际支付的款项或应付票据面值，贷记“库存现金”、“银行存款”、“其他货币资金”、“应付票据”等科目。

材料运达企业验收入库后，根据“入库单”等有关验货凭证，借记“原材料”科目，贷记“在途物资”科目。

【例3－13】林海公司20×3年4月10日从海风公司购入一批B材料，取得增值税专用发票上注明价款200 000元，增值税额34 000元。同时，销货方代垫运杂费3 200元，其中，运费2 000元。货款及销货方代垫的运杂费已通过银行转账支付，材料尚在运输途中。4月30日该批材料运达企业并验收入库。

林海公司应做如下会计处理：

①支付货款时：

增值税进项税额＝34 000＋2 000×7%＝34 140（元）

原材料采购成本＝200 000＋（3 200－2 000×7%）＝203 060（元）

借：在途物资　　203 060
　　应交税费——应交增值税（进项税额）　　34 140
　　贷：银行存款　　237 200

②材料验收入库时：

借：原材料　　203 060

　　贷：在途物资　　203 060

（3）材料已验收入库，但尚未办理结算手续

这种情况属于未付款的收料业务。材料已先到企业，但由于尚未接到结算凭证，不能确定材料款项数额，无法付款。由于结算凭证一般在收到材料几天后就可以收到，因此，材料验收入库时可暂不进行账务处理，待接到结算凭证付款时再进行账务处理。

如果月末结算凭证仍然未到，应将材料按暂估价入账，借记“原材料”科目，贷记“应付账款——暂估应付账款”科目，下月初用红字做同样的会计分录予以冲回，以便下月收到发票账单等结算凭证时，按照正常程序进行账务处理。

【例 3－14】林海公司于 20×3 年 4 月 20 日从天泰公司购入 B 材料一批，已验收入库，但月末发票账单等结算凭证未到，货款尚未支付。该批材料合同价格为 80 000 元。20×3 年 5 月 15 日收到发票账单等结算凭证，款项以银行存款支付。取得增值税专用发票上注明价款 81 000 元，增值税额 13 770 元。

林海公司应做如下会计处理：

①4 月末按合同价格暂估入账时：

借：原材料　　80 000

　　贷：应付账款——暂估应付账款　　80 000

②5 月初用红字冲销时：

借：原材料　　[80 000]

　　贷：应付账款——暂估应付账款　　[80 000]

③5 月 15 日收到发票账单付款时：

借：原材料——B 材料　　81 000

　　应交税费——应交增值税（进项税额）　　13 770

　　贷：银行存款　　94 770

（4）采用预付货款方式购入材料

小企业采用预付货款方式购入材料，预付款项时，借记“预付账款”科目，贷记“银行存款”等科目。

收到发票账单等结算凭证或将所购材料物资验收入库，按照应计入材

料成本的金额，借记“在途物资”或“原材料”等科目，按照税法规定可抵扣的增值税进项税额，借记“应交税费——应交增值税（进项税额）”科目，按照应支付的金额，贷记“预付账款”科目。补付的款项，借记“预付账款”科目，贷记“银行存款”等科目。收到退回多付的款项，借记“银行存款”等科目，贷记“预付账款”科目。

【例 3-15】 林海公司于 20×3 年 6 月 20 日，根据合同向德山公司预付货款 70 000 元，采购一批 A 原材料。德山公司于 7 月 10 日交付材料，取得增值税专用发票上注明价款 62 000 元，增值税额 10 540 元。7 月 12 日，林海公司将应补付的货款 2 540 元通过银行转账支付。

林海公司应做如下会计处理：

①6 月 20 日，预付货款时：

借：预付账款——德山公司	70 000	
贷：银行存款		70 000

②7 月 10 日，材料验收入库时：

借：原材料	62 000	
应交税费——应交增值税（进项税额）	10 540	
贷：预付账款——德山公司		72 540

③7 月 12 日，补付货款时：

借：预付账款——德山公司	2 540	
贷：银行存款		2 540

（5）采用赊购方式购入材料

小企业采用赊购方式购入材料的情况下，应于材料验收入库后，根据发票账单等结算凭证确定材料成本，借记“原材料”科目，按照可抵扣的增值税进项税额，借记“应交税费——应交增值税（进项税额）”科目，按照应付的价款，贷记“应付账款”等科目。实际支付款项时，借记“应付账款”等科目，贷记“银行存款”等科目。

如果赊购附有现金折扣条件，小企业应采用总价法进行会计处理。在总价法下，应付账款按照实际交易金额入账，购货方若在现金折扣期内付款而享受现金折扣，应当冲减当期财务费用。

现金折扣，是指债权人为鼓励债务人在规定的期限内付款而向债务人提供的债务扣除。小企业为了鼓励客户提前付款，通常与债务人达成协议，债务人在不同期限内付款可以享受不同比例的付款折扣。现金折扣通常用符号“折扣/付款期限”来表示。如买卖双方签订购销协议时约定信用期限为30天，买方在10天内付款可按售价给予2%的现金折扣，超过10天，即使在30天内付款，也不给予现金折扣，就用“2/10，N/30”表示。

【例3-16】林海公司于20×3年7月1日从川阳公司赊购一批B材料，取得增值税专用发票上注明价款80 000元，增值税额13 600元，B材料已验收入库，款项尚未支付。合同约定的现金折扣条件为“2/10，N/30”。假设现金折扣不考虑增值税，林海公司采用总价法对现金折扣进行会计处理。7月10日，林海公司以银行存款支付货款。

林海公司应做如下会计处理：

①7月1日，赊购原材料时：

借：原材料　80 000
　　应交税费——应交增值税（进项税额）　13 600
　　贷：应付账款——川阳公司　93 600

②7月10日支付货款时：

现金折扣=80 000×2% =1 600（元）

实际付款金额=93 600-1 600=92 000（元）

借：应付账款——川阳公司　93 600
　　贷：银行存款　92 000
　　　　财务费用　1 600

假如，林海公司于7月28日支付货款，则应做如下会计处理：

借：应付账款——川阳公司　93 600
　　贷：银行存款　93 600

（6）外购材料发生短缺的会计处理

小企业采购材料过程中发生的材料毁损、短缺等，除合理的损耗应当计入采购成本外，向供应单位或外部运输机构等收回的短缺物资或其他赔偿款项，应冲减所购材料的采购成本，根据有关的索赔凭证，借记“应付账款”或“其他应收款”科目，贷记“在途物资”科目。因自然灾害等发生的损失和尚待查明原因的途中损耗，先记入“待处理财产损溢”科目，查明原因按照管理权限报经批准后处理时，将非常损失扣除保险赔款和可收回残值后的净损失，记入“营业外支出”科目。

【例3-17】林海公司于20×3年4月10日外购材料一批，取得增值税专用发票上注明数量50千克，单价100元，价款5 000元，增值税额850

元，款项已用银行存款支付。4月20日该批材料运达企业，验收时发现短缺12千克，经查明短缺2千克属于合理损耗，10千克系运输单位责任，经协商，运输单位同意赔偿。

林海公司应做如下会计处理：

①支付货款时：

借：在途物资　　5 000

　　应交税费——应交增值税（进项税额）　　850

　　贷：银行存款　　5 850

②验收入库时：

应收责任单位赔款 = 10 × 100 + 10 × 100 × 17% = 1 170（元）

借：原材料　　4 000

　　其他应收款——运输公司　　1 170

　　贷：在途物资　　5 000

　　　　应交税费——应交增值税（进项税额转出）　　170

外购材料发生的定额内损耗应计入材料的采购成本，实务中并不单独进行会计处理，发生的损耗意味着入库材料数量的减少，在采购成本总额不变的情况下，会提高入库材料的单位成本。

【涉税提示】

属于非正常原因造成的材料短缺，应当将该项购进材料的进项税额从当期的进项税额中转出。

《中华人民共和国增值税暂行条例》（中华人民共和国国务院令第538号）（以下简称《增值税暂行条例》）第十条规定：下列项目的进项税额不得从销项税额中抵扣：非正常损失的购进货物及相关的应税劳务；非正常损失的在产品、产成品所耗用的购进货物或者应税劳务。对非正常损失，《增值税实施细则》第二十四条的界定是，非正常损失是指因管理不善造成被盗、丢失、霉烂变质的损失。税务人员应关注企业的各种材料短缺的原因和处理结果，如果确属非正常损失造成的材料短缺，还应检查企业有无少转出或不转出材料购入时的进项税额。

2. 自制材料

小企业自制并已验收入库的材料，按照实际成本，借记“原材料”科目，贷记“生产成本”科目。

【例3-18】林海公司于20×3年5月10日自制的A材料验收入库，生产过程中发生的实际成本20 000元。

林海公司应做如下会计处理：

借：原材料　　20 000

　　贷：生产成本　　20 000

3. 投资者投入材料

小企业取得投资者投入的原材料，应按照评估价值，借记“原材料”科目，涉及增值税进项税额的，借记“应交税费——应交增值税（进项税额）”科目。按照投资者在注册资本中所占的份额，贷记“实收资本”科目，按照其差额，贷记“资本公积”科目。

【例3-19】林海公司于20×3年1月10日接受景洪公司投入的原材料一批，该原材料评估价值100 000元，取得增值税专用发票上注明增值税额17 000元。景洪公司的投资在林海公司注册资本中所占的份额80 000元。

林海公司应做如下会计处理：

借：原材料　　100 000

　　应交税费——应交增值税（进项税额）　　17 000

　　贷：实收资本　　80 000

　　　　资本公积——资本溢价　　37 000

四、取得材料按计划成本计价的核算

材料按计划成本计价核算，是指材料的日常收入、发出和结存均按事先制定的计划成本计价，并设置“材料成本差异”科目核算实际成本与计划成本之间的差异，月末，再通过对材料成本差异的分摊，将发出材料的计划成本和结存材料的计划成本调整为实际成本的一种核算方法。

计划成本一般由会计部门会同采购部门等共同制定，制订的计划成本应尽可能接近实际，以利于发挥计划成本的考核和控制功能。除特殊情况外，计划成本在年度内一般不作调整。

（一）设置的会计科目

1. “材料采购”科目

“材料采购”科目，核算小企业采用计划成本进行材料日常核算购入材料的采购成本。借方登记购入材料的实际成本以及结转入库材料应负担的节约差，贷方登记领用材料的计划成本以及结转入库材料应负担的超支差。该科目应按照供应单位和材料品种设置明细账进行明细核算。期末借方余额，反映小企业已经收到发票账单，但材料尚未到达或尚未验收入库的在途材料的采购成本。

2.“原材料”科目

“原材料”科目，核算小企业库存各种材料的计划成本。借方登记已验收入库材料的计划成本，贷方登记发出材料的计划成本。该科目应按照材料的保管地点（仓库）、材料的类别、品种和规格等设置明细账进行明细核算。期末借方余额，反映小企业库存材料的计划成本。

3.“材料成本差异”科目

“材料成本差异”科目，核算小企业采用计划成本进行日常核算的材料实际成本与计划成本的差额。借方登记验收入库材料应负担的超支差，以及结转领用材料应负担的节约差，贷方登记验收入库材料应负担的节约差，以及结转领用材料应负担的超支差。该科目应按“原材料”、“周转材料”等设置明细账进行明细核算。期末借方余额，反映小企业结存材料计划成本应负担的超支差，如是贷方余额，反映小企业结存材料计划成本应负担的节约差。

小企业也可以在“原材料”、“周转材料”等科目下设置“成本差异”明细账进行明细核算。

（二）取得材料的会计处理

1. 外购的原材料

小企业外购材料，应当按照发票账单所列购买价款、相关税费、运输费、装卸费、保险费以及在外购材料过程中发生的其他直接费用，借记“材料采购”科目，按照税法规定可抵扣的增值税进项税额，借记“应交税费——应交增值税（进项税额）”科目，按照实际支付的款项或应付票据面值及未付款项，贷记“库存现金”、“银行存款”、“其他货币资金”、“应付票据”、“应付账款”等科目。

小企业向供应单位和运输机构等收回的材料短缺或其他应冲减材料采购成本的赔偿款项，应根据有关的索赔凭证，借记“应付账款”或“其他应收款”科目，贷记“材料采购”科目。因自然灾害等发生的损失和尚待查明原因的途中损耗，先记入“待处理财产损溢”科目，查明原因后再做处理。

月份终了，小企业根据仓库转来的收料单和付款凭证及已开出并承兑的商业汇票等结算凭证，按材料实际成本和计划成本分别汇总，按计划成本借记“原材料”等科目，贷记“材料采购”科目，同时结转材料实际成本与计划成本之间的差异。如果实际成本大于计划成本的超支差异，应借记“材料成本差异”科目，贷记“材料采购”科目；如果实际成本小于计划成本的节约差异，应借记“材料采购”科目，贷记“材料成本差异”科目。

【例3-20】林海公司于20×3年3月5日外购生产用A材料一批，取得增值税专用发票上注明价款15 000元，增值税额2 550元，全部款项已通过银行转账支付。20×3年3月10日该批原材料已验收入库，计划成本为15 500元。

林海公司应做如下会计处理：

(1) 支付货款时：

借：材料采购　　15 000

　　应交税费——应交增值税（进项税额）　　2 550

　　贷：银行存款　　17 550

(2) 材料入库时：

借：原材料　　15 500

　　贷：材料采购　　15 500

同时，结转材料成本差异：

借：材料采购　　500

　　贷：材料成本差异　　500

【例3-21】林海公司于20×3年3月5日采用商业汇票结算方式从海滨公司购入B材料。取得增值税专用发票上注明价款20 000元，增值税额3 400元。

林海公司应做如下会计处理：

借：材料采购　　20 000

　　应交税费——应交增值税（进项税额）　　3 400

　　贷：应付票据——海滨公司　　23 400

【例3-22】林海公司于20×3年3月15日收到从海滨公司购入的B材料并验收入库，该批材料计划成本为18 000元。

林海公司应做如下会计处理：

借：原材料　　18 000

　　贷：材料采购　　18 000

同时，结转材料成本差异：

借：材料成本差异　　2 000

　　贷：材料采购　　2 000

对于材料已经收到，但尚未办理结算手续的，可暂不做会计处理。月末，对于尚未收到发票账单的收料凭证，应按计划成本暂估入账，借记"原材料"科目，贷记"应付账款——暂估应付账款"科目，下月初用红字做同样的会计分录予以冲回，以便下月收到发票账单等结算凭证时，按照正常程序进行账务处理。

【例3-23】林海公司于20×3年3月29日收到原材料一批，已验收入库，但由于未收到结算凭证，货款尚未支付，该批材料的计划成本为250 000元。20×3年4月6日收到结算凭证，取得增值税专用发票上注明价款240 000元，增值税额40 800元，款项已通过银行存款支付。

林海公司应做如下会计处理：

（1）3月末按材料计划成本暂估入账时：

借：原材料　　250 000

　　贷：应付账款——暂估应付账款　　250 000

（2）4月初用红字做相同会计分录予以冲回：

借：原材料　　[250 000]

　　贷：应付账款——暂估应付账款　　[250 000]

（3）4月6日收到结算凭证时：

借：材料采购　　240 000

　　应交税费——应交增值税（进项税额）　　40 800

　　贷：银行存款　　280 800

（4）根据仓库转来的外购材料收料凭证，结转入库材料计划成本时：

借：原材料　　250 000

　　贷：材料采购　　250 000

同时，结转材料成本差异：

借：材料采购　　10 000

贷：材料成本差异　　　　　　　　　　　　　　　10 000

在会计实务中，为了简化收入材料和结转材料成本差异的核算手续，小企业平时收到材料时，也可以先不记录材料的增加，也不结转产生的材料成本差异。月末，再将本月已付款或已开出、承兑商业汇票并已验收入库的材料，按实际成本和计划成本分别汇总，一次登记本月材料的增加，计算和结转本月材料成本差异。

2. 其他方式取得的材料

小企业自制或接受投资及委托外单位加工的材料验收入库时，不需要通过“材料采购”科目确定取得材料的成本差异，应直接按材料计划成本借记“原材料”等科目，按确定的实际成本贷记“生产成本”或“委托加工物资”等科目，同时按实际成本与计划成本之间的差额，借记或贷记“材料成本差异”科目。

五、取得周转材料的核算

周转材料主要包括包装物、低值易耗品，以及小企业（建筑业）的钢模板、木模板、脚手架等。

小企业应设置“周转材料”科目，核算小企业库存的周转材料的实际成本或计划成本。该科目应按照周转材料的种类，分别“在库”、“在用”和“摊销”设置明细账进行明细核算。期末借方余额，反映小企业在库、出租、出借周转材料的实际成本或计划成本以及在用周转材料的摊余价值。

各种包装材料，如纸、绳、铁丝、铁皮等，应在“原材料”科目内核算。用于储存和保管产品、材料而不对外出售的包装物，应按照价值大小和使用年限长短，分别在“固定资产”科目或本科目核算。

小企业的包装物、低值易耗品，可以单独设置“包装物”、“低值易耗品”科目。包装物数量不多的小企业，可以不设置“周转材料”科目，将包装物并入“原材料”科目核算。

小企业购入、自制或委托外单位加工完成并验收入库的周转材料，以及对周转材料的清查盘点等，比照“原材料”科目的相关规定进行账务处理。

【例 3－24】 林海公司于 20×3 年 3 月 10 日购入一批劳保用品，取得增值税专用发票上注明价款 50 000 元，增值税额 8 500 元。款项已通过银行转账支付，劳保用品尚在运输途中。4 月 12 日这批劳保用品运达并验收入库。

林海公司应做如下会计处理：

（1）支付货款时：

借：在途物资	50 000	
应交税费——应交增值税（进项税额）	8 500	
贷：银行存款		58 500

（2）验收入库时：

借：周转材料——低值易耗品（劳保用品）	50 000	
贷：在途物资		50 000

六、委托加工材料的核算

小企业应设置“委托加工物资”科目，核算委托加工物资的实际成本。借方登记小企业发给外单位加工物资的实际成本，支付的加工费、运杂费及由受托方代收代缴的应计入委托加工物资成本的消费税。贷方登记加工收回物资的实际成本和剩余物资的实际成本。该科目应按加工合同和受托加工单位以及加工物资的品种等设置明细账进行明细核算。期末借方余额，反映小企业委托外单位加工尚未完工物资的实际成本。

小企业发给外单位加工材料时，按照实际成本或计划成本，借记“委托加工物资”科目，贷记“原材料”科目，同时应结转材料成本差异。

支付加工费用和往返运杂费及增值税进项税额时，借记“委托加工物资”、“应交税费——应交增值税（进项税额）”等科目，贷记“银行存款”科目。

需要交纳消费税的委托加工材料，由受托加工方代收代缴的消费税应分别以下情况处理：

一是委托加工的材料收回后直接用于销售的，应将受托方代收代缴的消费税计入委托加工物资的成本，借记“委托加工物资”科目，贷记“应付账款”、“银行存款”等科目。以后销售收回的加工材料时，不需要再缴纳消费税。

二是委托加工的材料收回后用于连续生产应税消费品的，受托方代收代缴的消费税准予抵扣的，应按准予抵扣的消费税税额，借记“应交税费——应交消费税”科目，贷记“应付账款”、“银行存款”等科目，以后连续生产的应税消费品生产完成并销售时，从生产完成的应税消费品应纳消费税税额中抵扣。

加工完成验收入库的材料和剩余材料，按加工收回材料的实际成本和剩余材料的实际成本，借记“原材料”、“库存商品”等科目，贷记“委托加工物资”科目。

【例 3 - 25】林海公司于 20×3 年 3 月 8 日委托某企业加工材料一批，发出的原料及主要材料成本为 150 000 元。5 月 20 日支付加工费，取得增值税专用发票上注明加工费 40 000 元，增值税额 6 800 元。5 月 30 日，收到委托加工完成的材料，并验收入库。

林海公司应做如下会计处理：

（1）发出材料时：

借：委托加工物资　　150 000

　贷：原材料　　150 000

（2）支付加工费用时：

借：委托加工物资　　40 000

　应交税费——应交增值税（进项税额）　　6 800

　贷：银行存款　　46 800

（3）收回委托加工材料时：

借：原材料　　190 000

　贷：委托加工物资　　190 000

第四章 生产业务

本章讲述小企业在组织产品生产过程中发生的各项费用的会计处理，包括材料费、人工费、折旧费及其他相关费用。同时，根据各项费用的发生情况，讲述制造业小企业产品成本核算的基本原理。

第一节 材料费用

一、领用材料按实际成本计价的核算

材料按实际成本核算的小企业，日常领用材料应按照实际成本计价。

材料费用是制造业小企业产品生产过程中发生的主要费用之一。其中用于产品生产的材料，构成了产品的实体，其成本是产品成本的重要组成项目。由于小企业取得材料的方式不同，取得材料的实际成本也各不相同，按照实际成本计价时，就要选择适当的材料计价方法确定领用材料的实际成本。

（一）领用材料的计价方法

小企业领用材料的计价方法有先进先出法、加权平均法和个别计价法。小企业应当根据实际情况，综合考虑材料的性质和管理的要求，选择适当

的计价方法，确定发出材料的实际成本。领用材料的计价方法一经选用，不得随意变更。

1. 先进先出法

先进先出法，是假设先入库的材料先发出，并根据这种假设成本流转顺序对发出材料和结存材料进行计价的一种计价方法。具体做法是：收入材料时，逐笔登记收入材料的数量、单价和金额；发出材料时，按照先购入的材料先发出的原则逐笔登记发出材料的成本和结存材料的成本。

【例 4－1】林海公司 20×3 年 4 月 1 日结存 A 材料 600 千克，单位成本 20 元。本月购进 A 材料三批，4 月 8 日购进 400 千克，单位成本 22 元。4 月 20 日购进 600 千克，单位成本 23 元。4 月 30 日购进 400 千克，单位成本 25 元。本月发出 A 材料两批，4 月 14 日发出 800 千克，4 月 28 日发出 400 千克。A 材料 4 月末结存 800 千克。林海公司采用先进先出法计算发出 A 材料的成本。

林海公司采用先进先出法计算 A 材料本月发出和结存的成本见表 4－1。

表 4－1　　材料明细账

材料名称：A 材料　　单位：元

20×3 年		凭证字号	摘要	收入			发出			结存		
月	日			数量	单价	金额	数量	单价	金额	数量	单价	金额
4	1	略	期初结存							600	20	12 000
	8		购入							600	20	12 00
				400	22	8 800				400	22	8 800
	14		发出				600	20	12 000			
							200	22	4 400	200	22	4 400
	20		购入							200	22	4 400
				600	23	13 800				600	23	13 800
	28		发出				200	22	4 400			
							200	23	4 600	400	23	9 200
	30		购入							400	23	9 200
				400	25	10 000				400	25	10 000
			期末结存							400	23	9 200
										400	25	10 000

采用先进先出法，可以随时确定发出材料的成本，同时由于期末材料

成本是根据近期购进材料的单位成本计算的，因此，使期末结存材料成本更接近市场价值。但是，这种方法计算发出材料成本，有时要同时按两个或两个以上单位成本进行计算，比较繁琐。

2. 加权平均法

加权平均法包括月末一次加权平均法和移动加权平均法两种。

（1）月末一次加权平均法

月末一次加权平均法，是指以月初材料数量和本期收入材料数量作为权数，去除月初材料成本加本月全部购进材料成本，计算出材料的加权平均单位成本，据以计算本月发出材料成本和期末结存材料成本的一种方法。计算公式如下：

$$\text{加权平均单位成本} = \frac{\text{月初结存材料的实际成本} + \text{本月收入材料的实际成本}}{\text{月初结存材料的数量} + \text{本月收入材料的数量}}$$

本月发出材料的成本 = 发出材料的数量 × 加权平均单位成本

月末结存材料成本 = 月末结存材料数量 × 加权平均单位成本

【例4－2】 以例4－1资料为例，林海公司发出材料成本采用月末一次加权平均法计算。

月末，林海公司A材料成本的有关计算如下：

加权平均单位成本 =（12 000 + 32 600）÷（600 + 1 400）= 22.3（元）

本月发出A材料成本 = 1 200 × 22.3 = 26 760（元）

月末库存A材料成本 = 800 × 22.3 = 17 840（元）

根据上述计算，本月A材料收入、发出和结存情况见表4－2。

表4－2　　材料明细账

材料名称：A材料　　单位：元

20×3年		凭证字号	摘要	收入			发出			结存		
月	日			数量	单价	金额	数量	单价	金额	数量	单价	金额
4	1	略	期初结存							600	20	12 000
	8		购入	400	22	8 800				1 000		
	14		发出				800			200		
	20		购入	600	23	13 800				800		
	28		发出				400			400		
	30		购入	400	25	10 000				800		
	30		期末结存	1 400		32 600	1 200	22.3	26 760	800	22.3	17 840

采用月末一次加权平均法，每月只计算一次发出材料的单位成本并结转发出材料的成本，简化了日常核算工作。但这种方法平时不能提供发出材料和结存材料的单位成本和金额，不利于材料的日常管理。

（2）移动加权平均法

移动加权平均法，是指以每次购进材料的成本加上原有库存材料的成本，除以每次购进数量加上原有库存材料的数量，据以计算加权平均单位成本，作为在下次购进材料前计算各次发出材料成本依据的一种方法。计算公式如下：

$$\text{移动加权平均单位成本}=\frac{\text{原有库存材料的实际成本}+\text{本次购进材料的实际成本}}{\text{原有库存材料的数量}+\text{本次购进材料的数量}}$$

本次发出材料成本＝本次发出材料的数量×移动加权平均单位成本

月末结存材料成本＝月末结存材料数量×移动加权平均单位成本

采用移动加权平均法计算发出材料的单位成本并结转发出材料成本，将材料的计价和明细账的登记分散在平时进行，可以随时掌握发出材料的成本和结存材料的成本，有利于材料的日常管理。但是，这种方法每次购进材料都需计算一次加权平均单价，如果小企业收发材料比较频繁，计算的工作量会很大。

3. 个别计价法

个别计价法，又称个别认定法、具体辨认法、分批实际法，这种方法是假设材料的成本流转与实物流转相一致，逐一辨认各批发出材料和期末材料所属的购进批别或生产批别，分别按其购进批次或生产批次入账时的单位成本计算各批发出材料成本和期末结存材料成本的一种方法。

采用个别认定法，比较简单明了。这种方法由于需要分别确认每批发出材料和期末材料的批次及数量，所以操作起来比较困难。另外还可能导致企业任意选用较高或较低的单位成本进行计价，人为地调节成本水平。因此，该种方法一般只适用于体积大、单位成本较高和收发次数较少的材料计价。

【涉税提示】

小企业会计准则与企业所得税法对发出材料计价方法的规定基本一致。

《企业所得税法实施条例》第七十三条规定：企业使用或者销售的材料的成本计算方法，可以在先进先出法、加权平均法、个别计价法中选用一种。计价方法一经选用，不得随意变更。

（二）设置的会计科目

1.“生产成本”科目

“生产成本”科目，核算小企业进行工业性生产所发生的各项生产费用，包括生产各种产成品、自制半成品、自制材料、自制工具以及自制设备等所发生的各项费用。借方登记生产产品发生的各项生产费用，贷方登记结转的完工产品的实际成本，期末借方余额，反映小企业尚未加工完成的在产品成本。该科目可按照基本生产成本和辅助生产成本设置明细账进行明细核算。

“生产成本——基本生产成本”科目应当按照基本生产车间和成本核算对象设置明细账（或成本计算单），并按规定的成本项目设置专栏。

“生产成本——辅助生产成本”科目，应当按照辅助生产车间和费用项目设置明细账。

小企业对外提供劳务发生的成本，可单独设置“劳务成本”科目进行核算。

2.“制造费用”科目

“制造费用”科目，核算小企业生产车间（部门）为生产产品和提供劳务而发生的各项间接费用。借方登记为生产产品和提供劳务而发生的各项间接费用，贷方登记期末将制造费用分配计入有关的成本核算对象的金额。该科目应按照不同的生产车间、部门设置明细账进行明细核算，并按费用项目设置专栏。除季节性生产的制造业小企业外，期末应无余额。

辅助生产车间发生的各项间接费用，可在“制造费用”科目核算，也可不通过“制造费用”科目，而直接计入“生产成本——辅助生产成本”科目。

小企业经过一年期以上的制造才能达到预定可销售状态的产品发生的借款费用，也在本科目核算。

（三）领用材料的会计处理

小企业生产经营领用材料时，应根据领用材料的用途，按照实际成本，借记“生产成本”、“管理费用”、“销售费用”、“制造费用”、“其他业务成本”等科目，贷记“原材料”、“周转材料”等科目。小企业发出委托外单位加工的原材料，按实际成本，借记“委托加工物资”科目，贷记“原材料”科目。

实务中，为了简化核算工作，平时不直接根据发料凭证编制记账凭证，而是定期或月末，根据发料凭证分类汇总编制“发出材料汇总表”，据以进行领用材料的核算。

【例4－3】林海公司20×3年4月30日根据发料凭证编制的“发出材料汇总表”见表4－3。

表4－3 **发出材料汇总表**

20×3年4月30日　　单位：元

领用部门	用途	材料类别			合计
		原料及主要材料	辅助材料	燃料	
生产车间	产品生产	95 000	3 000	2 000	100 000
	一般消耗		2 500	1 500	4 000
厂部	一般消耗			2 400	2 400
销售部门	销售	8 000	2 000		10 000
合计		103 000	7 500	5 900	116 400

林海公司应做如下会计处理：

借：生产成本　　100 000
　　制造费用　　4 000
　　管理费用　　2 400
　　其他业务成本　　10 000
　　贷：原材料　　116 400

二、领用材料按计划成本计价的核算

材料按计划成本核算的小企业，日常领用材料应按照计划成本计价。

实务中，由于原材料发出业务比较频繁，为简化核算手续，一般应根据材料发料凭证，按材料的领用部门和用途，定期或月末归类汇总，编制“发料凭证汇总表”。按照发出材料的计划成本，借记“生产成本”、“管理费用”、“销售费用”、“制造费用”、“其他业务成本”等科目，贷记“原材料”、“周转材料”等科目。小企业发出委托外单位加工的材料，按计划成本，借记“委托加工物资”科目，贷记“原材料”科目。

月末，按照发出材料实际成本大于计划成本应负担的成本差异额，借记“生产成本”、“管理费用”、“销售费用”、“制造费用”、“委托加工物资”、“其他业务成本”等科目，贷记“材料成本差异”科目。实际成本小于计划成本的差异做相反的会计分录。

发出材料应负担的成本差异，可按照月初材料成本差异率计算，也可按照本月材料成本差异率计算。计算方法一经确定，不得随意变更。材料成本差异率及发出材料应负担的材料成本差异的计算公式如下：

$$\text{本月材料成本差异率}=\frac{\text{月初结存材料的成本差异}+\text{本月入库材料的成本差异}}{\text{月初结存材料的计划成本}+\text{本月入库材料的计划成本}}\times 100\%$$

$$\text{月初材料成本差异率}=\frac{\text{月初结存材料的成本差异}}{\text{月初结存材料的计划成本}}\times 100\%$$

发出材料应负担的成本差异 = 发出材料的计划成本 × 材料成本差异率

【例4-4】 林海公司20×3年4月30日结存原材料的计划成本52 000元，“材料成本差异”科目的贷方余额1 000元。5月份已验收入库的原材料计划成本498 000元，实际成本510 000元，材料成本差异为超支差12 000元。5月份领用原材料的计划成本454 000元，其中，基本生产领用300 000元，辅助生产领用110 000元，车间一般耗用16 000元，管理部门领用8 000元，对外销售20 000元。

林海公司应做如下会计处理：

(1) 领用材料时：

借：生产成本——基本生产成本	300 000	
——辅助生产成本	110 000	
制造费用	16 000	
管理费用	8 000	
其他业务成本	20 000	
贷：原材料		454 000

(2) 计算发出材料应负担的成本差异并结转本月材料成本差异时：

本月材料成本差异率 = (-1 000 + 12 000) ÷ (52 000 + 498 000) × 100% = 2%

生产成本(基本生产成本) = 300 000 × 2% = 6 000（元）

生产成本(辅助生产成本) = 110 000 × 2% = 2 200（元）

制造费用 = 16 000 × 2% = 320（元）

管理费用 = 8 000 × 2% = 160（元）

其他业务成本 = 20 000 × 2% = 400（元）

借：生产成本——基本生产成本　　6 000
　　　　　　——辅助生产成本　　2 200
　　制造费用　　320
　　管理费用　　160
　　其他业务成本　　400
　　贷：材料成本差异　　9 080

三、领用周转材料的核算

小企业领用周转材料，通常采用一次转销法进行会计处理，在领用时按其成本计入生产成本或当期损益。金额较大的周转材料，也可以采用分次摊销法进行会计处理。

采用一次转销法时，将周转材料账面成本一次计入有关成本费用，借记“生产成本”、“制造费用”、“管理费用”、“工程施工”等科目，贷记“周转材料”科目。

金额较大的周转材料，采用分次摊销法时，在“周转材料”科目下设“在库”、“在用”、“摊销”进行明细核算。领用时应按照其成本，借记“周转材料（在用）”科目，贷记“周转材料（在库）”科目。按照使用次数摊销时，应按照其摊销额，借记“生产成本”、“制造费用”、“管理费用”、“工程施工”等科目，贷记“周转材料（摊销）”科目。报废周转材料的残料价值冲减有关资产成本或当期损益，借记“原材料”、“银行存款”等科目，贷记“管理费用”、“生产成本”、“制造费用”、“工程施工”等科目。

周转材料采用计划成本进行日常核算的，领用周转材料时，还应结转应负担的成本差异。

（一）生产领用周转材料

生产部门领用的周转材料，构成产品实体的，应直接计入产品成本。属于车间一般性消耗的，应计入制造费用。

【例4－5】 林海公司按照实际成本计价核算周转材料，20×3 年4 月 4 日管理部门领用劳保用品一批，实际成本为5 000 元，采用一次转销法进行摊销。

林海公司应做如下会计处理：

借：管理费用　　5 000

　　贷：周转材料　　5 000

【例4-6】 林海公司按实际成本计价核算周转材料，20×3 年4 月15 日基本生产车间领用专用工具一批，其账面成本60 000 元，采用分次摊销法，分三次进行摊销。该批工具报废时，残料估价5 000 元作为原材料入库。

林海公司应做如下会计处理：

（1）领用工具时：

借：周转材料——低值易耗品（在用）　　60 000

　　贷：周转材料—低值易耗品（在库）　　60 000

（2）摊销账面价值时：

每次摊销额 =6 000 ÷3 =2 000（元）

借：制造费用　　20 000

　　贷：周转材料——低值易耗品（摊销）　　20 000

（3）注销报废工具时：

借：周转材料——低值易耗品（摊销）　　60 000

　　贷：周转材料——低值易耗品（在用）　　60 000

（4）将残料入库时：

借：原材料　　5 000

　　贷：制造费用　　5 000

【例4-7】 林海公司如果按计划成本计价核算周转材料，20×3 年4 月25 日基本生产车间领用专用工具一批，其计划成本8 000 元，当月材料成本差异率为-2%，采用一次转销法进行摊销。

林海公司应做如下会计处理：

（1）领用周转材料时：

借：制造费用　　8 000

　　贷：周转材料——低值易耗品　　8 000

（2）结转成本差异时：

领用周转材料应分摊的成本差异 =8 000 ×（-2%）= -160（元）

借：材料成本差异　　160

　　贷：制造费用　　160

（二）随同产品出售不单独计价

随同产品出售不单独计价的包装物，按照其成本，借记“销售费用”科目，贷记“周转材料”科目。

（三）随同产品出售并单独计价

随同产品出售并单独计价的包装物，按照其成本，借记“其他业务成本”科目，贷记“周转材料”科目。

【例4-8】林海公司20×3年4月28日在销售产品时，领用单独计价的包装物一批，实际成本为4 000元，售价为5 000元，适用的增值税税率为17%，款项收到并存入银行。

林海公司应做如下会计处理：

（1）确认包装物收入时：

借：银行存款　　5 850

　贷：其他业务收入　　5 000

　　　应交税费——应交增值税（销项税额）　　850

（2）结转包装物成本时：

借：其他业务成本　　4 000

　贷：周转材料　　4 000

（四）出租或出借周转材料

小企业出租或出借周转材料，对收到的租金和押金进行会计处理，不需要结转其成本，但应当进行备查登记。

小企业确认出租包装物的租金收入，借记“其他应收款”、“银行存款”等科目，贷记“营业外收入”、“应交税费——应交增值税（销项税额）”等科目。

小企业收到出租或出借包装物的押金，借记“库存现金”、“银行存款”等科目，贷记“其他应付款”科目，退回包装物的押金时做相反会计处理。

小企业没收逾期未退包装物押金取得的收益，借记“其他应付款”等科目，贷记“营业外收入”科目。涉及增值税销项税额的，贷记“应交税费——应交增值税（销项税额）”科目。

【涉税提示】

小企业随同产品销售出租周转材料收取的租金收入和没收的周转材料押金收入，均属于价外费用，应按增值税暂行条例的规定，换算为不含税收入计算增值税销项税额。

【例4-9】 林海公司20×3年4月1日因销售商品而出租给大有公司包装箱一批，租期1个月。该批包装箱实际成本10 000元，收取押金9 360元，租金一次收取7 020元存入银行。4月末租期已满，该批包装箱收回，未发生损坏，包装箱验收入库，押金以银行存款退还给大有公司。

林海公司应做如下会计处理：

(1) 收到押金时：

借：银行存款　　9 360

　　贷：其他应付款——大有公司　　9 360

(2) 收取租金确认收入时：

借：银行存款　　7 020

　　贷：营业外收入　　6 000

　　　　应交税费——应交增值税（销项税额）　　1 020

(3) 退还押金时：

借：其他应付款——大有公司　　9 360

　　贷：银行存款　　9 360

(4) 假设租期已满，大有公司未如期归还包装箱，林海公司根据合同没收押金时：

借：其他应付款——大有公司　　9 360

　　贷：营业外收入　　8 000

　　　　应交税费——应交增值税（销项税额）　　1 360

第二节　人工费用

一、职工的范围

在小企业的生产经营过程中，通过劳动者提供的劳动，使劳动资料和劳动对象相结合，从而改变劳动对象的使用价值。小企业为取得职工提供的劳动，应付给职工的各种形式的报酬，形成职工薪酬费用。小企业的职工主要包括以下三类人员：

1. 与企业订立劳动合同的所有人员，含全职、兼职和临时职工。按照《劳动法》和《劳动合同法》的规定，企业作为用人单位与劳动者应当订立劳动合同，职工包括这部分人员，即与企业订立了固定期限、无固定期限和以完成一定的工作为期限的劳动合同的所有人员。

2. 未与企业订立劳动合同、但由企业正式任命的人员。按照《公司法》的规定，公司应当设立董事会和监事会，董事会、监事会成员为企业的战略发展提出建议、进行相关监督等。公司制小企业对这些人员支付的津贴、补贴等报酬从性质上属于职工薪酬。尽管有些董事会、监事会的成员未与企业订立劳动合同，但仍属于企业职工。

3. 在企业的计划和控制下，虽未与企业订立劳动合同或未由其正式任命，但为其提供与职工类似服务的人员，也属于企业职工。比如，企业与有关中介机构签订劳务用工合同，虽然企业并不直接与合同下雇佣的人员订立单项劳动合同，也不任命这些人员，但通过劳务用工合同，这些人员在企业相关人员的领导下，按照企业的工作计划和安排，为企业提供服务，因而这些劳务用工人员属于企业的职工。

二、职工薪酬费的内容

职工薪酬，是指小企业为获得职工提供的服务而应付给职工的各种形式的薪酬以及其他相关支出。小企业的职工薪酬包括以下内容：

(一) 职工工资、奖金、津贴和补贴

职工工资、奖金、津贴和补贴，是指按照国家规定构成职工工资总额的部分，包括以下内容：

1. 计时工资，是指按计时工资标准（包括地区生活费补贴）和工作时间支付给个人的劳动报酬。

2. 计件工资，是指对已做工作按计件单价支付的劳动报酬。

3. 奖金，是指支付给职工的超额劳动报酬和增收节支的劳动报酬。

4. 津贴和补贴，是指为了补偿职工特殊或额外的劳动消耗和因其他特殊原因支付给职工的津贴，以及为了保证职工工资水平不受物价影响支付

给职工的物价补贴。

下列两种情况也应当纳入职工工资总额的内容，不应作为职工福利支出：

（1）小企业为职工提供的交通、住房、通信待遇，已经实行货币化改革的，按月按标准发放或支付的住房补贴、交通补贴或者车改补贴、通信补贴。

（2）小企业给职工发放的节日补助、未统一供餐而按月发放的午餐费补贴。

5. 加班加点工资，是指按规定支付给职工的加班工资和加点工资。

6. 特殊情况下支付的工资，包括：根据国家法律、法规和政策规定，因病、工伤、产假、计划生育假、婚丧假、事假、探亲假、定期休假、带薪进修学习、执行国家或社会义务等原因按计时工资标准或计时工资标准的一定比例支付的工资以及附加工资、保留工资等。

小企业应按照劳动工资制度的规定，根据考勤记录、工时记录、产量记录、工资标准、工资等级等编制“工资单”（亦称工资结算单、工资表、工资计算表等）。会计部门应将“工资单”进行汇总，编制“工资结算汇总表”，办理工资结算。

【涉税提示】

小企业会计准则规定的职工工资总额与企业所得税法的工资薪金从内容上看，二者基本一致。但小企业发生职工工资总额的各项支出，只有按企业所得税法规定属于合理的工资薪金支出，才准予税前扣除。实务中，税务人员应判断企业工资薪金的合理性，对不合理的工资薪金支出，即使企业已计入企业工资薪金总额，也不得在计算企业应纳税所得额时扣除，应做纳税调整。

《企业所得税法实施条例》第三十四条规定：企业发生的合理的工资薪金支出，准予扣除。工资薪金，是指企业每一纳税年度支付给在本企业任职或者受雇的员工的所有现金形式或者非现金形式的劳动报酬，包括基本工资、奖金、津贴、补贴、年终加薪、加班工资，以及与员工任职或者受雇有关的其他支出。

《国家税务总局关于企业工资薪金及职工福利费扣除问题的通知》（国税函［2009］3号）的规定：合理工资薪金是指企业按照股东大会、董事会、薪酬委员会或相关管理机构制定的工资薪金制度规定实际发放给员工的工资薪金。税务机关在对工资薪金进行合理性确认时，可按以下原则掌握：企业制定了较为规范的员工工资薪金制度；企业所制定的工资薪金制度符合行业及地区水平；企业在一定时期所发放的工资薪金是相对固定的，工资薪金的调整是有序进行的；企业对实际发放的工资薪金，已依法履行了代扣代缴个人所得税义务；有关工资薪金的安排，不以减少或逃避税款为目的。

（二）职工福利费

职工福利费，是指小企业为职工提供的除职工工资、奖金、津贴、纳入工资总额管理的补贴、职工教育经费、社会保险费和补充养老保险费（年金）、补充医疗保险费及住房公积金以外的福利待遇支出，包括发放给职工或为职工支付的以下各项现金补贴和非货币性集体福利：

1. 为职工卫生保健、生活等发放或支付的各项现金补贴和非货币性福利。包括职工因公负伤赴外地就医路费、暂未实行医疗统筹企业职工医疗费用、职工供养直系亲属医疗补贴、职工疗养费用、自办职工食堂经费补贴或未办职工食堂统一供应午餐支出、符合国家有关财务规定的供暖费补贴、防暑降温费以及按规定发生的其他职工福利支出。

2. 小企业内设的集体福利部门使用的设备、设施和雇佣的工作人员所发生的费用。包括职工食堂、职工浴室、理发室、医务所、托儿所、疗养院、集体宿舍等集体福利部门设备和设施的折旧、维修保养费用以及集体福利部门工作人员的工资薪金、社会保险费、住房公积金、劳务费等人工费用。

3. 职工生活困难补助，或者企业统筹建立和管理的专门用于帮助、救济困难职工的基金支出。

4. 离退休人员统筹外费用，包括离休人员的医疗费及离退休人员其他统筹外费用。

5. 按规定发生的其他职工福利费。包括丧葬补助费、抚恤费、职工异地安家费、独生子女费、探亲假路费等其他支出。

企业为职工提供的交通、住房、通信补贴，如果尚未实行货币化改革，发生的相关支出也应作为职工福利费。

【涉税提示】

按照小企业会计准则的规定，小企业实际发生的职工福利费据实列支。《企业所得税法实施条例》第四十条规定：企业发生的职工福利费支出，不超过工资薪金总额14%的部分，准予扣除。

对于职工福利费的使用范围的规定，小企业会计准则与企业所得税法也不同。根据《国家税务总局关于企业工资薪金及职工福利费扣除问题的通知》（国税函［2009］3号）的规定，企业职工福利费，包括：未实行分离办社会职能的企业，其内设福利部门所发生的设备、设施和人员费用，包括职工食堂、职工浴室、理发室、医务所、托儿所、疗养院等集体福利部门的设备、设施及维修保养费用和福利部门工作人员的工资薪金、社会保险费、住房公积金、劳务费等。为职工卫生保健、生活、住房、交通等所发放的各项补贴和非货币性福利，包括企业向职工发放的因公外地就医费用、未实行医疗统筹企业职工医疗费用、职工供养直系亲属医疗补贴、供暖费补贴、职工防暑降温费、职工困难补贴、救济费、职工食堂经费补贴、职工交通补贴等。按照其他规定发生的其他职工福利费，包括丧葬补助费、抚恤费、安家费、探亲假路费等。

（三）医疗保险费、养老保险费等社会保险费

社会保险费，是指小企业在职工为其提供服务的会计期间，按照国家规定的基准和比例，根据工资总额的一定比例计算，定期向社会保险经办机构缴纳的医疗保险费、养老保险费、失业保险费、工伤保险费和生育保险费，以及以购买商业保险形式提供给职工的各种保险待遇。

（四）住房公积金

住房公积金，是指小企业按照国家《住房公积金管理条例》规定的基准和比例计算，向住房公积金管理机构缴存的住房公积金。

（五）工会经费和职工教育经费

工会经费和职工教育经费，是指小企业为了改善职工文化生活、为职工学习先进技术和提高文化水平和业务素质，用于开展工会活动和职工教育及职业技能培训等发生的相关支出。

（六）非货币性福利

非货币性福利，是指小企业以自己的产品或外购商品发放给职工作为福利，或将自己拥有的资产或租赁资产提供给职工无偿使用，免费为职工提供诸如医疗保健的服务等。

（七）因解除与职工的劳动关系给予的补偿

因解除与职工的劳务关系给予的补偿，又称为辞退福利。辞退福利主要包括两种：一是在职工劳动合同尚未到期前，不论职工本人是否愿意，小企业决定解除与职工的劳动关系而给予的补偿。二是在职工劳动合同尚未到期前，为鼓励职工自愿接受裁减而给予的补偿，职工有权利选择继续在职或接受补偿离职。

（八）其他与获得职工提供的服务相关的支出

其他与获得职工提供的服务相关的支出，是指除上述七种薪酬以外的其他获得职工提供的服务而给予的薪酬。

三、职工薪酬费的核算

（一）职工薪酬费的确认

小企业应当在职工为其提供服务的会计期间，将应付的职工薪酬确认为负债，并根据职工提供服务的受益对象，分别下列情况进行会计处理：应由生产产品、提供劳务负担的职工薪酬，计入产品成本或劳务成本。应由在建工程、无形资产开发项目负担的职工薪酬，计入固定资产成本或无形资产成本。除直接生产人员、直接提供劳务人员、建造固定资产人员、开发无形资产人员以外的职工相关的职工薪酬（含因解除与职工的劳动关系给予的补偿），因难以确定受益对象，应当在发生时计入当期损益。

（二）职工薪酬费的计量

1. 货币性职工薪酬的计量

对于货币性职工薪酬的计量，应当区分两种情况：

（1）具有明确计提标准的货币性职工薪酬，企业应当按照规定的标准计提。

①医疗保险费、养老保险费、失业保险费、工伤保险费、生育保险费和住房公积金，小企业应当按照国务院、所在地政府或企业年金计划规定的标准，按工资总额的一定比例计提。

【涉税提示】

小企业为职工缴纳的保险费主要有基本社会保险费、补充养老保险费和商业保险费等。根据企业所得税法实施条例第二十五条规定，企业依照国务院有关主管部门或者省级人民政府规定的范围和标准为职工缴纳的基本养老保险费、基本医疗保险费、失业保险费、工伤保险费、生育保险费等基本社会保险费和住房公积金，准予扣除。

企业为在本企业任职或者受雇的全体员工支付的补充养老保险费、补充医疗保险费，根据《财政部、国家税务总局关于补充养老保险费、补充医疗保险费有关企业所得税政策问题的通知》（财税［2009］27号）的规定，分别在不超过职工工资总额5%标准内的部分，在计算应纳税所得额时准予扣除；超过的部分，不予扣除。

《企业所得税法实施条例》第三十六条规定：除企业依照国家有关规定为特殊工种职工支付的人身安全保险费和国务院财政、税务主管部门规定可以扣除的其他商业保险费外，企业为投资者或者职工支付的商业保险费，不得扣除。

②工会经费和职工教育经费，小企业应当按照职工工资总额2%的比例提取工会经费并拨缴工会，按照国家规定的比例提取职工教育经费，专项用于企业职工后续职业教育和职工培训。

【涉税提示】

按照小企业会计准则的规定，小企业计提的工会经费、教育经费计入了相关的成本费用。但根据《企业所得税法实施条例》第四十一条的规定，企业只有实际拨缴的工会经费，不超过工资薪金总额2%的部分，准予扣除。第四十二条规定，企业发生的职工教育经费支出，不超过工资薪金总额2.5%的部分，准予扣除。超过部分，准予在以后纳税年度结转扣除。

（2）没有明确计提标准的货币性薪酬。对于国家（包括省、自治区、直辖市人民政府）相关法律法规没有明确规定计提基础和计提比例的职工薪酬，小企业应当根据历史经验数据和自身实际情况，合理预计当期应付职工薪酬。职工薪酬当期实际发生金额大于预计金额的，应当补提。当期实际发生金额小于预计金额的，应当冲回多提的应付职工薪酬。

2. 非货币性职工薪酬的计量

小企业向职工提供的各种形式的非货币性职工薪酬，应当分别情况进行处理：

（1）小企业以其自产产品作为非货币性福利发放给职工的，应当根据受益对象，按照该产品的销售价格计入相关资产成本或当期损益，同时确认应付职工薪酬。

（2）小企业将拥有的房屋等资产无偿提供给职工使用的，应当根据受益对象，将住房每期应计提的折旧计入相关资产成本或当期损益，同时确认应付职工薪酬。

（3）租赁住房等资产供职工无偿使用的，应当根据受益对象，将每期应付的租金计入相关资产成本或当期损益，并确认应付职工薪酬。难以认定受益对象的，直接计入当期损益，并确认应付职工薪酬。

【涉税提示】

非货币性福利属于税法规定的职工福利费的范围。在按照工资薪金总额的14%计算出职工福利费的扣除标准，判断企业发生的职工福利费支出是否超过扣除标准时，要综合考虑职工福利费和非货币性福利两部分内容。

3. 辞退福利

小企业支付的因解除与职工的劳动关系给予职工的补偿，应当按照辞退计划条款的规定，合理预计并确认辞退福利产生的应付职工薪酬，计入当期损益。

【涉税提示】

《企业所得税法》第八条规定：企业实际发生的与取得收入有关的、合理的支出，包括成本、费用、税金、损失和其他支出，准予在计算应纳税所得额时扣除。因此，企业根据辞退计划计提的辞退福利不允许在税前扣除，实际解除与职工的劳动关系，向职工支付补偿时允许在税前扣除。

（三）设置的会计科目

1.“应付职工薪酬”科目

“应付职工薪酬”科目，核算小企业根据有关规定应付给职工的各种薪酬。贷方登记已分配计入有关成本费用科目的职工薪酬的金额，借方登记实际发放的职工薪酬金额。该科目应根据职工薪酬类别，分别“职工工资”、“奖金、津贴和补贴”、“职工福利费”、“社会保险费”、“住房公积金”、“工会经费”、“职工教育经费”、“非货币性福利”、“辞退福利”等设置明细账进行明细核算。期末余额一般在贷方，反映小企业应付未付的职工薪酬。

小企业（外商投资）按照规定从净利润中提取的职工奖励及福利基金，也通过“应付职工薪酬”科目核算。

2.“其他应付款”科目

“其他应付款”科目，核算小企业除应付账款、预收账款、应付职工薪酬、应交税费、应付利息、应付利润等以外的其他各项应付、暂收的款项，如应付租入固定资产和包装物的租金、存入保证金等。贷方登记小企业发生的其他各种应付、暂收款项，借方登记支付的各种应付、暂收款项。该科目应按照其他应付款的项目和对方单位（或个人）设置明细账进行明细核算。期末贷方余额，反映小企业应付未付的其他应付款项。

3.“其他应收款”科目

“其他应收款”科目，核算小企业除应收票据、应收账款、预付账款、应收股利、应收利息等以外的其他各种应收及暂付款项，包括各种应收的赔款、应向职工收取的各种垫付款项等。借方登记小企业发生的其他各种应收暂付款项，贷方登记收回的其他各种应收暂付款项。该科目应按照对方单位（或个人）设置明细账进行明细核算。期末借方余额，反映小企业尚未收回的其他应收款项。

小企业出口产品或商品按照税法规定应予退回的增值税款，也通过本科目核算。

（四）职工薪酬费的会计处理

1. 分配职工薪酬费

月末，小企业应当将本月发生的职工薪酬区分以下情况进行分配：

（1）生产部门或提供劳务人员的职工薪酬，借记“生产成本”、“劳务成本”、“制造费用”等科目，贷记“应付职工薪酬”科目。

（2）应由在建工程、无形资产开发项目负担的职工薪酬，借记“在建工程”、“研发支出”等科目，贷记“应付职工薪酬”科目。

（3）销售人员和管理人员的职工薪酬，借记“销售费用”、“管理费用”科目，贷记“应付职工薪酬”科目。

（4）以其自产产品发放给职工作为职工薪酬的，应按职工所在部门，借记“管理费用”、“生产成本”、“制造费用”等科目，贷记“应付职工薪酬”科目。

(5) 无偿向职工提供住房等固定资产使用的，按应计提的折旧额，借记“管理费用”、“生产成本”、“制造费用”等科目，贷记“应付职工薪酬”科目。

(6) 租赁住房等资产供职工无偿使用的，按每期应支付的租金，借记“管理费用”、“生产成本”、“制造费用”等科目，贷记“应付职工薪酬”科目。

(7) 因解除与职工的劳动关系给予的补偿，借记“管理费用”科目，贷记“应付职工薪酬”科目。

2. 发放与支付职工薪酬费

小企业发放与支付职工薪酬时应按下列规定进行会计处理：

(1) 向职工支付工资、奖金、津贴、福利费等，借记“应付职工薪酬”科目，按实际支付的金额，贷记“银行存款”或“库存现金”等科目。应由职工个人负担，由企业代扣代缴的医疗保险费、养老保险费、失业保险费、工伤保险费、生育保险费和住房公积金等，贷记“其他应收款”或“其他应付款”科目。应由职工个人负担，由企业代扣代缴的职工个人所得税，贷记“应交税费——应交个人所得税”科目。

(2) 拨缴工会经费和支付职工教育经费用于工会活动和职工培训，借记“应付职工薪酬”科目，贷记“银行存款”等科目。

(3) 按照国家有关规定缴纳社会保险费和住房公积金，借记“应付职工薪酬”科目，贷记“银行存款”科目。

(4) 支付租赁住房等资产供职工无偿使用所发生的租金，借记“应付职工薪酬”科目，贷记“银行存款”、“其他应付款”等科目。

(5) 无偿向职工提供住房等固定资产使用的，按应计提的折旧额，借记“应付职工薪酬”科目，贷记“累计折旧”科目。

(6) 小企业以其自产产品发放给职工的，应按产品的公允价值借记“应付职工薪酬”科目，贷记“主营业务收入”科目，涉及增值税销项税额的，贷记“应交税费——应交增值税（销项税额）”科目；同时应结转产成品的销售成本。

(7) 小企业支付因解除与职工的劳动关系给予职工的补偿，借记“应付职工薪酬”科目，贷记“银行存款”或“库存现金”等科目。

【例 4－10】 林海公司 20×3 年 3 月应付工资总额、医疗保险费、基本养老保险费、失业保险费、住房公积金、职工福利费、工会经费和职工教育经费等有关职工薪酬费用见表 4－4。

表 4－4　　职工薪酬费明细表

20×3 年 3 月　　单位：元

项目 / 部门	工资总额	医疗保险费	养老保险费	失业保险费	住房公积金	职工福利费	工会经费	职工教育经费	合计
基本生产车间	88 000	8 800	10 560	1 760	8 800	1 760	1 760	2 200	123 640
车间管理部门	15 400	1 540	1 848	308	1 540	308	308	385	21 637
厂部管理部门	22 000	2 200	2 640	440	2 200	440	440	550	30 910
销售部门	6 600	660	792	132	660	132	132	165	9 273
在建工程部门	5 500	550	660	110	550	110	110	137.50	7 727.5
合计	137 500	13 750	16 500	2 750	13 750	2 750	2 750	3 437.5	193 187.5

4 月 5 日通过开户银行转账发放工资和奖金、津贴和补贴。发放时，公司代扣了职工个人所得税 1 800 元，结转代垫职工上月的医疗保险费、养老保险费、失业保险费和住房公积金共计 20 000 元。

4 月 10 日用银行存款支付本月应由单位承担的医疗保险费、养老保险费、失业保险费和住房公积金共计 46 750 元，代职工缴纳应由职工个人承担的医疗保险费、养老保险费、失业保险费和住房公积金共计 20 000 元。

林海公司应做如下会计处理：

①3 月末分配工资等职工薪酬费时：

借：生产成本　　123 640
　　制造费用　　21 637
　　管理费用　　30 910
　　销售费用　　9 273
　　在建工程　　7 727.50
　　贷：应付职工薪酬——职工工资　　137 500
　　　　　　　　　——职工福利费　　2 750
　　　　　　　　　——社会保险费　　33 000
　　　　　　　　　——住房公积金　　13 750
　　　　　　　　　——工会经费　　2 750
　　　　　　　　　——职工教育经费　　3 437.50

②4 月 5 日通过银行发放工资时：

借：应付职工薪酬——职工工资　　137 500

　　贷：银行存款　　115 700

　　　　应交税费——应交个人所得税　　1 800

　　　　其他应收款——应收代垫款项　　20 000

③4 月 10 日支付保险费和住房公积金时：

借：应付职工薪酬——社会保险费　　33 000

　　　　　　　　——住房公积金　　13 750

　　其他应收款——应收代垫款项　　20 000

　　贷：银行存款　　66 750

【例 4－11】 林海公司 20×3 年 3 月 1 日为 5 个副经理以上级别领导每人租赁一套住房。每月每套住房支付租金为 3 000 元。

林海公司应做如下会计处理：

①确认非货币性职工薪酬时：

借：管理费用　　15 000

　　贷：应付职工薪酬——非货币性福利　　15 000

②支付租金时：

借：应付职工薪酬——非货币性福利　　15 000

　　贷：银行存款　　15 000

【例 4－12】 林海公司 20×3 年为 5 个副经理以上级别领导提供轿车免费使用，每辆轿车每月计提折旧 6 000 元。

林海公司应做如下会计处理：

①确认非货币性职工薪酬时：

借：管理费用　　30 000

　　贷：应付职工薪酬——非货币性福利　　30 000

②计提轿车折旧时：

借：应付职工薪酬——非货币性福利　　30 000

　　贷：累计折旧　　30 000

【例 4－13】 林海公司共有职工 50 人，其中生产工人 35 人，管理人员 15 人。20×3 年 9 月末，公司以其生产的产品为国庆节福利发放给每个职工。该产品的不含税销售价格为每台 9 000 元，单位成本为 8 000 元。

林海公司应做如下会计处理：

①确认非货币性福利时：

确认的非货币性福利价税合计 =9 000 ×50 ×（1 +17%）=526 500（元）

其中：生产工人非货币性福利 =9 000 ×35 ×（1 +17%）=368 550（元）

管理人员非货币性福利 =9 000 ×15 ×（1 +17%）=157 950（元）

借：生产成本　　368 550

　　管理费用　　157 950

　　贷：应付职工薪酬——非货币性福利　　526 500

②发放非货币性福利时：

借：应付职工薪酬——非货币性福利　　526 500

　　贷：主营业务收入　　450 000

　　　　应交税费——应交增值税（销项税额）　　76 500

同时：

借：主营业务成本　　400 000

　　贷：库存商品　　400 000

【例 4 –14】 林海公司 20 ×3 年 10 月决定购买一批日用品作为福利发放给车间生产工人，取得增值税专用发票上注明价款 40 000 元，增值税额 6 800 元，款项以银行存款支付。

林海公司应做如下会计处理：

①购买该批日用品时：

借：应付职工薪酬——非货币性福利　　46 800

　　贷：银行存款　　46 800

②确认非货币性福利时：

借：生产成本　　46 800

　　贷：应付职工薪酬——非货币性福利　　46 800

【例 4 –15】 林海公司 20 ×3 年 10 月 10 日因引入两条自动化生产线而制定了一项辞退计划。拟辞退车间主任 1 名，共补偿 40 000 元；一般技工 4 名，共补偿 120 000 元。11 月 30 日，2 名一般技工被辞退，实际以银行存款补偿 50 000 元。

林海公司应做如下会计处理：

①10 月 10 日确认辞退福利时：

借：管理费用　　160 000

　　贷：应付职工薪酬——辞退福利　　160 000

②11 月 30 日发放辞退福利时：

借：应付职工薪酬——辞退福利　　50 000

　　贷：银行存款　　50 000

第三节　折旧及其他费用

一、固定资产折旧费的核算

（一）折旧及其影响因素

固定资产在使用过程中，虽然保持着原有实物形态，但其价值会由于磨损和损耗而逐渐减少，固定资产由于磨损和损耗而逐渐减少的价值就是固定资产折旧费。

固定资产的损耗分为有形损耗和无形损耗两种形式。有形损耗，是指固定资产在使用过程中由于磨损而发生的使用性损耗和由于受自然力的影响而发生的自然损耗。无形损耗则指由于技术进步等原因引起的固定资产价值损耗，这种损耗的特点是固定资产在物质形态上仍具有一定的服务潜力，但企业若继续使用已无经济价值。固定资产折旧，是指在固定资产使用寿命内，按照确定的方法对应计折旧额进行系统分摊。

影响固定资产折旧的因素主要有原始价值、预计净残值和预计使用年限。

原始价值，是指固定资产的实际取得成本，即固定资产的账面原价，是计算固定资产折旧的基数。

预计净残值，是指固定资产预计使用寿命已满，小企业从该项固定资产处置中获得的预计残值收入扣除预计清理费用后的净额。固定资产的预计净残值越高，单位时间内的折旧额就越少；反之则越多。

固定资产的原值扣除其预计净残值后的金额即为固定资产应计提折旧总额。所谓已提足折旧，就是已经提足该项固定资产的应计折旧额。

预计使用年限，是指固定资产预计经济使用年限，也称折旧年限，它通常短于固定资产的物质使用年限。固定资产的使用年限取决于固定资产的使用寿命。

小企业应当根据固定资产的性质和使用情况，并考虑税法的规定，合理确定固定资产的使用寿命和预计净残值。固定资产的预计使用年限、预计净残值一经确定，不得随意变更。

【涉税提示】

小企业会计准则没有明确规定各类固定资产的预计使用年限，小企业可以参考企业所得税法的相关规定合理确定。固定资产折旧年限的长短，直接影响各期应提折旧额的计算，如果小企业对固定资产计提折旧时预计的使用年限小于所得税法规定的固定资产计算折旧的最低年限，就需要进行纳税调整。

《企业所得税法实施条例》第六十条规定：除国务院财政、税务主管部门另有规定外，固定资产计算折旧的最低年限如下：房屋、建筑物，为20年，飞机、火车、轮船、机器、机械和其他生产设备，为10年，与生产经营活动有关的器具、工具、家具等，为5年，飞机、火车、轮船以外的运输工具，为4年，电子设备，为3年。

《企业所得税法实施条例》第九十八条规定：企业可以采取缩短折旧年限的固定资产包括由于技术进步，产品更新换代较快的固定资产，常年处于强震动、高腐蚀状态的固定资产。采取缩短折旧年限方法的，最低折旧年限不得低于本条例第六十条规定折旧年限的60%。

（二）固定资产折旧范围

小企业应当对所有固定资产计提折旧，但已提足折旧仍继续使用的固定资产和单独计价入账的土地不得计提折旧。

【涉税提示】

小企业会计准则和企业所得税法在折旧的计提范围上存在差异，如果企业将税法不允许计提折旧的固定资产计提了折旧，就需要进行纳税调整。

《企业所得税法》第十一条规定：在计算应纳税所得额时，企业按照规定计算的固定资产折旧，准予扣除。下列固定资产不得计算折旧扣除：房屋、建筑物以外未投入使用的固定资产，以经营租赁方式租入的固定资产，以融资租赁方式租出的固定资产，已足额提取折旧仍继续使用的固定资产，与经营活动无关的固定资产，单独估价作为固定资产入账的土地，其他不得计算折旧扣除的固定资产。

（三）固定资产折旧方法

小企业应当按照年限平均法计提折旧。小企业的固定资产由于技术进步等原因，确需加速折旧的，可以采用双倍余额递减法和年数总和法。小企业选用不同的固定资产折旧方法，将影响固定资产使用寿命期间内不同时期的折旧费用。因此，固定资产的折旧方法一经确定，不得随意变更。

1. 年限平均法

年限平均法，也称直线法，是将固定资产的应计折旧额均衡地分摊到其预计使用寿命内的一种方法。采用这种方法计提折旧，各期固定资产折旧额相等。计算公式如下：

$$年折旧率 = \frac{1-预计净残值率}{预计使用年限} \times 100\%$$

$$月折旧率 = 年折旧率 \div 12$$

$$月折旧额 = 固定资产原值 \times 月折旧率$$

【例4－16】 20×3年2月，林海公司一台设备原值400 000元，预计净残值率4%，预计使用年限10年，采用年限平均法计提折旧。该固定资产的折旧率和月折旧额计算如下：

年折旧率＝(1－4%)÷10×100%＝9.6%

固定资产月折旧率＝9.6%÷12＝0.8%

固定资产月折旧额＝400 000×0.8%＝3 200（元）

2. 工作量法

工作量法，是以固定资产预计可完成的工作量为分摊标准，根据各期实际完成的工作量计算折旧额的一种方法。采用这种方法计提折旧，各期固定资产的折旧额的大小随工作量的变动而变动。计算公式如下：

$$单位工作量折旧额 = \frac{原值 \times (1-预计净残值率)}{预计总工作量}$$

$$某项固定资产月折旧额 = 该项固定资产当月工作量 \times 单位工作量折旧额$$

【例4－17】 20×3年3月，林海公司运输货车一辆，原值300 000元，预计净残值率5%，预计总行驶里程600 000公里，当月行驶4 000公里，该固定资产的月折旧额计算如下：

单位里程折旧额＝300 000×(1－5%)÷600 000＝0.475

本月折旧额＝4 000×0.475＝1 900（元）

3. 双倍余额递减法

双倍余额递减法，是指在不考虑固定资产预计净残值的情况下，根据每期期初固定资产原价减去累计折旧后的金额乘双倍的直线法折旧率计算固定资产折旧的一种方法。

应用这种方法计算折旧额，由于每年年初固定资产净值没有扣除预计净残值，应在其折旧年限到期前两年内，改用直线法计提折旧，将固定资产年初账面净值扣除预计净残值后的余额平均分摊。计算公式如下：

$$年折旧率=\frac{2}{预计使用年限}\times 100\%$$

$$各年折旧额=各年初固定资产账面净值\times 年折旧率$$

$$月折旧额=年折旧额\div 12$$

【例 4－18】 20×3 年 8 月，林海公司有一台设备，经批准采用加速折旧法计提折旧。该设备购置成本为 640 000 元，预计使用 5 年，预计净残值 20 000 元，采用双倍余额递减法计提折旧。

林海公司编制折旧计算表见表 4－5。

表 4－5　　折旧计算表　　单位：元

年次	折旧计算	年折旧额	累计折旧	账面净值
购置时				640 000
1	640 000×40%	256 000	256 000	384 000
2	384 000×40%	153 600	409 600	230 400
3	230 400×40%	92 160	501 760	138 240
4	(138 240－20 000)÷2	59 120	560 880	79 120
5	(138 240－20 000)÷2	59 120	620 000	20 000

4. 年数总和法

年数总和法，是指将固定资产的原价减去预计净残值后的余额，乘以一个以固定资产尚可使用寿命为分子，以预计使用寿命逐年数字之和为分母的逐年递减的分数，计算每年的折旧额的一种方法。计算公式如下：

$$年折旧率=\frac{尚可使用年限}{预计使用年限总和}\times 100\%$$

$$月折旧率=年折旧率\div 12$$

$$月折旧额=(固定资产原价-预计净残值)\times 月折旧率$$

【例 4－19】 林海公司 20×3 年 12 月，一台设备购置成本 640 000 元，预计使用年限 5 年，预计净残值 20 000 元，采用年数总和法计提折旧。

林海公司编制折旧计算表见表 4－6 。

表4-6　　折旧计算表　　单位：元

年次	年折旧率	折旧计算	年折旧额	累计折旧	账面净值
购置时					640 000
1	5÷15	(640 000-20 000)×5÷15	206 667	206 667	433 333
2	4÷15	(640 000-20 000)×4÷15	165 333	372 000	268 000
3	3÷15	(640 000-20 000)×3÷15	124 000	496 000	144 000
4	2÷15	(640 000-20 000)×2÷15	82 667	578 667	61 333
5	1÷15	(640 000-20 000)×1÷15	41 333	620 000	20 000

【涉税提示】

小企业会计准则规定，小企业应当按照年限平均法计提折旧。小企业的固定资产由于技术进步等原因，确需加速折旧的，可以采用双倍余额递减法和年数总和法。这与企业所得税法规定的折旧方法基本一致。

《企业所得税法实施条例》第五十九条规定：固定资产按照直线法计算的折旧，准予扣除。《企业所得税法》第三十二条规定，企业的固定资产由于技术进步等原因，确需加速折旧的，可以采取加速折旧的方法。

《国家税务总局关于企业固定资产加速折旧所得税处理有关问题的通知》（国税发［2009］81号）进一步明确规定，企业拥有并用于生产经营的主要或关键的固定资产，由于以下原因确需加速折旧的，可以缩短折旧年限或者采取加速折旧的方法：由于技术进步，产品更新换代较快的，常年处于强震动、高腐蚀状态的。企业确需对固定资产采取缩短折旧年限或者加速折旧方法的，应在取得该固定资产后一个月内，向其企业所得税主管税务机关备案，报送相关资料。

（四）固定资产折旧的会计处理

小企业应设置“累计折旧”科目，核算小企业固定资产的累计折旧。贷方登记计提固定资产的折旧额，借方登记因出售、报废、毁损、对外投资等原因处置固定资产而相应转销其所提折旧额。该科目可按照固定资产的类别或项目进行明细核算。期末贷方余额，反映小企业固定资产的累计折旧额。

小企业应当按月计提折旧。当月增加的固定资产，当月不计提折旧，从下月起计提折旧。当月减少的固定资产，当月仍计提折旧，从下月起不再计提折旧。

固定资产提足折旧后，不论能否继续使用，均不再计提折旧。提前报废的固定资产，其净损失计入企业当期损益，不再补提折旧。

固定资产的折旧费应当根据固定资产的受益对象计入相关资产成本或者当期损益。一般来说，企业管理部门使用的固定资产计提的折旧费用，应计入管理费用。生产部门使用的固定资产，应计入制造费用。专设销售机构使用的固定资产计提的折旧费用，应计入销售费用。经营性出租的固定资产计提的折旧费用，应计入其他业务成本。企业自行建造固定资产过程中使用的固定资产计提的折旧费用，应计入在建工程成本。未使用的固定资产计提的折旧费用，应计入管理费用等。

【涉税提示】

小企业未使用的固定资产计提的折旧费用，计入了当期管理费用，而企业所得税法第十一条规定，房屋、建筑物以外未投入使用的固定资产计提的折旧不得税前扣除。税务人员应关注小企业是否将未使用的设备、交通工具等固定资产计提的折旧计入了当期管理费用，但未做纳税调整的情况。

实务中，固定资产折旧是通过编制“固定资产折旧计算表”进行计算和分配的，并将此表作为折旧核算的原始凭证。小企业按月计提固定资产的折旧费时，借记“制造费用”、“管理费用”、“销售费用”等科目，贷记“累计折旧”科目。

【例 4－20】 林海公司 20×3 年 10 月份，根据计算确定的生产车间及厂部管理部门应分配的折旧额分别为 150 000 元和 80 000 元。

林海公司应做如下会计处理：

借：制造费用　　150 000

　　管理费用　　80 000

　　贷：累计折旧　　230 000

二、固定资产修理费的核算

小企业的固定资产投入使用之后，由于固定资产磨损、各组成部分耐用程度不同等原因，可能导致固定资产的局部损坏。为了维护固定资产的正常运转和使用，充分发挥其使用效能，小企业应对固定资产进行必要的维护和修理。按照修理范围的大小、费用支出的多少、间隔时间的长短等不同，将固定资产修理分为日常修理和大修理两类。

（一）固定资产日常修理

固定资产的日常修理，是指保持和恢复固定资产正常工作状态所进行的经常性修理。一般具有修理范围小、费用支出少、间隔时间短等特点。修理费应当在发生时根据固定资产的受益对象计入相关资产成本或者当期损益，借记“制造费用”、“管理费用”等科目，贷记“银行存款”、“原材料”等科目。

【例4-21】 林海公司20×3年4月，生产车间对生产设备进行日常修理，修理过程中领用材料40 000元，应付修理人员工资5 000元。

林海公司应做如下会计处理：

借：制造费用	45 000	
贷：原材料		40 000
应付职工薪酬		5 000

（二）固定资产大修理

固定资产的大修理支出，是指同时符合下列两个条件的支出：修理支出达到取得固定资产时的计税基础50%以上；修理后固定资产的使用寿命延长2年以上。固定资产大修理一般具有修理范围大、间隔时间长、修理次数少、每次修理支出多等特点。

小企业应设置“长期待摊费用”科目，核算小企业已经支出，但摊销期限在1年以上（不含1年）的各项费用，包括小企业已提足折旧的固定资产的改建支出、经营租入固定资产的改建支出、固定资产的大修理支出和其他长期待摊费用等。借方登记发生的长期待摊费用，贷方登记按月摊销的金额。该科目应按照支出项目设置明细账进行明细核算。期末借方余额，反映小企业尚未摊销完毕的长期待摊费用。

对各项长期待摊费用，应当在其摊销期限内采用年限平均法进行摊销，根据其受益对象计入相关资产的成本或者管理费用，并冲减长期待摊费用。摊销期限应按下列具体费用项目分别确定：已提足折旧的固定资产的改建支出，按照固定资产预计尚可使用年限分期摊销。经营租入固定资产的改建支出，按照合同约定的剩余租赁期限分期摊销。固定资产的大修理支出，按照固定资产尚可使用年限分期摊销。其他长期待摊费用，自支出发生月份的下月起分期摊销，摊销期不得低于3年。

小企业发生的各项固定资产大修理费用，借记“长期待摊费用”科目，贷记“银行存款”、“原材料”、“应付职工薪酬”等科目。将长期待摊费用按照固定资产尚可使用年限按月摊销时，根据固定资产的受益对象计入相关资产的成本或者当期损益，借记“制造费用”、“管理费用”等科目，贷记“长期待摊费用”科目。

【例4-22】林海公司的大型设备每3年大修理一次，20×3年5月该设备在大修理时，实际共发生修理费用180 000元，以银行存款支付，于当年6月份投入使用。

林海公司应做如下会计处理：

（1）支付大修理费时：

借：长期待摊费用　　180 000

　　贷：银行存款　　180 000

（2）按月摊销时：

月摊销额=180 000÷3÷12=5 000（元）

借：制造费用　　5 000

　　贷：长期待摊费用　　5 000

三、固定资产改建支出的核算

小企业固定资产的改建支出，是指改变房屋或者建筑物结构、延长使用年限等发生的支出。固定资产的改建支出，应当计入固定资产的成本，但已提足折旧的固定资产的改建支出应当计入长期待摊费用。

小企业对固定资产进行改扩建时，应将该固定资产的原价、已计提的累计折旧转销，将固定资产的账面价值转入在建工程，并停止计提折旧，借记“在建工程”、“累计折旧”科目，贷记“固定资产”科目。在改扩建过程中发生的相关支出和变价收入分别计入或冲减“在建工程”科目。在固定资产改扩建完成办理竣工决算时，再从在建工程转为固定资产，借记“固定资产”科目，贷记“在建工程”科目。

改扩建完成的固定资产按重新确定的使用寿命、预计净残值和折旧方法计提折旧。

对已提足折旧的固定资产进行改扩建发生的支出，应当计入长期待摊费用，借记“长期待摊费用”科目，贷记“银行存款”、“原材料”、“应付职工薪酬”等科目。按照固定资产预计尚可使用年限分期摊销时，根据固定资产的受益对象计入相关资产的成本或者当期损益，借记“制造费用”、“管理费用”等科目，贷记“长期待摊费用”科目。

【例4－23】林海公司20×3年5月对一幢厂房进行改建，该厂房原值500 000元，已提折旧300 000元，改建中以银行存款支付工程价款250 000元，厂房拆除部分的残料入库，作价5 000元。

林海公司应做如下会计处理：

（1）对厂房进行改建时：

借：在建工程　　200 000
　　累计折旧　　300 000
　　贷：固定资产　　500 000

（2）支付改建支出时：

借：在建工程　　250 000
　　贷：银行存款　　250 000

（3）残料入库时：

借：原材料　　5 000
　　贷：在建工程　　5 000

（4）改扩建完成办理竣工决算时：

借：固定资产　　445 000
　　贷：在建工程　　445 000

【涉税提示】

小企业会计准则对固定资产大修理支出与固定资产改建支出的会计处理与企业所得税法的规定基本一致。

《企业所得税法实施条例》第六十九条规定：固定资产的大修理支出，是指同时符合下列条件的支出：修理支出达到取得固定资产时的计税基础50%以上，修理后固定资产的使用年限延长2年以上。税务人员应关注小企业是否按规定的费用项目归集长期待摊费用，并按摊销期限进行分期摊销。

《企业所得税法》第十三条规定：在计算应纳税所得额时，企业发生的下列支出作为长期待摊费用，按照规定摊销的，准予扣除：已足额提取折旧的固定资产的改建支出，租入固定资产的改建支出，固定资产的大修理支出，其他应当作为长期待摊费用的支出。

四、固定资产租赁费的核算

小企业的生产经营活动有时需要通过租赁方式租入固定资产，以解决生产能力的不足。租赁一般分为融资租赁和经营租赁。

（一）租赁费的会计处理

小企业通过融资租赁方式租入的固定资产可长期使用。会计核算时，按照实质重于形式的原则将其视同本企业固定资产核算，取得融资租入的固定资产时，借记“固定资产”科目，贷记“长期应付款”科目。计提折旧时，承租企业应采用与自有固定资产一致的折旧政策。分期支付租赁费时，应借记“长期应付款”科目，贷记“银行存款”、“其他货币资金”等科目。

小企业通过经营租赁方式租入固定资产，是为了满足生产经营的临时需要，只是取得了固定资产使用权，而不拥有其所有权，使用时间较短。小企业应当将支付的租金在租赁期内按照直线法计入相关资产成本或当期损益。确认或支付租金费用时，小企业应根据租入固定资产的用途，借记“制造费用”、“销售费用”、“管理费用”等科目，贷记“其他应付款”、“银行存款”等科目。

（二）租入固定资产改建支出的会计处理

融资租赁方式租入的固定资产的改建支出与自有固定资产一样，应计入改建的固定资产成本。

经营租入的固定资产，经出租人同意，小企业可以对其进行装修、改建等。对于租入固定资产进行改扩建发生的支出应当计入长期待摊费用，借记“长期待摊费用”科目，贷记“银行存款”、“原材料”、“应付职工薪酬”等科目。按照合同约定的剩余租赁期限分期摊销时，根据固定资产的受益对象计入相关资产的成本或者当期损益，借记“制造费用”、“管理费用”等科目，贷记“长期待摊费用”科目。

【例 4 – 24】林海公司 20×3 年 8 月采用经营租赁方式租入厂房一栋，租期为 5.5 年，租赁合同规定，每月租金 5 000 元，按月支付。林海公司租入后开始装修，房屋装修费由林海公司承担，装修 0.5 年，共用银行存款支付装修费90 000元，在剩余租赁期内平均摊销。

林海公司应做如下会计处理：

（1）支付装修费时：

借：长期待摊费用——租入固定资产改良支出　　90 000

　　贷：银行存款　　90 000

（2）按月摊销时：

每月摊销额 = 90 000 ÷ 5 ÷ 12 = 1 500（元）

借：制造费用　　1 500

　　贷：长期待摊费用——租入固定资产改良支出　　1 500

（3）每月支付租金时：

借：制造费用　　5 000

　　贷：银行存款　　5 000

【涉税提示】

经营租入固定资产改建支出及固定资产租赁费的有关会计处理与企业所得税法的规定基本一致。

《企业所得税法》第十三条规定：在计算应纳税所得额时，企业发生的租入固定资产的改建支出作为长期待摊费用，按照规定摊销的，准予扣除。

《企业所得税法实施条例》第四十七条规定：以经营租赁方式租入固定资产发生的租赁费支出，按照租赁期限均匀扣除。以融资租赁方式租入固定资产发生的租赁费支出，按照规定构成融资租入固定资产价值的部分应当提取折旧费用，分期扣除。

五、无形资产摊销费用的核算

小企业在生产经营过程中，对取得的各项无形资产应当采用合理的方法进行摊销，将其因技术进步等原因而减少的价值计入产品成本或当期损益。

（一）摊销方法及摊销期限的确定

无形资产应当在其使用寿命内采用年限平均法进行摊销，根据其受益对象计入相关资产成本或者当期损益。

小企业应当于取得无形资产时分析判断其使用寿命。确定无形资产的经济使用寿命，通常应考虑以下因素：该资产通常的产品寿命周期，以及可获得的类似资产使用寿命的信息。技术、工艺等方面的现实情况及对未来发展的估计。以该资产生产的产品或服务的市场需求情况。现在或潜在的竞争者预期采取的行动。为维持该资产产生未来经济利益的能力预期的维护支出及企业预计支付有关支出的能力。对该资产的控制期限，对该资产使用的法律或类似限制，如特许使用期间、租赁期间等。与企业持有的其他资产使用寿命的关联性等。

对于源自合同性权利或其他法定权利取得的无形资产，其使用寿命不应超过合同性权利或其他法定权利的期限。如企业以支付土地出让金方式取得一块土地的使用权，如果企业准备持续持有，在50年期间内没有计划出售，该块土地使用权预期为企业带来未来经济利益的期间为50年。

没有明确的合同或法律规定的无形资产，企业应当综合各方面情况，来确定无形资产为企业带来未来经济利益的期限，如果确实无法合理确定无形资产为企业带来经济利益的期限，将其作为不能可靠估计使用寿命的无形资产。

无形资产的摊销期应自可供使用时开始至停止使用或出售时止。当月增加的无形资产当月开始摊销，当月报废的无形资产当月停止摊销。有关法律规定或合同约定了使用年限的，可以按照规定或约定的使用年限分期摊销。

小企业不能可靠估计无形资产使用寿命的，摊销期不得低于10年。

（二）无形资产摊销的会计处理

小企业应设置“累计摊销”科目，核算小企业对无形资产计提的累计摊销。该科目应按照无形资产项目设置明细账进行明细核算。期末贷方余额，反映小企业无形资产的累计摊销额。

按月计提无形资产摊销额时，应当按照无形资产的受益对象，借记“制造费用”、“管理费用”、“其他业务成本”等科目，贷记“累计摊销”科目。

【例4-25】林海公司20×3年1月从外单位购入一项专利权300 000元，用于生产产品，该专利权法定有效期为10年，假定预计使用年限为5年，当月开始摊销。

林海公司应做如下会计处理：

（1）购入专利权时：

借：无形资产　　　　　　　　　　　　　　　　300 000

　　贷：银行存款　　　　　　　　　　　　　　　300 000

(2) 按月摊销时：

月摊销额 = 300 000 ÷ 5 ÷ 12 = 5 000（元）

借：制造费用　　　　　　　　　　　　　　　　5 000

　　贷：累计摊销　　　　　　　　　　　　　　　5 000

【涉税提示】

小企业无形资产摊销的有关会计处理与企业所得税法的规定是基本一致的。

《企业所得税法实施条例》第六十七条规定：无形资产按照直线法计算的摊销费用，准予扣除。无形资产的摊销年限不得低于10年。作为投资或者受让的无形资产，有关法律规定或者合同约定了使用年限的，可以按照规定或者约定的使用年限分期摊销。

第四节　产品成本

一、产品成本核算的基本原理

小企业对各项费用的核算过程，也是产品成本的形成过程。

产品成本，是指小企业为生产一定种类和数量产品所发生的各项费用的总和。一般包括直接材料费、直接人工费和制造费用等。

（一）产品成本核算的基础工作

为了正确计算产品成本，保证成本核算工作的顺利进行，小企业应做好各项基础工作。

1. 定额管理制度

定额是小企业在生产经营过程中，对人力、物力、财力的消耗所规定的标准。与成本有关的定额包括劳动定额，消耗定额，费用定额，质量定额等。

劳动定额，是指单位产品所限定的劳动时间或单位时间所限定的产品数量标准。如工时定额、产量定额、缺勤率等。

消耗定额，是指为生产单位产品或完成一定工作量所限定的材料、动力、工具的消耗量标准。如原材料消耗定额、材料利用率、材料损耗率等。

费用定额，是指为完成一定工作量所限定的费用开支标准。如制造费用定额、管理费用定额、销售费用定额等。

质量定额，是指对所完成工作量规定的质量标准。如产品合格率、一级品率、废品率、返修率等。

加强定额管理工作，制定定额，是编制成本预算、成本计划，制定半成品和产成品定额成本的基础，是小企业成本核算的客观标准。

2. 物资的计量、收发、领退和保管制度

做好材料等物资的计量、收发、领退和保管工作，既可以保证企业财产物资的安全，也便于准确地计算生产费用和产品成本，是正确计算成本的必要条件。小企业一切物资的收发都要经过计量验收和办理必要的凭证手续。

3. 原始记录制度

小企业应建立健全原始记录，统一规定各种原始记录的格式、内容、填制方法、存档和销毁等制度，根据成本计算和内部控制的需要，制定合理的原始记录传递程序。

原始记录，是提供成本计算数据的主要来源，它是按照规定的格式，对企业生产经营活动中的具体事实所作的最初的记载。与成本有关的原始记录，包括财产物资方面的原始记录，如限额领料单、领料单、补料单、退库单、废料回收（缴库）单、自制原材料入库单。生产方面的原始记录，包括生产任务通知单，停工通知单，废品通知单，产品完工通知单，半成品入库、调拨、报废及盈亏报告单，在产品转移交接单，能源耗用记录单等。产成品方面的原始记录，包括产成品入库单、报废单及盈亏报告单等。职工薪酬方面的原始记录，包括职工录用通知单、职工调动通知单、考勤记录表、工资和奖金支付单等。费用支付方面的原始记录，包括现金支付凭证、报销单等。

4. 计划价格的制定

采用计划成本法核算材料的小企业，制定计划价格应该尽可能接近实际并相对稳定，年度内一般不作变更。

（二）产品成本核算的一般程序

小企业产品成本核算工作的关键是生产费用的归集和分配，包括各要素费用的归集和分配以及生产费用在完工产品和在产品之间的归集和分配。为了做好小企业的产品成本核算，一般应遵循下列程序：

1. 确定成本计算对象

成本核算对象，是指归集和分配生产费用的具体对象，即生产费用承担的客体。成本核算对象的确定，是设立成本明细分类账，归集和分配生产费用以及正确计算成本的前提。具体的成本核算对象主要应根据企业的生产特点加以确定，同时还应考虑成本管理上的要求。

一般情况下，对制造业小企业而言，生产一种或几种产品的，以产品品种为成本核算对象；多步骤连续加工的产品，以每种产品及各生产步骤为成本核算对象；分批、单件生产产品的，以每批或每件产品为成本核算对象。

【涉税提示】

成本核算对象确定后一般不应变更，小企业的各种会计、技术资料的归集应与成本核算对象一致，否则会造成成本核算不真实及经济责任分不清等弊端。如果企业成本核算对象随意变更，很有可能是人为调整成本和利润的手段，应引起注意。

2. 确定成本项目

为了具体反映计入产品生产成本的各种费用的用途，应将生产费用按用途进一步划分为若干个项目，称为产品成本项目，简称“成本项目”。

确定成本项目可以反映产品成本的构成情况，满足成本管理的目的和要求，有利于了解小企业生产费用的经济用途，便于小企业分析和考核产品成本计划的执行情况。

小企业计算产品成本，一般应设置直接材料、直接人工、制造费用等成本项目。小企业也可以根据生产特点及成本管理和核算的要求增设“燃料和动力”、“废品损失”、“停工损失”等成本项目。

3. 设置成本和费用明细账

小企业应设置生产成本、制造费用等明细账，归集发生的各项要素费用，计算产品成本。

4. 分配要素费用

小企业应当采用一定的方法，按所确定的产品成本核算对象，将各项要素费用进行分配。

5. 计算在产品成本和产成品成本

小企业应当采用一定的方法，按照成本项目计算各种产品的在产品成本、产成品成本和单位成本，并将完工产品进行结转。

（三）生产费用的归集和分配

小企业发生的各项直接费用，如果能分清是哪种产品消耗的，直接计入该产品成本，如果分不清，应当采用一定的方法分配计入每种产品成本，借记“生产成本——基本生产成本”、“生产成本——辅助生产成本”、“制造费用”等科目，贷记“原材料”、“库存现金”、“银行存款”、“应付职工薪酬”等科目。

小企业发生的各项间接费用，可在月末按照一定的分配标准在各种产品之间进行分配，借记“生产成本——基本生产成本”、“生产成本——辅助生产成本”科目，贷记“制造费用”科目。

小企业发生的辅助生产费用，可在月末按照一定的分配标准分配给各受益对象，借记“制造费用”、“销售费用”、“管理费用”、“其他业务成本”、“在建工程”等科目，贷记“生产成本——辅助生产成本”科目。也可在提供相关劳务和产品时，直接借记“制造费用”、“生产成本——辅助生产成本”、“销售费用”、“管理费用”、“其他业务成本”、“在建工程”等科目，贷记“原材料”、“库存现金”、“银行存款”、“应付职工薪酬”等科目。

小企业已经生产完成并已验收入库的产成品以及入库的自制半成品，可在月末，借记“库存商品”等科目，贷记“生产成本——基本生产成本”科目。

1. 材料费用归集和分配的会计处理

材料费用的归集和分配，是由财会部门在月份终了时，将本月的全部领料单、限额领料单、退料单等各种原始凭证，按照材料领用部门和用途进行归集，编制“发出材料汇总表”或“材料费用分配表”，并据此进行会计处理。

实务中，材料费用的分配方法常用的有定额消耗量比例分配法、产品重量比例分配法、产品产量比例分配法和产品材料定额成本比例分配法等，燃料、动力费用的分配也可采用这些方法。在各项材料消耗定额健全且比较准确的情况下，材料费用可采用定额消耗量比例分配法或材料定额成本比例分配法进行分配。

以材料定额消耗量比例分配法为例，有关计算公式如下：

某产品材料定额消耗量＝该产品实际产量×单位产品材料消耗定额

$$材料定额消耗量分配率=\frac{材料实际总消耗量}{各产品材料定额消耗量之和}$$

某产品应分配的材料数量＝该产品材料定额消耗量×材料定额消耗量分配率

某产品应分配的材料费用＝该产品应分配的材料数量×材料单价

【例4－26】林海公司20×3年4月基本生产车间生产甲、乙两种产品共耗用A材料4 400千克，每千克20元。本月甲产品实际产量200件，单位产品材料消耗定额为15千克，乙产品实际产量250件，单位产品材料消耗定额为10千克，采用定额消耗量比例法分配材料费用，并编制“材料费用分配表”见表4－7。

林海公司有关计算如下：

甲产品材料定额消耗量＝200×15＝3 000（千克）

乙产品材料定额消耗量＝250×10＝2 500（千克）

材料定额消耗量分配率＝4 400÷（3 000＋2 500）＝0.8

甲产品应分配的材料费用＝3 000×0.8×20＝48 000（元）

乙产品应分配的材料费用＝2 500×0.8×20＝40 000（元）

表4－7　材料费用分配表

20×3年4月30日　单位：元

分配对象		成本项目	直接计入（假设已知）	分配计入（分配率0.8）	材料费用合计
基本生产车间	甲产品	直接材料	95 000	48 000	143 000
	乙产品	直接材料	87 000	40 000	127 000
	小计		182 000	88 000	270 000
	车间一般消耗	机物料	8 000		8 000
辅助生产车间		直接材料	9 000		9 000
行政管理部门		机物料	10 000		10 000
合计		—			297 000

根据材料费用分配表，林海公司应做如下会计处理：

借：生产成本——基本生产成本（甲产品）　143 000
　　　　　　——基本生产成本（乙产品）　127 000
　　　　　　——辅助生产成本　9 000
　　制造费用　8 000
　　管理费用　10 000
　　贷：原材料　297 000

2. 人工费用归集和分配的会计处理

人工费用的归集与分配，是由财会部门在月份终了时，将本月发生的各项工资业务的原始记录，按照发生的部门和用途进行归集，编制“职工薪酬分配表”，并据此进行会计处理。其中原始记录中的计时工资，以考勤记录中的工作时间记录为依据。计件工资，以产量记录中的产品数量和质量记录为依据。各种奖金、津贴、补贴、社会保险费、住房公积金等按照国家和小企业的有关规定计算。

实务中，人工费用的分配方法有生产工时比例法、产品产量法、产品定额工时法等。

以生产工时比例分配法为例，有关计算公式如下：

$$生产工人薪酬费分配率=\frac{生产工人薪酬费用总额}{各产品生产工时之和}$$

某种产品应分配的薪酬费用 = 该种产品的生产工时 × 生产工人薪酬费分配率

【例4-27】林海公司20×3年4月基本生产车间生产甲、乙两种产品共支付生产工人职工薪酬360 000元，本月甲产品的生产工时500小时，乙产品的生产工时400小时，采用生产工时比例分配法分配生产工人的职工薪酬费用，并编制“职工薪酬分配表”见表4-8。

林海公司有关计算如下：

生产工人薪酬费分配率 = 360 000 ÷ (500 + 400) = 400

甲产品应分配的薪酬费用 = 500 × 400 = 200 000（元）

乙产品应分配的薪酬费用 = 400 × 400 = 160 000（元）

表4-8　　　　职工薪酬分配表

20×3年4月30日　　　　单位：元

分配对象		生产工人职工薪酬	其他人员职工薪酬（假设已知）	职工薪酬合计
基本生产车间	甲产品	200 000		200 000
	乙产品	160 000		160 000
	小计	360 000		360 000
	车间管理人员		88 000	88 000
辅助生产车间			50 000	50 000
行政管理部门			100 000	100 000
销售部门			80 000	80 000
合计				678 000

林海公司应做如下会计处理：

借：生产成本——基本生产成本（甲产品）　200 000

　　　　——基本生产成本（乙产品）　160 000

　　　　——辅助生产成本　50 000

　　制造费用　88 000

　　管理费用　100 000

　　销售费用　80 000

　　贷：应付职工薪酬　678 000

3. 辅助生产费用归集和分配的会计处理

辅助生产车间是为企业的基本生产车间、行政管理等部门提供产品或劳务的生产车间。发生的各项间接费用，可先通过“制造费用”科目单独归集，然后再分配计入“生产成本——辅助生产成本”科目进行归集。如果辅助生产车间规模很小，制造费用发生的很少且不对外提供产品和劳务，发生的各项间接费用，也可不通过“制造费用”科目而直接计入“生产成本——辅助生产成本”科目进行归集。

辅助生产车间发生的费用应由各受益的车间、部门负担。因此，月末进行辅助生产费用的分配时，应编制“辅助生产费用分配表”并进行会计处理。

实务中，辅助生产费用通常采用的分配方法有直接分配法、一次交互分配法、计划成本分配法、代数分配法和顺序分配法等，小企业可以根据产品生产经营特点自行选择。

以直接分配法为例，介绍辅助生产费用的分配及其会计处理。

直接分配法，是指把辅助生产车间所发生的实际费用，仅在各基本生产车间和行政管理等部门之间按受益数量进行分配，对于各辅助生产车间之间相互提供的产品或劳务不进行分配的一种辅助生产费用分配方法。计算公式如下：

$$辅助生产费用分配率=\frac{待分配的辅助生产费用}{辅助生产车间以外部门耗用劳务数量之和}$$

某部门应分配辅助生产费用=该部门劳务耗用量×辅助生产费用分配率

【例4-28】林海公司20×3年4月设有供电、修理两个辅助生产车间，未单独设置制造费用明细账，20×3年4月供电车间发生的费用352 360元，修理车间发生费用340 000元。各辅助生产车间提供的劳务数量及各受益单位耗用量见表4-9。

表4-9　辅助生产劳务供应通知单

20×3年4月30日　　单位：元

受益单位	用电度数	修理工时
供电车间		510
修理车间	22 200	
基本生产车间一般耗用	26 000	600
管理部门耗用	27 300	690
工程耗用	307 500	5 000
合计	383 000	6 800

根据上述资料，林海公司采用直接分配法分配辅助生产费用，见表4-10。

表4-10　辅助生产费用分配表

20×3年4月30日　　单位：元

项目	分配费用	分配数量	分配率	分配金额					
				在建工程		制造费用		管理费用	
				数量	金额	数量	金额	数量	金额
供电车间	352 360	360 800	0.98	307 500	301 350	26 000	25 480	27 300	25 530
修理车间	340 000	6 290	54.05	5 000	270 250	600	32 430	690	37 320
合计	692 360	—	—	—	571 600	—	57 910	—	62 850

林海公司应做如下的会计处理：

借：在建工程　　571 600
　　制造费用　　57 910
　　管理费用　　62 850
　　贷：生产成本——辅助生产成本（供电车间）　　352 360
　　　　　　　　——辅助生产成本（修理车间）　　340 000

采用直接分配法分配辅助生产成本，辅助生产车间发生的费用仅对外进行一次分配，计算简单，但它具有一定的假定性，即假定各辅助生产车间提供的产品或劳务都为基本生产车间和管理等部门所耗用。实际上，各辅助生产车间之间相互提供的产品或劳务不分配费用，计算出来的辅助生产成本就不完整。所以，在各辅助生产车间相互提供产品或劳务的数量较多时，采用直接分配法分配结果的准确性会差一些。因此，这种方法一般适用于辅助生产车间之间相互提供产品或劳务较少的情况下采用。

4. 制造费用归集和分配的会计处理

制造费用，是生产车间发生的不能直接构成产品成本的各种间接费用。包括小企业生产车间管理人员的职工薪酬、车间用房屋和设备的折旧费、修理费、租赁费和保险费、车间管理用具摊销、办公费、水电费、机物料消耗、劳动保护费、取暖费、设计图纸费、实验检验费以及季节性停工损失和修理期间的停工损失等费用项目。有些小企业如果生产的产品经过一年期以上的制造才能达到预定可销售状态，因借款而发生的利息支出及其他相关成本等借款费用，先计入“制造费用”科目，分配后计入有关产品的成本。

小企业生产过程中发生各种制造费用时，应先按生产车间进行归集。生产车间发生的机物料消耗和固定资产修理费等，借记“制造费用”科目，贷记“原材料”、“银行存款”、“长期待摊费用”等科目。发生的生产车间管理人员的工资等职工薪酬，借记“制造费用”科目，贷记“应付职工薪酬”科目。生产车间计提的固定资产折旧费，借记“制造费用”科目，贷记“累计折旧”科目。生产车间支付的办公费、水电费等，借记“制造费用”科目，贷记“银行存款”、“应付账款”等科目。发生季节性和修理期间的停工损失，借记“制造费用”科目，贷记“原材料”、“应付职工薪酬”、“银行存款”等科目。小企业经过一年期以上的制造才能达到预定可销售状态的产品在制造完成之前发生的借款利息，在应付利息日根据借款合同利率计算确定的利息费用，借记“制造费用”科目，贷记“应付利息”科目。

月末根据归集的制造费用，按照一定的方法，分配计入各种产品成本。

实务中，制造费用的分配方法有生产工人工时比例法、生产工人工资比例法、机器工时比例法、按年度计划分配率分配法等，分配方法一经确定，不应任意变更。

以生产工人工时比例法为例，有关计算公式如下：

$$制造费用分配率 = \frac{制造费用总额}{各产品生产工时总数}$$

某种产品应分配的制造费用 = 该产品的生产工时 × 制造费用分配率

月末，根据制造费用分配计算结果，编制“制造费用分配表”，将制造费用分配计入有关的成本核算对象，借记“生产成本——基本生产成本”、“生产成本——辅助生产成本”科目，贷记“制造费用”科目。

【例 4－29】林海公司 20×3 年 4 月基本生产车间生产甲、乙两种产品，采用生产工人工时比例法分配制造费用。甲产品实际耗用生产工人工时 500 小时，乙产品实际耗用生产工人工时 400 小时，该车间 20×3 年 4 月份发生制造费用 270 000 元。制造费用分配表见表 4－11。

表 4－11 **制造费用分配表**

20×3 年 4 月 30 日 单位：元

分配对象	分配标准（实际工时）	分配率	金额
甲产品	500		150 000
乙产品	400		120 000
合计	900	300	270 000

林海公司应做如下会计处理：

借：生产成本——基本生产车间（甲产品） 150 000

——基本生产车间（乙产品） 120 000

贷：制造费用 270 000

（四）在产品成本的计算和完工产品成本的结转

小企业在生产过程中发生的生产费用，经过在各种产品之间进行归集和分配之后，已计入各种产品成本明细账中。为了计算产品成本，还需要将发生的生产费用在完工产品和在产品之间进行分配，计算并结转本月各种完工产品成本。

月末，如果产品已经全部完工，生产成本明细账中归集的月初在产品成本与本月生产费用之和，就是该种完工产品的成本。如果产品全部没有完工，生产成本明细账中归集的月初在产品成本与本月生产费用之和就是该种在产品的成本。如果既有完工产品又有在产品，小企业就应根据产品的生产特点和成本管理的要求，选择既合理又简便的分配方法，将生产成本明细账中归集的月初在产品成本与本月生产费用之和，在完工产品与在产品之间进行分配，计算出该种产品的本月完工产品成本和月末在产品成本。

月初在产品成本、本月发生的费用、完工产品成本和月末在产品成本之间的关系可用下式表示：

月初在产品成本 + 本月生产费用 = 完工产品成本 + 月末在产品成本

在产品数量是核算在产品成本的基础，取得在产品动态和结存的数量资料，对准确计算在产品成本和完工产品成本意义重大。因此，小企业应组织在产品收发结存的日常核算，分别车间并按照产品的品种和在产品的名称设立“在产品台账”，以便及时反映车间各种产品的转入、转出和结存数量。此外，为了核实在产品的数量，保护在产品的安全完整，小企业必须认真做好在产品的清查工作，定期清查或不定期轮流清查，对清查结果及时进行账务处理。

实务中，生产费用在本月完工产品和月末在产品之间的分配常用的方法有：不计算在产品成本法，在产品成本按年初数固定计算法，在产品按所消耗直接材料成本计算法，约当产量比例法，在产品按定额成本计算法，定额比例法等。

月末，对已完工产品应办理验收入库手续，根据入库单结转完工产品成本时，借记“库存商品”科目，贷记“生产成本”科目。

1. 不计算在产品成本法

如果企业各月末在产品数量很少，所占用的费用额不大，计算在产品成本对完工产品成本的影响很小，为了简化成本核算工作，可以不计算在产品的成本，将发生的全部生产费用都由完工产品成本负担。这样，每月发生的各项生产费用之和，就是每月完工产品的总成本，用总成本除以产量，就是单位产品成本。

2. 在产品成本按年初数固定计算法

如果在产品数量较多，占用的费用也较大，但各月之间变化不大，为了简化成本核算工作，在产品成本可按年初数固定计算。这样，本月发生的生产费用就是完工产品的总成本，用总成本除以产量，就是完工产品的单位成本。采用这种方法，在年末时必须根据实际盘点的在产品的数量，重新计算年末的在产品的成本，作为下一年度年初在产品的固定成本，以保证下一年度在产品成本的准确性。

3. 在产品按所消耗直接材料成本计算法

在产品按所消耗直接材料成本计算法，是指月末在产品只负担其所耗用的原材料费用，不计算加工费用，加工费用全部由完工产品负担。这样，产品的直接材料费用需要在完工产品与在产品之间进行分配。一般适用于产品成本中材料费用占的比重较大，其他加工费用（如直接人工、制造费用等）比较少的情况下采用。计算公式如下：

$$直接材料费用分配率 = \frac{直接材料费用总额}{完工产品数量 + 在产品数量}$$

在产品成本 = 在产品数量 × 直接材料费用分配率

完工产品成本 = 完工产品数量 × 直接材料费用分配率 + 其他各项加工费用

或

完工产品成本 = 生产费用合计 - 在产品成本

【例 4－30】林海公司生产的甲产品采用所耗原材料成本计算法计算在产品成本。20×3 年 4 月初在产品成本为 54 400 元，本月共发生直接材料费用 143 000 元，原材料在开始生产时一次投入的。本月完工产品数量为 200 件，月末在产品 60 件。甲产品本月发生直接人工费 200 000 元，制造费用 150 000 元。甲产品成本计算单见表 4－12。

林海公司有关计算如下：

直接材料费用分配率 =（54 400 + 143 200）÷（200 + 60）= 760

在产品成本 = 60 × 760 = 45 600（元）

完工产品直接材料成本 = 200 × 760 = 152 000（元）

完工产品加工费用成本 = 200 000 + 150 000 = 350 000（元）

完工产品成本 = 152 000 + 350 000 = 502 000（元）

根据完工产品入库单做如下会计处理：

借：库存商品——甲产品　　　　　　　　502 000

　　贷：生产成本——基本生产成本（甲产品）　　　　502 000

表 4－12　　基本生产成本明细账

产品名称：甲产品　　20×3 年 4 月 30 日　　单位：元

20×3 年		凭证号数	摘要	直接材料	直接人工	制造费用	合计
月	日						
4	1		期初在产品成本	54 400			54 400
4	30	【4－26】	分配耗用材料费用	143 000			143 000
4	30	【4－27】	分配工资费用		200 000		200 000
4	30	【4－29】	分配制造费用			150 000	150 000
4	30		生产费用合计	197 400	200 000	150 000	547 400
4	30	【4－30】	转出完工产品成本	152 000	200 000	150 000	502 000
4	30		期末在产品成本	45 600			45 600

4. 约当产量比例法

约当产量比例法，是将月末在产品数量按其完工程度折合为相当于完工产品的产量，即约当产量，然后按照完工产品产量和期末在产品约当产量的比例分配生产费用的方法。这种方法适用于月末在产品数量较大，各月末在产品数量变动也较大，产品成本中直接材料和各项加工费用所占的比重相差不多的产品。有关计算公式如下：

$$\text{在产品约当产量} = \text{在产品数量} \times \text{在产品完工程度}$$

$$\text{某项费用分配率} = \frac{\text{该项费用总额}}{\text{完工产品数量} + \text{在产品约当产量}}$$

$$\text{完工产品某项费用} = \text{完工产品产量} \times \text{某项费用分配率}$$

$$\text{在产品某项费用} = \text{在产品约当产量} \times \text{某项费用分配率}$$

采用约当产量比例法分配费用应按成本项目进行，在计算约当产量时，要注意在产品耗用的原材料和加工费用（直接工资、制造费用等）的情况是不一样的。在分配直接材料费用时，应按产品生产时原材料的不同投料方式，采用不同的分配程序。而加工费用一般都是随着生产过程而逐渐增加的，要按在产品完工程度计算约当产量，按完工产品和在产品的约当产量分配计算完工产品和在产品的加工费用。

在一般情况下，原材料是在开始生产时一次投入的，每件在产品耗用的原材料同产成品是一样的。所以，通常分配材料费用时，不必计算在产品中“直接材料”成本项目的约当产量，应按完工产品产量和在产品的实际数量直接分配材料费用。

【例4-31】林海公司生产的乙产品采用约当产量法分配生产费用。20×3年4月初在产品成本中直接材料费用为41 000元，直接人工费为32 000元，制造费用为30 000元。本月发生直接材料费为127 000元，直接人工费为160 000元，制造费用为120 000元，本月完工产品为1 000件，月末在产品为400件，原材料在生产开始时一次投料，在产品的完工程度为50%。乙产品成本计算单见表4-13。

林海公司有关计算如下：

在产品约当量=400×50%=200（件）

直接材料费用分配率=(41 000+127 000)÷(1 000+400)=120

完工产品应负担的材料费用=1 000×120=120 000（元）

月末在产品应负担的材料费用=400×120=48 000（元）

直接人工费用分配率=(32 000+160 000)÷(1 000+200)=160

完工产品应负担的人工费用=1 000×160=160 000（元）

月末在产品应负担的人工费用=200×160=32 000（元）

制造费用分配率=(30 000+120 000)÷(1 000+200)=125

完工产品应负担的制造费用=1 000×125=125 000（元）

月末在产品应负担的制造费用=200×125=25 000（元）

完工产品总成本=120 000+ 160 000+125 000=405 000（元）

月末在产品成本=48 000+32 000+25 000=105 000（元）

根据以上计算结果，林海公司应做如下会计处理：

借：库存商品——乙产品　　405 000

　贷：生产成本——基本生产成本（乙产品）　　405 000

表4-13　　基本生产成本明细账

产品名称：乙产品　　20×3年4月30日　　单位：元

20×3年		凭证号数	摘要	直接材料	直接人工	制造费用	合计
月	日						
4	1		期初在产品成本	41 000	32 000	30 000	102 000
4	30	【4-26】	分配耗用材料费用	127 000			127 000
4	30	【4-27】	分配工资费用		160 000		160 000

续表

20×3年		凭证号数	摘要	直接材料	直接人工	制造费用	合计
月	日						
4	30	【4-29】	分配制造费用			120 000	120 000
4	30		生产费用合计	168 000	192 000	150 000	510 000
4	30	【4-31】	转出完工产品成本	120 000	160 000	125 000	405 000
4	30		期末在产品成本	48 000	32 000	25 000	105 000

5. 定额成本法

定额成本法，是事先经过调查或技术测定，对各个加工阶段的在产品确定一个定额单位成本，月末根据实际结存在产品数量分别乘以各项费用的单位定额成本，计算出月末在产品定额成本。再将月初在产品成本加上本月生产费用，减去按定额成本计算的月末在产品成本即为完工产品成本。

采用定额成本法计算在产品成本，把实际费用脱离定额的差异全部计入完工产品成本，在定额成本制定的不是十分准确的情况下，会影响成本计算的准确性。因此这种方法一般只适用于定额管理基础较好，制定的各项消耗定额比较准确的企业采用。有关计算公式如下：

在产品直接材料定额成本＝在产品数量×材料单位消耗定额×材料单价

在产品直接人工定额成本＝在产品数量×工时定额×小时人工费用率

在产品制造费用定额成本＝在产品数量×工时定额 ×小时制造费用率

在产品定额成本＝在产品直接材料定额成本＋在产品直接人工定额成本＋在产品制造费用定额成本

完工产品直接材料成本＝直接材料费用合计－在产品直接材料定额成本

完工产品直接人工成本＝直接人工成本合计－在产品直接人工定额成本

完工产品制造费用成本＝制造费用合计－在产品制造费用定额成本

完工产品成本＝完工产品直接材料成本＋完工产品直接人工成本＋完工产品制造费用成本

6. 定额比例法

定额比例法，是按照定额消耗量或定额费用的比例分配完工产品和月末在产品成本的一种方法。一般适用于定额管理基础比较好，各项消耗定额或费用定额比较准确、稳定且月末在产品数量变化较大的企业采用。

以定额消耗量比例为例，有关计算公式如下：

$$\text{定额消耗量分配率}=\frac{\text{月初在产品实际消耗量}+\text{本月实际消耗量}}{\text{完工产品定额消耗量}+\text{月末在产品定额消耗量}}$$

完工产品实际消耗量 = 完工产品定额消耗量 × 定额消耗量分配率

在产品实际消耗量 = 在产品定额消耗量 × 定额消耗量分配率

完工产品实际成本 = 完工产品实际消耗量 × 材料单价（或单位小时工资、费用）

在产品实际成本 = 在产品实际消耗量 × 材料单价（或单位小时工资、费用）

二、产品成本计算方法

小企业可根据生产经营特点和成本管理要求，确定成本计算方法。成本计算的基本方法有品种法、分步法和分批法三种，见表4－14。

表4－14　　产品成本计算基本方法

成本计算方法	成本计算对象	成本计算期	生产类型		
			生产组织特点	生产工艺特点	成本管理
品种法	产品品种	定期于月末	大量大批生产	单步骤生产 多步骤生产	不要求分步计算成本
分步法	产品生产步骤	定期于月末	大量大批生产	多步骤生产	要求分步计算成本
分批法	产品批别	不定期	单件小批生产	单步骤生产 多步骤生产	一般不要求分步计算成本

除了采用上述三种基本方法外，还有定额法、分类法等辅助方法，辅助方法是为了解决成本计算或成本管理过程中的某一方面的需要而采用的，都不是独立的成本计算方法，在进行成本计算时，必须结合成本计算的基本方法使用。

（一）产品成本计算的品种法

品种法，是指以产品品种作为成本计算对象，归集和分配生产费用，计算产品成本的一种方法。这种方法一般适用于大量大批单步骤生产类型的企业，如发电、供水、采掘等企业，产品品种单一。在这种类型的企业中，由于产品生产的工艺过程不能间断，没有必要，也不可能划分生产步骤计算产品成本，只能以产品品种作为成本计算对象。此外，对于大量大批多步骤生产类型的企业或车间，如果生产规模较小，或者按流水线组织生产，或者从原材料投入到产品产出的全过程是集中封闭式生产，管理上不要求按照生产步骤计算产品成本，也可以采用品种法计算成本。如砖瓦厂、造纸厂和小型水泥厂等。

1. 品种法的特点

（1）以产品品种作为成本计算对象。如果企业只生产一种产品，全部生产费用都可以直接计入该产品成本明细账的有关成本项目中，不存在在各成本计算对象之间分配生产费用的问题。如果是生产多种产品，间接费用就需采用适当的分配方法，在各成本计算对象之间直接进行分配。

（2）按月定期计算产品成本。一般于每月月末计算产品成本。

（3）如果月末有在产品，要将生产费用在完工产品和在产品之间进行分配。

2. 品种法的成本计算程序

（1）按品种设置成本计算单

由于品种法的成本计算对象是每种产品，因此，在进行成本计算时，需要为每一品种产品设置一张产品成本计算单。如果企业只生产一种产品，成本计算对象就是该种产品，只需为该种产品设置一张成本计算单，成本计算单中按成本项目设置专栏，生产中所发生的生产费用都是直接费用，可以直接根据有关凭证和费用分配表，按成本项目全部列入到该种产品的成本计算单中。

如果企业生产多种产品，成本计算对象则是每种产品，需要按每种产品分别设置产品成本计算单，生产中发生的生产费用，要区分为直接费用和间接费用，凡能分清应由某种产品负担的直接费用，应直接计入该种产品的成本计算单中。对于几种产品共同耗用而又分不清应由哪种产品负担多少数额的间接费用，应采用适当的分配方法，在各种产品之间直接进行分配，或先归集，再经分配计入各种产品的成本计算单中的有关成本项目中。

（2）计算并登记要素费用

对生产过程中发生的各项费用进行审核、归集和分配，编制各种要素费用分配表，据以登记“基本生产成本明细账”、“辅助生产成本明细账”、“制造费用明细账”和平行登记“基本生产成本明细账”下设的“产品成本计算单”。对于生产中发生的为产品生产直接耗用的直接费用，可以根据原始凭证和各项费用分配表等有关资料直接计入按成本计算对象开设的“成本计算单”中的相关成本项目。对于为几种产品共同耗用的主要间接费用，应按一定标准在各种产品间分配后，分别计入有关“成本计算单”中的相关成本项目。发生的其他间接费用，应先按其发生地点进行归集，如车间一般耗用的间接费用可以计入该车间的“制造费用明细账”。

（3）分配并结转生产部门费用

先分配辅助生产费用：将归集在“生产成本——辅助生产成本明细账”的全部费用，按照各种产品和各单位受益的辅助生产劳务的数量，编制“辅助生产费用分配表”，分配辅助生产费用，并登记到受益产品的“成本计算单”和受益单位的费用明细账中。

再分配制造费用：将基本生产车间“制造费用明细账”归集的费用进行汇总，采用一定的方法，在生产的各种产品之间进行分配，编制“制造费用分配表”，据以登记“基本生产成本明细账”及各种“产品成本计算单”。

（4）计算并结转完工产品成本

经过上述程序，本期生产产品应负担的各项费用都集中登记在“产品成本计算单”中，如果月初和月末均没有在产品，本月发生的全部生产费用即为本月完工产品的总成本。如果月末有在产品，而且数量较大，应将“产品成本计算单”中归集的生产费用按照一定的方法在完工产品和月末在产品之间进行分配，计算出完工产品成本和月末在产品成本。

（二）产品成本计算的分批法

分批法，亦称订单法，是以产品的批别（或订单）为成本计算对象，归集和分配费用，计算产品成本的一种方法。这种方法一般适用于单件、小批生产的企业，如船舶制造、重型机械制造以及精密仪器、专用设备生产企业，对于新产品的试制、工业性修理作业和辅助生产的工具模具制造等也可以采用。

1. 分批法的特点

（1）以产品的批别（或订单）作为成本计算对象。企业产品批别的组织是由生产计划部门负责，生产计划部门依据用户订单签发一式多联的“生产任务通知单”，供应部门据以备料，生产部门据以安排生产，财会部门据以设置产品成本计算单。对于某批产品发生的直接费用，应根据原始凭证或费用分配表，直接计入该批产品成本计算单的有关项目中。对于不能按批别划分的间接费用，应按费用发生的地点先加以归集，期末再在各受益对象之间进行分配。

（2）成本计算期与产品生产周期基本一致，但与会计报告期不一致。产品成本计算是与生产任务通知单的签发和结束紧密配合的，因此产品成本计算是不定期的。采用分批法计算产品成本的企业，各批产品成本计算单虽然仍按月归集费用，但只有在该批次或订单产品全部完工时，才能计算其实际成本。当某一批次产品完工后，各基本生产车间应及时进行清理盘点，盘点出来的该批次的在产品及剩余材料应办理退库手续并相应冲减该批次产品成本。如果某批次产品尚未完工，则不计算其成本。因此，分批法的产品成本计算是不定期的，成本计算期与某批次或订单产品的生产周期一致。

（3）一般不需要在完工产品与月末在产品之间分配生产费用。由于成本计算期与产品生产周期基本一致，因此在计算月末产品成本时，一般不存在完工产品与月末在产品之间分配生产费用问题。

（4）间接费用在不同批次之间的分配可选择采用“当月分配法”或“累计分配法”。

2. 分批法的成本计算程序

（1）财会部门根据生产计划部门下达的“生产任务通知单”中注明的工作令号，开设各批别或定单的产品成本计算单，并根据费用发生的用途确定成本项目，设置成本计算单的专栏。

（2）根据各项生产费用发生的原始凭证等资料，编制要素费用分配表。对某批别或定单发生的材料费用和人工费用，直接记入其成本计算单的“直接材料”和“直接人工”项目中。对于辅助生产车间发生的直接费用，直接记入辅助生产成本明细账。各生产车间发生的间接费用，按照费用发生的地点，先归集在“制造费用明细账”中。

（3）期末，将辅助生产车间归集的制造费用分配转入辅助生产成本明细账，再汇集辅助生产车间发生的费用，按其提供的劳务数量，在各批别或订单产品、制造费用以及其他受益对象之间进行分配。对于辅助生产车间生产的产品，应计算其完工产品成本，从辅助生产成本明细账中转出。

（4）将基本生产车间“制造费用明细账”中归集的制造费用进行汇总，

根据投产的批别或订单的完成情况，选择采用“当月分配法”或“累计分配法”分配制造费用。对于投产批别多数完工的情况，或各月费用发生不均衡的情况，应采用“当月分配法”。相反，则应选择“累计分配法”。

“当月分配法”的特点是分配间接费用（主要为制造费用）时，不论各批次或各订单产品是否完工，都要按当月分配率分配其应负担的间接费用。这样，各月末间接费用明细账没有余额，未完工批次或订单也要按月结转间接费用，如果企业在投产批次比较多而多数为未完工批次或订单时，按月结转未完工批次产品的间接费用意义不大，而且手续繁琐，就应考虑采用“累计分配法”分配间接费用。

“累计分配法”的特点是分配间接费用时，只对当月完工的批次或订单按累计分配率进行分配，将未完工批次或订单的间接费用总额保留在间接费用明细账中不进行分配，但在各批产品成本计算单中要按月登记发生的工时，以便计算各月的累计分配率和在某批次产品完工时，按其累计工时汇总结转应负担的间接费用总额。采用“累计分配法”，间接费用明细账月末留有余额，完工批次或订单一次负担其间接费用，因此，可以简化成本核算工作。但是，如果各月份的间接费用水平相差悬殊，采用这种方法会影响到各月成本计算的准确性。

（5）当某批产品批量较大，又存在跨月陆续完工或分次交货情况时，应在该批内计算完工产品成本和月末在产品成本。计算方法一般有两类：一类是先计算出完工产品成本，将生产费用减去完工产品成本，挤出月末在产品成本的方法。另一类是采用适当的方法，如约当产量法和定额比例法等具体方法，分配计算出该批内完工产品成本和月末在产品成本。

（6）月末将各批完工产品成本以及该批内陆续完工产品的成本加以汇总，编制“完工产品成本汇总表”，结转完工入库产品的成本。

（三）产品成本计算的分步法

分步法，是按照产品的生产步骤归集生产费用，计算各种产品及其各步骤成本的一种方法。这种方法一般适用于连续多步骤复杂生产的企业，如冶金、纺织、造纸、化工等类型企业，规模较大、大量大批装配式复杂生产企业也可采用。在这些类型的企业中，生产过程由若干个在技术上可以间断的生产步骤组成，每个生产步骤除了生产出半成品（最后一个步骤是产成品）外，还有一些加工中的在产品。已生产出的这些半成品，可能用于下一步骤继续进行加工或装配，也可能销售给外单位使用。为了适应这一生产特点，不仅要按照产品品种计算产品成本，而且还要求按生产步骤计算产品成本，以利于企业考核和分析各种产品及各生产步骤的成本计划的执行情况及实行成本分级管理的需要。

1. 分步法的特点

（1）成本计算对象是每种产品以及每种产品所经过的生产步骤。

（2）月末计算完工产品成本，需要将归集在生产成本明细账中的生产费用，在完工产品和期末在产品之间进行分配。

（3）除按品种计算和结转成本外，还需要计算和结转产品的各步骤成本。成本计算对象，是各种产品及其所经过的生产步骤。成本计算定期于月末进行，其产品成本计算期可能与产品生产周期不一致，但与会计报告期相同。

2. 分步法的成本计算程序

实际工作中，在采用分步法时，产品成本计算对象应该是各种产品的成本及其各步骤的成本。产品成本计算单要按照步骤和产品品种设置。由于各企业生产的特点和对于步骤成本管理的要求不同以及出于简化成本核算工作的考虑，分步法在结转各个步骤的成本时，按其是否计算半成品成本又分为逐步结转分步法和平行结转分步法。

（1）逐步结转分步法

逐步结转分步法，是按照产品生产步骤的先后顺序，逐步计算并结转各步骤半成品成本，直到最后步骤计算出产成品成本的一种方法。

（2）平行结转分步法

平行结转分步法，也称不计算半成品成本法，是指不计算各步骤半成品成本，而只归集各步骤本身所发生的费用及各步骤应计入产成品成本的份额，将各步骤应记入产成品成本的份额平行汇总，来计算完工产品成本的一种方法。

实务中，基本生产车间和辅助生产车间由于生产特点和管理要求不同，可能同时采用不同的成本计算方法。同一基本生产车间生产的不同产品，也可以采用不同的成本计算方法。同一产品不同步骤也可以结合使用几种成本计算方法计算成本。

第五章

销售业务

本章讲述小企业在销售阶段发生的销售商品业务、提供劳务业务以及应交税费的会计处理。

第一节　销售商品

一、销售商品收入的确认

销售商品收入，是指小企业销售商品（或产成品、材料，下同）取得的收入。制造业小企业销售商品收入包括销售生产的产成品、代制品、代修品以及其他构成存货的资产，如原材料、周转材料、消耗性生物资产等。

（一）销售商品收入确认的条件

按照小企业会计准则的规定，小企业应当在发出商品且收到货款或取得收款权利时，确认商品销售收入。

小企业会计准则的这一规定表明，确认销售商品收入要同时具备两个条件：

一是物权的转移。一般表现为商品的发出，即小企业已将所售商品交付给购货方。但是，在实务中，有时发出商品不一定就实现销售，具体要看采用何种销售方式以及何种结算方式。如采用委托代销方式销售商品，尽管商品已经发出，但商品的所有权并没有转移，此时并不确认收入的实现。

二是收到货款或取得收款权利。一般情况下，小企业发出商品并收到货款或者取得收款权利时就应当确认收入。但是，按照权责发生制的原则要求，有时小企业收到了货款，也不一定就实现了销售，如采用预收款方式销售商品，收到的预付款作为负债处理，只有在发出商品时才确认收入。

由此可见，销售商品确认收入的关键要看是否符合小企业会计准则对收入确认的条件，如果符合条件，此时无论产品是否发出、或者款项是否收到，都应当确认销售商品收入的实现。

商品销售成本的结转一定要符合配比原则的要求。小企业销售了多少产品，就应当结转相应的销售成本。实务中，小企业一般是在月末结转销售成本。首先按照一定的方法，如加权平均法、先进先出法、个别计价法计算销售产品的单位成本，然后根据商品出库单等原始记录，确认本月销售产品的数量，用单位成本乘以销售产品的数量，计算出应结转的销售成本。

（二）销售商品收入确认的时点

小企业销售商品的方式不同，确认销售实现的时点也有所不同。

1. 采用现销方式销售商品

是指一手交钱一手交货的销售方式。在这种销售方式下，由于不存在购买方承付货款的问题，商品一经发出即收到货款或取得收款权利，因而在办完商品发出手续时即应确认销售商品收入的实现。

2. 采用托收承付结算方式销售商品

是指小企业根据合同发货后，委托银行向异地购买方收取款项，购买方根据合同验货后，向银行承诺付款的销售方式。在这种销售方式下，小企业发出商品且办妥托收手续时，通常表明小企业已经取得收款的权利，此时即应确认收入实现。

3. 采用预收款方式销售商品

是指购买方在商品尚未收到前按合同或协议约定分期付款，销售方在收到最后一笔款项时才交货的销售方式。在这种销售方式下，小企业发出商品即意味着小企业作为销售方已经收到了购买方支付的最后一笔款项，应将收到的货款全部确认为收入，在此之前预收的货款应确认为负债，因而应在发出商品时确认收入实现。

4. 采用分期收款方式销售商品

是指商品一次发出交付购买方，但货款是分期收回的销售方式。在这种销售方式下，小企业应当按照合同约定的收款日期确认收入的实现。

5. 商品需要安装和检验的销售方式

是指销售的商品需要经过安装、检验后才能正常使用的销售方式。在这种销售方式下，小企业所售商品的安装和检验工作是销售合同或协议的重要组成部分。在购买方接受交货以及安装和检验完毕前，销售方一般不应确认收入，只有在购买方接受商品以及安装和检验完毕时才能确认收入。如某电梯生产企业销售电梯，电梯已发出，发票账单已交付购买方，购买方已预付部分货款。但根据合同约定，销售方须负责安装且在销售方安装并经检验合格后，购买方才支付余款。在此例中，销售方发出电梯时不能确认收入，而应当在安装完毕并检验合格后才确认收入实现。如果安装程序比较简单，也可以在发出商品时确认收入。

6. 采用支付手续费方式委托代销商品

是指委托方和受托方签订合同或协议，委托方根据代销商品数量和金额向受托方支付手续费的销售方式。在这种销售方式下，委托方发出商品时，并不知道受托方能否将商品销售出去，能够销售多少。因此，委托方在发出商品时通常不应确认收入，而应在收到受托方开出的代销清单时确认收入的实现。

7. 采用以旧换新方式销售商品

是指销售方在销售商品的同时回收与所售商品相同的旧商品或其他旧商品。在这种销售方式下，小企业应将销售和回收分别进行会计处理，销售的商品作为商品销售处理并确认收入，回收的商品作为购进商品处理。

8. 采用产品分成方式销售商品

是指多家企业在合作进行生产经营的过程中，合作各方对合作生产出的产品按照约定进行分配，并以此作为生产经营收入。这种销售方式下，小企业应在分得产品时确认收入的实现。

由于产品分成是一种以实物代替货币作为收入的，而产品的价格又随着市场供求关系而波动。因此，只有在分得产品之日，按照产品的市场价格或者评估价格确认收入的实现，才能够体现生产经营的真实所得。

【涉税提示】

首先，在收入的确认条件上，小企业会计准则对收入的确认更加注重法律形式，即小企业应当在发出商品且收到货款或取得收款权利时，确认商品销售收入，减少了会计人员的职业判断，在实务中更具有操作性。

企业所得税法对收入的确认在遵循权责发生制原则的基础上，要考虑实质重于形式原则。《国家税务总局关于确认企业所得税收入若干问题的通知》（国税函［2008］875号）第一条规定：企业销售商品同时满足下列条件的，应确认收入的实现：（1）商品销售合同已经签订，企业已将商品所有权相关的主要风险和报酬转移给购货方；（2）企业对已售出的商品既没有保留通常与所有权相联系的继续管理权，也没有实施有效控制；（3）收入的金额能够可靠地计量；（4）已发生或将发生的销售方的成本能够可靠地核算。

《企业所得税法实施条例》还规定了视同销售业务的情形，主要考虑到会计在确认收入时，如果不符合确认条件就不计收入，但是按照企业所得税法的规定应确认为计税收入。《企业所得税法实施条例》第二十五条规定：企业发生非货币性资产交换，以及将货物、财产、劳务用于捐赠、偿债、赞助、集资、广告、样品、职工福利和利润分配等用途的，应当视同销售货物、转让财产和提供劳务，但国务院财政、税务主管部门另有规定的除外。

《国家税务总局关于企业处置资产所得税处理问题的通知》（国税函［2008］828号］规定：（1）企业发生下列情形的处置资产，除将资产转移至境外以外，由于资产所有权属在形式和实质上均不发生改变，可作为内部处置资产，不视同销售确认收入，相关资产的计税基础延续计算：①将资产用于生产、制造、加工另一产品；②改变资产形状、结构或性能；③改变资产用途（如自建商品房转为自用或经营）；④将资产在总机构及其分支机构之间转移；⑤上述两种或两种以上情形的混合；⑥其他不改变资产所有权属的用途。（2）企业将资产移送他人的下列情形，因资产所有权属已发生改变而不属于内部处置资产，应按规定视同销售确定收入：①用于市场推广或销售；②用于交际应酬；③用于职工奖励或福利；④用于股息分配；⑤用于对外捐赠；⑥其他改变资产所有权属的用途。这一规定表明，小企业除了将资产转移到境外的以外，只要资产所有权属没有发生转移，就属于内部处置资产，不作视同销售处理，不确认视同销售收入和视同销售成本。如果小企业资产所有权属发生转移，无论会计上是如何处理的，都应视作企业所得税的视同销售处理，确认视同销售收入和视同销售成本。

其次，在不同销售方式确认收入的时点上，小企业会计准则与企业所得税法的规定基本一致。

增值税暂行条例对收入的确认与小企业会计准则的规定基本相同。但也有例外情况，如采用委托代销方式销售商品时，如果没有收到代销清单，按照小企业会计准则的规定不确认收入。但是，按照增值税暂行条例实施细则的规定，小企业委托其他纳税人代销货物，其收入的确认为收到代销单位的代销清单或者收到全部或者部分货款的当天。未收到代销清单及货款的，为发出代销货物满 180 天的当天。

增值税暂行条例也规定了视同销售的情形。《增值税实施细则》第四条规定：单位或者个体工商户的下列行为，视同销售货物：（1）将货物交付其他单位或者个人代销；（2）销售代销货物；（3）设有两个以上机构并实行统一核算的纳税人，将货物从一个机构移送其他机构用于销售，但相关机构设在同一县（市）的除外；（4）将自产或者委托加工的货物用于非增值税应税项目；（5）将自产、委托加工的货物用于集体福利或者个人消费；（6）将自产、委托加工或者购进的货物作为投资，提供给其他单位或者个体工商户；（7）将自产、委托加工或者购进的货物分配给股东或者投资者；（8）将自产、委托加工或者购进的货物无偿赠送其他单位或者个人。

二、销售商品收入的计量

小企业应当按照从购买方已收或应收的合同或协议价款，确定销售商品收入金额。

（一）现金折扣

销售商品涉及现金折扣的，应当按照扣除现金折扣前的金额确定销售商品收入金额。

现金折扣，是指债权人为鼓励债务人在规定的期限内付款而向债务人提供的债务扣除。小企业为了鼓励客户提前付款，通常与债务人达成协议，债务人在不同期限内付款可以享受不同比例的付款折扣。现金折扣通常用符号“折扣/付款期限”来表示。如用符号“2/10”、“1/20”、“N/30”等表示。

在现金折扣条件下，对应收账款入账价值的确认有两种表示方法：

1. 总价法，是将未减去现金折扣前的金额作为实际售价，记作应收账款的入账价值。现金折扣只有客户在折扣期内支付款项时才予以确认。在总价法下，销货方把给予客户的现金折扣视为融资的理财费用，作为财务费用计入当期损益。我国会计实务中通常采用这种方法。

2. 净价法，是将扣减现金折扣后的金额作为实际售价，据以确认应收账款的入账价值。在净价法下，销货方把客户取得折扣视为正常现象，认为客户一般都会提前付款，而将由于客户超过折扣期限而多收入的金额视为提供信贷获得的收入。现金折扣应当在实际发生时，计入当期损益。

现金折扣只影响所得税，不影响流转税。

（二）商业折扣

销售商品涉及商业折扣的，应当按照扣除商业折扣后的金额确定销售商品收入金额。

商业折扣，是指小企业为促进商品销售而在商品标价上给予的价格扣除。商业折扣是小企业常用的促销手段之一，通常采用销量越多价格越低的促销策略，即“薄利多销”。如小企业销售淡季为了扩大销售，对季节性商品通常采用商业折扣方式。商业折扣一般在交易发生时根据购销双方商定的协议价格确定，一旦确定后，购销双方就以该折扣后的价格分别记账，而并不需要在账上单独反映其折扣金额。所以，销售方应该以商业折扣后的价款确认收入的实现。应收账款入账价值也应按扣除商业折扣以后的实际售价确认。

商业折扣既影响所得税，也影响流转税。

（三）销售折让

小企业发生的销售折让应当在发生时冲减当期销售商品收入。

销售折让，是指小企业因售出商品的质量不合格等原因而在售价上给予的减让。小企业已确认收入的售出商品发生销售折让，应当在实际发生时冲减当期销售商品收入。

【涉税提示】

小企业会计准则对销售商品收入的计量与企业所得税法的规定基本相同。《国家税务总局关于确认企业所得税收入若干问题的通知》（国税函［2008］875号）第一条规定：企业为促进商品销售而在商品价格上给予的价格扣除属于商业折扣，商品销售涉及商业折扣的，应当按照扣除商业折扣后的金额确定销售商品收入金额。债权人为鼓励债务人在规定的期限内付款而向债务人提供的债务扣除属于现金折扣，销售商品涉及现金折扣的，应当按扣除现金折扣前的金额确定销售商品收入金额，现金折扣在实际发生时作为财务费用扣除。企业因售出商品的质量不合格等原因而在售价上给的减让属于销售折让；企业因售出商品质量、品种不符合要求等原因而发生的退货属于销售退回。企业已经确认销售收入的售出商品发生销售折让和销售退回，应当在发生当期冲减当期销售商品收入。

小企业会计准则对销售商品收入的计量与增值税的相关规定有所不同。首先，增值税的销售额包括向购买方收取的全部价款和价外费用，其中的价外费用，无论会计如何处理，均应并入销售额计算应纳税额。但是，增值税销售额中的某些价外费用会计上是不计收入的，如违约金、滞纳金、延期付款利息、赔偿金等。其次，对折扣额的处理要求不同。纳税人采取折扣方式销售货物，如果销售额和折扣额在同一张发票上分别注明的，可按折扣后的销售额征收增值税；如果将折扣额另开发票，不论其在财务上如何处理，均不得从销售额中减除折扣额。销售额和折扣额在同一张发票上分别注明是指销售额和折扣额在同一张发票上的“金额”栏分别注明的，可按折扣后的销售额征收增值税。未在同一张发票“金额”栏注明折扣额，而仅在发票的“备注”栏注明折扣额的，折扣额不得从销售额中减除。最后，对销售折让的处理要求也不同。纳税人销售货物并向购买方开具增值税专用发票后，由于购货方在一定时期内累计购买货物达到一定数量，或者由于市场价格下降等原因，销货方给予购货方相应的价格优惠或补偿等折扣、折让行为，销货方可按现行《增值税专用发票使用规定》的有关规定开具红字增值税专用发票。一般情况下，先由购买方向主管税务机关填报《开具红字增值税专用发票申请单》，主管税务机关对一般纳税人填报的《开具红字增值税专用发票申请单》进行审核后，再出具《开具红字增值税专用发票通知单》，并由销售方凭购买方提供的《开具红字增值税专用发票通知单》开具红字专用发票。

三、销售商品业务的会计处理

（一）设置的会计科目

1.“主营业务收入”科目

“主营业务收入”科目，核算小企业确认的销售商品或提供劳务等主营业务实现的收入。该科目应按照主营业务的种类设置明细账进行明细核算。期末，可将本科目的余额转入“本年利润”科目，结转后本科目应无余额。

2.“其他业务收入”科目

“其他业务收入”科目，核算小企业确认的除主营业务活动以外的其他日常生产经营活动实现的收入。包括出租固定资产、出租无形资产、销售材料等实现的收入（小企业出租包装物和商品的租金收入在营业外收入核算）。本科目应按照其他业务收入种类设置明细账进行明细核算。期末，可将本科目余额转入“本年利润”科目，结转后本科目应无余额。

3.“主营业务成本”科目

“主营业务成本”科目，核算小企业确认销售商品或提供劳务等主营业务收入应结转的成本。本科目应按照主营业务的种类设置明细账进行明细核算。期末，可将本科目的余额转入“本年利润”科目，结转后本科目应无余额。

4.“其他业务成本”科目

“其他业务成本”科目，核算小企业确认的除主营业务活动以外的其他日常生产经营活动所发生的支出。包括销售材料的成本、出租固定资产的折旧费、出租无形资产的摊销额等。本科目应按照其他业务成本的种类设置明细账进行明细核算。期末，可将本科目余额转入“本年利润”科目，结转后本科目应无余额。

5.“应收票据”科目

“应收票据”科目，核算小企业因销售商品（产成品或材料，下同）、提供劳务等日常生产经营活动而收到的商业汇票，包括银行承兑汇票和商业承兑汇票。本科目应按照开出、承兑商业汇票的单位设置明细账进行明细核算。期末借方余额，反映小企业持有的商业汇票的票面金额。

小企业应当设置“应收票据备查簿”，逐笔登记商业汇票的种类、号数和出票日、票面金额、交易合同号和付款人、承兑人、背书人的姓名或单位名称、到期日、背书转让日、贴现日、贴现率和贴现净额以及收款日期和收回金额、退票情况等资料。商业汇票到期结清票款或退票后，在备查簿中应予注销。

6.“应收账款”科目

“应收账款”科目，核算小企业因销售商品、提供劳务等日常生产经营活动应收取的款项。本科目应按照对方单位（或个人）设置明细账进行明细核算。期末借方余额，反映小企业尚未收回的应收账款。

7.“预收账款”科目

“预收账款”科目，核算小企业按照合同规定预收的款项。包括预收的购货款、工程款等。预收账款情况不多的，也可以不设置本科目，将预收的款项直接记入“应收账款”科目贷方。本科目应按照对方单位（或个人）设置明细账进行明细核算。期末贷方余额，反映小企业预收的款项，期末如为借方余额，反映小企业尚未转销的款项。

（二）销售商品收入的会计处理

1. 一般销售业务的会计处理

通常情况下，小企业发出商品、取得了销货款或者取得了收取销货款项的凭据，就应当确认销售商品收入，并按发出商品的计价方法，计算销售商品的单位成本，结转销售商品总成本。小企业还应按照税法的有关规定计算并结转与销售业务相关的销售税金及附加费。

小企业销售商品实现的收入，应当按照实际收到或应收的金额，借记“银行存款”、“应收账款”等科目，按照确认的销售商品收入，贷记“主营业务收入”科目，按照税法规定计算的销项税额，贷记“应交税费——应交增值税（销项税额）”科目。

月末，小企业可根据本月销售商品的实际成本，结转商品销售成本，借记“主营业务成本”科目，贷记“库存商品”等科目。

【例5-1】林海公司于20×3年3月2日采用直接收款方式向天地有限责任公司销售乙产品1 000件，单位成本80元。开出增值税专用发票注明价款100 000元，增值税额17 000元。款项已存入银行。

林海公司应做如下会计处理：

（1）确认收入实现时：

借：银行存款　　117 000

　　贷：主营业务收入　　100 000

　　　　应交税费——应交增值税（销项税额）　　17 000

（2）结转销售成本时：

借：主营业务成本　　80 000

　　贷：库存商品　　80 000

【例5-2】林海公司于20×3年3月5日采用托收承付结算方式向大明公司销售乙产品5 000件，单位成本80元，开出增值税专用发票注明价款500 000元，增值税额85 000元，产品已经发出，并已向银行办妥托收手续。以现金代垫运杂费900元。3月15日收到大明公司支付的全部款项存入银行。

林海公司应做如下会计处理：

（1）办妥托收手续确认收入时：

借：应收账款——大明公司　　585 000

　　贷：主营业务收入　　500 000

应交税费——应交增值税（销项税额） 85 000

（2）支付代垫运杂费时：

借：应收账款——大明公司 900

贷：库存现金 900

（3）结转销售成本时：

借：主营业务成本 400 000

贷：库存商品 400 000

（4）收到货款时：

借：银行存款 585 900

贷：应收账款——大明公司 585 900

小企业因销售商品而收到购货方开出、承兑的商业汇票时，应按照商业汇票的票面金额，借记“应收票据”科目，按照确认的销售商品收入，贷记“主营业务收入”科目，按照税法规定计算的销项税额，贷记“应交税费——应交增值税（销项税额）”科目。

【例5-3】林海公司于20×3年3月10日向宏达公司销售乙产品10 000件，单位成本80元，开出增值税专用发票注明价款1 000 000元，增值税额170 000元，产品已经发出，收到宏达公司承兑的不带息商业汇票一张，期限3个月，面值1 170 000元。20×3年6月10日，林海公司收到汇票款存入银行。

林海公司应做如下会计处理：

（1）发出商品确认收入时：

借：应收票据——宏达公司 1 170 000

贷：主营业务收入 1 000 000

应交税费——应交增值税（销项税额） 170 000

（2）结转销售成本时：

借：主营业务成本 800 000

贷：库存商品 800 000

（3）汇票到期，收到汇票款时：

借：银行存款 1 170 000

贷：应收票据——宏大公司 1 170 000

小企业持未到期的商业汇票，可向银行贴现取得经营急需的资金。小企业贴现时，应按照实际收到的贴现金额，借记“银行存款”科目，按照贴现息，借记“财务费用”科目，按照商业汇票的票面金额，贷记“应收票据”

科目（银行无追索权情况下）或“短期借款”科目（银行有追索权情况下）。

实际收到的贴现金额可按照下列公式计算：

票据贴现金额 = 票据到期值 - 贴现利息

其中：

票据到期值 = 票据面值 ×（1 + 票面利率 × 票面期限）

贴现利息 = 票据到期值 × 贴现利率 × 贴现期

【例 5 -4】 以例 5 -3 资料为例，假如林海公司将该汇票（该汇票银行无追索权）于 20 ×3 年 4 月 10 日到银行贴现，贴现利率 8%，贴现款项已存入银行。

林海公司应做如下会计处理：

（1）到期值 = 面值 =1 170 000（元）

（2）贴现利息 =1 170 000 ×8% ×2 ÷12 =15 600（元）

（3）贴现金额 =1 170 000 -15 600 =1 154 400（元）

借：银行存款　　1 154 400

　　财务费用　　15 600

　　贷：应收票据——宏达公司　　1 170 000

假如，汇票到期时，宏达公司无力支付票款，则林海公司应做如下会计处理：

借：应收账款——宏达公司　　1 170 000

　　贷：应收票据——宏达公司　　1 170 000

如果小企业持未到期的带息商业汇票向银行贴现，应按实际收到的贴现金额，借记“银行存款”科目，按照商业汇票的票面金额，贷记“应收票据”科目（银行无追索权情况下）或“短期借款”科目（银行有追索权情况下），按其差额，借记或贷记“财务费用”科目。

【例 5 -5】 林海公司于 20 ×3 年 3 月将持有的惠丰公司的银行承兑汇票到银行贴现，该汇票面值 180 000 元，票面利率 6%，期限 5 个月，已持有 2 个月。假如该汇票银行有追索权，贴现利率 8%。

林海公司应做如下会计处理：

到期值 =180 000 +180 000 ×6% ×5 ÷12 =184 500（元）

贴现利息 =184 500 ×8% ×3 ÷12 =3 690（元）

贴现金额 =184 500 -3 690 =180 810（元）

借：银行存款　　180 810
　　贷：短期借款　　180 000
　　　　财务费用　　810

小企业将持有的商业汇票背书转让以取得所需物资，按照应计入取得物资成本的金额，借记“材料采购”或“原材料”、“库存商品”等科目，按照商业汇票的票面金额，贷记“应收票据”科目，如有差额，借记或贷记“银行存款”等科目。涉及按照税法规定可抵扣的增值税进项税额的，借记“应交税费——应交增值税（进项税额）”科目。

【例5-6】林海公司于20×3年5月16日将持有的大展公司不带息银行承兑汇票一张，背书转让给利红公司取得材料一批。该汇票面值30 000元，红利公司开出的增值税专用发票注明价款30 000元，增值税额5 100元。不足部分以银行存款支付，材料已验收入库。

林海公司应做如下会计处理：

借：原材料　　30 000
　　应交税费——应交增值税（进项税额）　　5 100
　　贷：应收票据——大展公司　　30 000
　　　　银行存款　　5 100

2. 特殊销售业务的会计处理

除了正常的销售业务以外，小企业由于销售方式或结算方式的不同，还可能发生一些特殊销售商品的业务，主要有以下几种方式：

（1）预收款销售业务

小企业销售商品采取预收款方式的，应当在发出商品时确认销售收入的实现。

小企业向购货单位预收的款项，借记“银行存款”等科目，贷记“预收账款”科目。销售收入实现时，按照实现的收入金额，借记“预收账款”科目，贷记“主营业务收入”科目，按照增值税专用发票注明的增值税额，贷记“应交税费——应交增值税（销项税额）”科目。

【例5-7】林海公司于20×3年4月5日与顺达公司签订购销协议，采用预收款方式销售甲商品5 000件，单位成本50元，协议约定单价70元，顺达公司在协议签订时预付销货款的70%。5月5日，林海公司发货，开出增值税专用发票注明价款350 000元，增值税额59 500元。剩余货款于5月5日收存银行。

林海公司应做如下会计处理：

①4 月 5 日收到预付款时：

借：银行存款　　245 000

　　贷：预收账款——顺达公司　　245 000

②5 月 5 日发出商品并确认收入时：

借：预收账款——顺达公司　　409 500

　　贷：主营业务收入　　350 000

　　　　应交税费——应交增值税（销项税额）　　59 500

③结转销售成本时：

借：主营业务成本　　250 000

　　贷：库存商品　　250 000

④收到补付货款时：

借：银行存款　　164 500

　　贷：预收账款——顺达公司　　164 500

（2）分期收款销售业务

小企业销售商品采用分期收款方式的，应当在合同约定的收款日期确认收入的实现。在这种情况下，小企业发出商品并不确认收入的实现，应当增设“分期收款发出商品”科目。发出商品时，借记“分期收款发出商品”科目，贷记“库存商品”科目。按照合同规定的收款日期确认收入结转成本时，借记“主营业务成本”科目，贷记“分期收款发出商品”科目。

【例 5-8】林海公司于 20×3 年 4 月 6 日采用分期收款销售方式向宏达公司销售乙产品 20 000 件，单位成本 80 元，单价 100 元，合同约定，发出商品时支付价款的 60%，其余 40% 于 6 月 30 日全部收回。发出商品时，林海公司开出增值税专用发票注明价款 1 200 000 元，增值税额 204 000 元，款项已收存银行。

林海公司应做如下会计处理：

①4 月 6 日发出商品时：

借：分期收款发出商品　　1 600 000

　　贷：库存商品　　1 600 000

②4 月 6 日确认收入时：

借：银行存款　　1 404 000

　　贷：主营业务收入　　1 200 000

　　　　应交税费——应交增值税（销项税额）　　204 000

③结转销售成本时：

借：主营业务成本　　960 000

　　贷：分期收款发出商品　　960 000

假如，6 月 30 日合同到期时，宏达公司没有按期支付剩余货款，则林海公司应做如下会计处理：

①确认收入时：

借：应收账款——宏达公司　　936 000

　　贷：主营业务收入　　800 000

　　　　应交税费——应交增值税（销项税额）　　136 000

②结转销售成本时：

借：主营业务成本　　640 000

　　贷：分期收款发出商品　　640 000

（3）委托代销业务

小企业销售商品采用支付手续费方式委托代销的，应当在收到代销清单时确认销售收入。在这种情况下，小企业发出商品并不确认销售收入的实现，应增设“委托代销商品”科目。发出委托代销的商品时，借记“委托代销商品”科目，贷记“库存商品”科目。收到受托方开具的代销清单时，根据代销清单上注明的已销商品货款金额，借记“应收账款”等科目，按协议价确定的销售收入，贷记“主营业务收入”科目，按增值税专用发票注明的增值税额，贷记“应交税费——应交增值税（销项税额）”科目，同时结转已销商品的成本，借记“主营业务成本”等科目，贷记“委托代销商品”科目。

为了加强受托方对受托代销商品的管理，受托方也应对受托代销的商品进行会计处理，并增设“受托代销商品”和“受托代销商品款”科目。受托方收到代销商品时，借记“受托代销商品”科目，贷记“受托代销商品款”科目。受托方销售受托代销商品时不确认商品销售收入，而是按协议规定收取手续费并确认为劳务收入。

【例 5－9】林海公司于 20×3 年 4 月 8 日与盛昌公司签订委托代销合同，委托其代销乙商品 9 000 件。合同约定盛昌公司按每件 100 元对外销售，林海公司按售价的 10% 向其支付手续费，4 月 10 日发出商品。4 月份，盛昌公司实际销售 5 000 件，开出增值税专用发票注明价款 500 000 元，增值税额 85 000 元。4 月 30 日，收到盛昌公司代销清单，并向盛昌公司开出相同金额的增值税专用发票。5 月 5 日收到盛昌公司货款存入银行。乙商品单位成本 80 元。盛昌公司手续费收入按 5% 交纳营业税。

林海公司应做如下会计处理：

①发出商品时：

借：委托代销商品　　720 000

　　贷：库存商品　　720 000

②收到代销清单时：

借：应收账款——盛昌公司　　585 000

　　贷：主营业务收入　　500 000

　　　　应交税费——应交增值税（销项税额）　　85 000

③结转销售成本时：

借：主营业务成本　　400 000

　　贷：委托代销商品　　400 000

④收到货款时：

借：银行存款　　535 000

　　销售费用　　50 000

　　贷：应收账款——盛昌公司　　585 000

盛昌公司应做如下会计处理：

①收到乙商品时：

借：受托代销商品　　900 000

　　贷：受托代销商品款　　900 000

②实际销售乙商品时：

借：银行存款　　585 000

　　贷：应付账款——林海公司　　500 000

　　　　应交税费——应交增值税（销项税额）　　85 000

③收到委托方增值税专用发票时：

借：应交税费——应交增值税（进项税额）　　85 000

　　贷：应付账款——林海公司　　85 000

④结转已销代销商品成本时：

借：受托代销商品款　　500 000

　　贷：受托代销商品　　500 000

⑤按合同协议价将款项付给林海公司时：

借：应付账款——林海公司　　585 000
　　贷：银行存款　　535 000
　　　　其他业务收入　　50 000

⑥计算手续费收入应交营业税时：

借：营业税金及附加　　2 500
　　贷：应交税费——应交营业税　　2 500

（4）涉及现金折扣的销售业务

小企业销售商品涉及现金折扣的，应当按照扣除现金折扣前的金额确定销售商品收入金额。现金折扣应当在实际发生时，计入当期损益。

【例 5-10】林海公司于 20×3 年 4 月 10 日与宏伟公司鉴定销售合同，销售丙商品 1 000 件，在销售合同中约定了现金折扣条件为 2/10，1/20，N/30。商品于 4 月 10 日发出，开出增值税专用发票注明价款 1 000 000 元，增值税额 170 000 元。4 月 20 日收到货款存入银行，单位成本 850 元。假定计算现金折扣时不考虑增值税。

林海公司应做如下会计处理：

①4 月 10 日发出商品确认收入时：

借：应收账款——宏伟公司　　1 170 000
　　贷：主营业务收入　　1 000 000
　　　　应交税费——应交增值税（销项税额）　　170 000

②结转销售成本时：

借：主营业务成本　　850 000
　　贷：库存商品　　850 000

③4 月 20 日收到货款时：

现金折扣 = 1 000 000 × 2% = 20 000（元）

借：银行存款　　1 150 000
　　财务费用　　20 000
　　贷：应收账款——宏伟公司　　1 170 000

假如，宏伟公司于 4 月 30 日付款，则现金折扣为 10 000（1 000 000 × 1%）元，林海公司在收到货款时应做如下会计处理：

借：银行存款　　1 160 000
　　财务费用　　10 000
　　贷：应收账款——宏伟公司　　1 170 000

假如，宏伟公司于5月10日付款，则应按全额支付货款，林海公司应做如下会计处理：

借：银行存款　　1 170 000

　　贷：应收账款——宏伟公司　　1 170 000

（5）涉及商业折扣的销售业务

小企业销售商品涉及商业折扣的，应当按照扣除商业折扣后的金额确定销售商品收入金额。销售方发生的商业折扣，在会计处理时并不单独体现在账上，而是在开出发货票时，直接反映在销售价格当中，即小企业应当按照扣除商业折扣后的价格开具发货票。

【例5-11】林海公司于20×3年4月8日销售甲商品1 000件给顺达公司，在销售合同中约定了10%的商业折扣，该商品价目表注明每件80元，林海公司开出增值税专用发票注明单价72元，价款72 000元，增值税额12 240元，款项尚未收到。甲商品单位成本60元。

林海公司应做如下会计处理：

①确认收入时：

借：应收账款——顺达公司　　84 240

　　贷：主营业务收入　　72 000

　　　　应交税费——应交增值税（销项税额）　　12 240

②结转销售成本时：

借：主营业务成本　　60 000

　　贷：库存商品　　60 000

（6）销售折让业务

小企业已经确认销售商品收入的售出商品发生的销售折让，应当在发生时冲减当期销售商品收入，而不论该销售业务发生在本年度还是以前年度。

【例5-12】林海公司于20×3年5月10日销售甲商品500件给红星公司，单价100元，开出增值税专用发票上注明价款50 000元，增值税额8 500元，林海公司已确认收入，款项已收存银行。甲产品的单位成本80元。5月20日红星公司收到商品后发现商品质量不合格，要求在价格上给予10%的折让。经确认，该商品符合合同约定的折让条件，林海公司同意并办妥了相关手续，按照税法的规定，开具了红字增值税专用发票，折让款尚未支付给对方。

林海公司应做如下会计处理：

①发出商品确认收入时：

借：银行存款　　58 500
　　贷：主营业务收入　　50 000
　　　　应交税费——应交增值税（销项税额）　　8 500

②结转销售成本时：

借：主营业务成本　　40 000
　　贷：库存商品　　40 000

③发生销售折让时：

借：主营业务收入　　5 000
　　应交税费——应交增值税（销项税额）　　850
　　贷：应收账款——红星公司　　5 850

（7）销售退回业务

销售退回，是指小企业售出的商品由于质量、品种不符合要求等原因发生的退货。

小企业已经确认销售商品收入的售出商品发生的销售退回（不论属于本年度还是属于以前年度的销售），应当在发生时冲减当期销售商品收入。

小企业发生销货退回时，按照应冲减销售商品收入的金额，借记“主营业务收入”或“其他业务收入”科目，按照红字专用发票注明的增值税额借记“应交税费——应交增值税（销项税额）”科目。按照实际支付或应退还的金额，贷记“银行存款”、“应收账款”等科目。

实务中，对于退回商品成本的处理有两种方法：一是可以直接从本月的商品销售数量中减去退回商品的数量，计算出本月销售的净数量，然后计算结转本月的销售成本。对于退回的商品成本不再单独进行会计处理。二是单独计算本月销售退回成本，借记“库存商品”等科目，贷记“主营业务成本”或“其他业务成本”科目。

【例 5-13】林海公司于20×3年6月20日销售丙商品100件给宏达公司，单价1 000元，开出增值税专用发票注明价款100 000元，增值税额17 000元，款项存入银行，林海公司已确认了销售收入。丙商品单位成本800元。25日，宏达公司发现该商品出现质量问题要求退货，林海公司按规定给宏达公司开具了红字增值税专用发票，但退货款尚未支付。

林海公司应做如下会计处理：

①6月20日销售实现时：

借：银行存款　　117 000
　　贷：主营业务收入　　100 000
　　　　应交税费——应交增值税（销项税额）　　17 000

②结转销售成本时：

借：主营业务成本　　80 000
　　贷：库存商品　　80 000

③6 月 25 日销售退回时：

借：主营业务收入　　100 000
　　应交税费——应交增值税（销项税额）　　17 000
　　贷：应收账款——宏达公司　　117 000

④退回商品入库时：

借：库存商品　　80 000
　　贷：主营业务成本　　80 000

实务中，小企业也可能发生附有销售退回条件的商品销售业务，即购买方依照合同或协议有关规定有权退货的销售方式。如果小企业能够按照以往的经验对退货的可能性作出合理的估计，可以在发出商品时，将估计不会发生退货的部分确认销售收入，估计可能发生退货的部分，不确认销售收入，也不结转销售成本，作为发出商品处理，并单独设置“发出商品”科目进行核算。如果小企业不能合理地确定退货的可能性，则应当在售出商品退货期满时才确认收入。对于未确认收入的售出商品发生销售退回的，小企业应按已记入“发出商品”科目的金额，借记”库存商品”科目，贷记“发出商品”科目。

（8）以旧换新销售业务

销售商品以旧换新的，销售的商品作为商品销售处理，回收的商品作为购进商品处理。

【例 5 -14】林海公司于 20 ×3 年 7 月为了促销，将生产的甲产品 5 000 件采取以旧换新的方式对外销售，甲商品的不含税市场价格每件 95 元，单位成本 78 元。若购买方交还同品牌旧产品，每件作价 10 元抵补新产品价款。本月份促销产品已全部售出，开出增值税专用发票注明价款 475 000 元，增值税额 80 750 元，款项存入银行。收回的旧产品已入材料库。

林海公司应做如下会计处理：

①确认收入时：

借：银行存款　　505 750

　　原材料　　50 000

　　贷：主营业务收入　　475 000

　　　　应交税费——应交增值税（销项税额）　　80 750

②结转销售成本时：

借：主营业务成本　　390 000

　　贷：库存商品　　390 000

3. 其他经营业务的会计处理

小企业除了商品销售业务以外，还可能发生对外销售原材料、出租、出借固定资产和无形资产等业务，由此取得的收入作为其他业务收入核算，相应的原材料等成本计入其他业务成本。

小企业销售材料，按确认的收入借记“银行存款”等科目，贷记“其他业务收入”科目，按应确认的增值税销项税额，贷记“应交税费——应交增值税（销项税额）”科目。月末结转销售材料成本时，按照实际成本，借记“其他业务成本”科目，贷记“原材料”等科目。

【例5－15】林海公司于20×3年10月10日将不需用的材料一批出售给宏达公司。该批材料的实际成本为20 000元，开出增值税专用发票上注明价款30 000元，增值税额5 100元，款项已存入银行。

林海公司应做如下会计处理：

（1）收到出售材料价款时：

借：银行存款　　35 100

　　贷：其他业务收入　　30 000

　　　　应交税费——应交增值税（销项税额）　　5 100

（2）结转销售材料成本时：

借：其他业务成本　　20 000

　　贷：原材料　　20 000

小企业出租固定资产，按合同约定的付款日期，借记“银行存款”等科目，贷记“其他应收款”等科目。在租赁期内确认收入时，借记“其他应收款”等科目，贷记“其他业务收入”科目。月末，根据出租固定资产应提折旧额，借记“其他业务成本”科目，贷记“累计折旧”科目。按照税法规定计算的应交税费，借记“营业税金及附加”科目，贷记“应交税费——应交营业税”等科目。

【例5－16】林海公司于20×3年9月10日向红旗食品有限公司出租不需用仓库一栋，原值为2 000 000元，每年折旧费160 000元。合同约定租期3年，租金总额600 000元，租赁当年支付300 000元，第二年末支付另外300 000元，林海公司在收到租金时开出普通发票，营业税税率5%。期满收回仓库。假如不考虑其他税费。

林海公司应做如下会计处理：

（1）出租仓库时：

借：固定资产——出租固定资产　　2 000 000

　　贷：固定资产——不需用固定资产　　2 000 000

（2）收到当年租金时：

借：银行存款　　300 000

　　贷：其他应收款——红旗公司　　300 000

（3）每年确认收入时：

每年应确认的收入＝600 000÷3＝200 000（元）

借：其他应收款——红旗公司　　200 000

　　贷：其他业务收入　　200 000

（4）每年计提折旧时：

借：其他业务成本　　160 000

　　贷：累计折旧　　160 000

（5）计算应交营业税时：

借：营业税金及附加　　15 000

　　贷：应交税费——应交营业税　　15 000

（6）租赁期满，收回仓库时：

借：固定资产——不需用固定资产　　2 000 000

　　贷：固定资产——租出固定资产　　2 000 000

小企业出租无形资产，即转让无形资产使用权，按照取得的租金收入借记“银行存款”等科目，贷记“其他业务收入”科目。按照出租无形资产的摊销额，借记“其他业务成本”科目，贷记“累计摊销”科目。按照税法规定计算的相关税费，借记“营业税金及附加”科目，贷记“应交税费——应交营业税”等科目。

【例5－17】林海公司于20×3年10月20日将其拥有的专利权出租给大华公司。营业税税率5%。租赁合同约定，承租方每年以银行存款支付使用费50 000元，租期5年。该项无形资产的年摊销额为25 000元。假如不考虑其他税费。

林海公司应做如下会计处理：

（1）收到租金时：

借：银行存款　　50 000

　　贷：其他业务收入　　50 000

（2）摊销无形资产时：

借：其他业务成本　　25 000

　　贷：累计摊销　　25 000

（3）计算应交营业税时：

借：营业税金及附加　　2 500

　　贷：应交税费——应交营业税　　2 500

第二节　提供劳务

一、提供劳务收入的确认与计量

小企业提供劳务收入，是指小企业从事建筑安装、修理修配、交通运输、仓储租赁、邮电通信、咨询经纪、文化体育、科学研究、技术服务、教育培训，餐饮住宿、中介代理、卫生保健、社区服务、旅游、娱乐、加工以及其他劳务服务活动取得的收入。

小企业提供劳务的种类繁多，提供劳务的内容也各不相同，完成劳务的时间有长有短，有的需要耗费较长时间才能完成，如建筑安装、教育培训、技术服务等，有的一次就能完成且一般为现金交易，如修理修配、餐饮住宿、旅游等。为了简化核算，便于小企业实务操作，小企业可根据完成劳务的时间不同，以一个会计年度为限，区分同一会计年度开始并完成的劳务，开始和完成分属不同会计年度的劳务，并分别确认相关收入。

小企业提供劳务收入的金额为从接受劳务方已收或应收的合同或协议价款。

（一）同一会计年度内开始并完成的劳务

小企业应当在提供劳务交易完成且收到款项或取得收款权利时，确认提供劳务收入。

（二）开始和完成分属不同会计年度的劳务

小企业应当按照完工进度确认提供劳务收入。年度资产负债表日，按照提供劳务收入总额乘以完工进度扣除以前会计年度累计已确认提供劳务收入后的金额，确认本年度的提供劳务收入。同时，按照估计的提供劳务成本总额乘以完工进度扣除以前会计年度累计已确认营业成本后的金额，结转本年度营业成本。计算公式如下：

$$\text{本年确认的提供劳务收入金额}=\text{提供劳务收入总额}\times\text{截至本年末劳务的完工程度}-\text{以前年度已确认的劳务收入累计金额}$$

$$\text{本年结转的劳务成本金额}=\text{估计的提供劳务成本总额}\times\text{截至本年末劳务的完工程度}-\text{以前年度已结转的营业成本累计金额}$$

从以上计算公式可以看出，确认本年度劳务收入和劳务成本的因素有三个：

一是劳务收入总额。提供劳务收入总额一般根据交易双方签订的合同或协议注明的交易总金额确定，即合同金额。但是也不排除随着劳务的提供可能会根据实际情况增加或减少交易总金额。在这种情况下，小企业作为劳务提供方应当及时调整劳务收入总额，并且区分不同情况，按照重要性原则进行会计处理。如果该调整金额相对原合同金额比例比较小，为简化核算，便于小企业实务操作，可以将该调整金额直接记入最后一个会计年度的收入之中，不需要在不同会计年度之间进行重新分配。如果调整金额比较大，则应当将该调整金额在调整所在会计年度和以后剩余的会计年度之间进行重新分配。

二是提供劳务成本总额。在劳务最终完成之前，小企业提供的劳务成本总额只能是一个估计金额，实务中，只能根据提供劳务的成本发生的不同特点，采用估计的方法确认。小企业可以采用“完全估计法”，即在劳务开始提供之前，根据有关因素确定的该劳务的概算成本。也可以采用“实际发生+部分估计法”，即按照至年度资产负债表日止已经实际发生的成本和完成劳务以后年度将要发生的成本来确定，其中“至年度资产负债表日止已经实际发生的成本”可以从“生产成本”或“劳务成本”科目的借方发生额分析取得。但是无论采用哪一种方法确定劳务成本总额，都有可能会根据实际情况增加或减少劳务成本总额。在这种情况下，应按照劳务收入总额的处理原则予以调整。

三是劳务交易的完工进度。确认完工进度常用的方法有：

(1) 已完工工作量的测量。

(2) 已经提供的劳务量占应提供劳务总量的比例。

(3) 已经发生的成本占估计的提供劳务成本总额的比例。

【涉税提示】

小企业会计准则对劳务收入区分是否跨年度分别确认和计量，在实务中更具有操作性。但是，企业所得税法则是区分劳务交易的结果是否能够可靠估计，在实际工作中，要求税务人员进行职业判断，操作上有一定的难度。《国家税务总局关于确认企业所得税收入若干问题的通知》（国税函［2008］875 号）第二条规定：企业在各个纳税期末，提供劳务交易的结果能够可靠估计的，应采用完工进度（完工百分比）法确认提供劳务收入。提供劳务交易的结果能够可靠估计，是指同时满足下列条件：(1) 收入的金额能够可靠地计量；(2) 交易的完工进度能够可靠地确定；(3) 交易中已发生和将发生的成本能够可靠地核算。对于提供劳务交易结果不能够可靠估计的，税法没有明确规定。

二、提供劳务收入的会计处理

为了核算小企业各项劳务收入及劳务成本的发生情况，小企业应设置“主营业务收入”或“其他业务收入”、“劳务成本”等会计科目。小企业在确认提供劳务收入时，按已收或应收的金额，借记“银行存款”、“应收账款”等科目，按实现的劳务收入，贷记“主营业务收入”、“其他业务收入”等科目，涉及增值税应税劳务的，按增值税专用发票注明的销项税额，贷记“应交税费——应交增值税（销项税额）”科目（属于增值税小规模纳税人的，贷记“应交税费——应交增值税”科目），涉及营业税劳务的，贷记“应交税费——应交营业税”科目。发生劳务费用时，借记“生产成本”或“劳务成本”等科目，贷记“原材料”、“应付职工薪酬”、“累计折旧”、“银行存款”等科目。期末，根据确认的劳务成本借记“主营业务成本”或“其他业务成本”科目，贷记“生产成本”或“劳务成本”等科目。

【例5－18】林海公司于20×3年4月10日接受红旗公司一项设备安装任务，安装期为3个月，合同总收入300 000元。合同签订日，收到预收款50 000元存入银行。7月10日该安装劳务如期完工，剩余款项250 000元全部收存银行。实际发生安装费用220 000元，其中安装人员薪酬100 000元，领用工程用材料90 000元，银行存款支付其他费用30 000元。该劳务应交营业税9 000元，假如不考虑其他税费。

林海公司应做如下会计处理：

（1）收到预收款时：

借：银行存款　　　　50 000

　　贷：预收账款——红旗公司　　　　50 000

（2）发生劳务费用时：

借：劳务成本　　　　220 000

　　贷：应付职工薪酬　　　　100 000

　　　　原材料　　　　90 000

　　　　银行存款　　　　30 000

（3）确认劳务收入时：

借：预收账款——红旗公司　　　　50 000

　　银行存款　　　　250 000

　　贷：其他业务收入　　　　300 000

（4）结转劳务成本时：

借：其他业务成本　　　　220 000

　　贷：劳务成本　　　　220 000

（5）计算应交营业税时：

借：营业税金及附加　　　　9 000

　　贷：应交税费——应交营业税　　　　9 000

【例5－19】林海公司于20×3年3月为宏达公司提供来料加工劳务，合同约定总收入150 000元（不含税），8月完工交货时支付全部款项。该劳务发生人工费30 000元，折旧费50 000元，用银行存款支付其他费用2 000元。交货时收回款项存入银行，开出增值税专用发票注明价款150 000元，增值税额25 500元。

林海公司应做如下会计处理：

（1）发生加工费时：

借：劳务成本 82 000

　贷：应付职工薪酬 30 000

　　累计折旧 50 000

　　银行存款 2 000

（2）确认劳务收入时：

借：银行存款 175 500

　贷：主营业务收入 150 000

　　应交税费——应交增值税（销项税额） 25 500

（3）结转劳务成本时：

借：主营业务成本 82 000

　贷：劳务成本 82 000

【例5-20】 林海公司于20×3年10月为丽丽公司研制一项软件，合同规定的研制开发期为5个月，合同总收入为400 000元，合同签订日预收款项260 000元。至20×3年12月31日已发生成本180 000元（假如全部为人工费），预计开发完成该项软件的总成本为250 000元。20×3年12月31日，经专业人员测量，该软件的完工进度为70%。假如不考虑相关税费。

林海公司应做如下会计处理：

（1）发生劳务成本时：

借：劳务成本 180 000

　贷：应付职工薪酬 180 000

（2）收到预收款时：

借：银行存款 260 000

　贷：预收账款——丽丽公司 260 000

（3）20×3年12月31日，确认该项劳务的本期收入和费用时：

劳务收入＝400 000×70%－0＝280 000（元）

劳务成本＝250 000×70%－0＝175 000（元）

借：预收账款——丽丽公司 280 000

　贷：其他业务收入 280 000

借：其他业务成本 175 000

贷：劳务成本 175 000

【涉税提示】

按照小企业会计准则的规定，小企业由于经营业务取得的各项经营利益的总流入统称为收益。收益包括日常经营业务产生的收益和非日常经营业务产生的收益。而收入仅指日常经营业务产生的收益，包括销售商品或者材料、提供劳务等业务，它是一个狭义的范畴。非日常经营业务产生的收益叫利得，在小企业会计准则中一般作为营业外收入处理。

企业所得税法中的收入是一个广义的范畴，是指小企业以货币形式和非货币形式从各种来源取得的收入总额，一般包括销售货物收入、提供劳务收入、转让财产收入、股息、红利等权益性投资收益、利息收入、租金收入、特许权使用费收入、接受捐赠收入以及其他收入。因此，会计中的收入与企业所得税法中的收入是两个不同的概念。一般来讲，税法中的收入范围大于会计上的收入范围，它既包括会计上已确认的收入、利得，也包括会计上未确认而税法上应确认的视同销售收入等。

三、同时销售商品和提供劳务业务

小企业与其他企业在签订合同或协议时，可能既包括销售商品又包括提供的劳务，如软件开发企业销售软件后继续提供技术支持、电梯生产企业销售电梯的同时负责安装等。如果销售商品部分和提供劳务部分能够区分且能够单独计量的，企业应当分别核算销售商品部分和提供劳务部分，将销售商品的部分作为销售商品处理，将提供劳务的部分作为提供劳务处理。如果销售商品部分和提供劳务部分不能够区分，或虽能区分但不能够单独计量的，企业应当将销售商品部分和提供劳务部分全部作为销售商品进行会计处理。

【涉税提示】

销售商品同时提供劳务的业务，在税法上称为混合销售业务。混合销售业务应缴纳的流转税，应当区分不同情况分别处理。一是对从事货物的生产、批发或者零售等的纳税人发生的混合销售行为，应视为销售货物，缴纳增值税。二是提供建筑业劳务的同时销售自产货物的行为，应当分别核算应税劳务的营业额和货物的销售额，其应税劳务的营业额缴纳营业税，货物销售额不缴纳营业税；未分别核算的，由主管税务机关核定其应税劳务的营业额。

【例 5-21】林海公司 20×3 年 5 月与安安公司签订合同，向安安公司销售新研制的设备一套，并负责后续技术指导维护。开出增值税专用发票注明价款 5 000 000 元，增值税额 850 000 元。其中设备销售价格为4 500 000 元，后续技术指导维护收入 500 000 元。该设备成本为3 560 000 元，后续技术指导维护费 280 000 元。其中维护人员薪酬 180 000 元，零配件等费用 100 000 元。假定设备已经安装完成并经验收合格，款项尚未收到。技术指导维护是销售合同的重要组成部分。劳务收入按 5% 交纳营业税。

林海公司应做如下会计处理：

（1）发出产品时：

借：发出商品	3 560 000	
贷：库存商品		3 560 000

（2）发生维护费时：

借：劳务成本	280 000	
贷：应付职工薪酬		180 000
原材料		100 000

（3）确认销售收入时：

借：应收账款——安安公司	5 350 000	
贷：主营业务收入		4 500 000
应交税费——应交增值税（销项税额）		850 000

（4）结转销售成本时：

借：主营业务成本	3 560 000	
贷：发出商品		3 560 000

（5）确认维护费收入时：

借：应收账款——安安公司	500 000	
贷：其他业务收入		500 000

（6）结转劳务成本时：

借：其他业务成本	280 000	
贷：劳务成本		280 000

（7）计算应交营业税时：

借：营业税金及附加	25 000	
贷：应交税费——应交营业税		25 000

第三节 应交税费

小企业作为一个纳税主体，无论发生的是资金的筹集业务，还是日常发生的供、产、销等经营业务，都应当按照我国税法的规定，计算缴纳相应的税费。小企业缴纳的税费一般包括增值税、消费税、营业税、城市维护建设税、资源税、所得税、土地增值税、房产税、车船税、城镇土地使用税、教育费附加、矿产资源补偿费等。

小企业应设置“应交税费”科目，核算按照税法的规定计算应缴纳的各种税费。贷方登记按照税法规定计算应交的各种税费，借方登记实际已交的各种税费，期末贷方余额反映应交而尚未交纳的各项税费，借方余额反映已交或多交的各项税费。本科目应按照不同的税种设置明细账进行明细核算。小企业代扣代缴的个人所得税也通过本科目核算。小企业缴纳的印花税、契税、耕地占用税等，可以不通过该科目核算。

小企业还应当设置“营业税金及附加”科目，核算小企业开展日常生产经营活动应负担的消费税、营业税、城市维护建设税、资源税、土地增值税、城镇土地使用税、房产税、车船税、印花税和教育费附加、矿产资源补偿费、排污费等相关税费。小企业按照规定计算确定的与其日常生产经营活动相关的税费，借记“营业税金及附加”科目，贷记“应交税费”等科目。本科目应按照税费种类设置明细账进行明细核算。期末，可将本科目余额转入“本年利润”科目，结转后本科目应无余额。

与最终确认营业外收入或营业外支出相关的税费，不通过“营业税金及附加”科目核算，如销售不动产或者转让无形资所有权应缴纳的营业税等。

一、增值税的会计处理

增值税是对在我国境内销售货物、进口货物，或者提供加工、修理修配劳务的增值额征收的一种税。增值税是以增值额为课税对象，以销售额为计税依据，同时实行税款抵扣的计税方式。增值税的纳税人按照年应税销售额的大小不同，分为一般纳税人和小规模纳税人。纳税人一经认定为一般纳税人后，不得转为小规模纳税人。

（一）一般纳税人增值税业务的会计处理

一般纳税人实行增值税价外征收，可以使用增值税专用发票。适用的增值税基本税率为17%，同时还设置了13%的低税率，对于出口货物适用零税率。

纳税人销售货物或者提供应税劳务，应纳税额为当期销项税额抵扣当期进项税额后的余额。应纳税额的计算公式为：应纳税额 = 当期销项税额 - 当期进项税额。当期销项税额小于当期进项税额不足抵扣时，其不足部分可以结转下期继续抵扣。

在会计处理时，小企业应当设置“应交税费——应交增值税”科目，并在该科目下设置“进项税额”、“销项税额”、“进项税额转出”、“出口退税”、“已交税金”等专栏对增值税业务进行明细核算。

1. 进项税额的会计处理

一般纳税人在购进货物或者接受增值税应税劳务时，应当按照增值税的有关规定，确认增值税的进项税额，并从销项税额中予以抵扣。《增值税暂行条例》第八条规定：下列进项税额准予从销项税额中抵扣：（1）从销售方取得的增值税专用发票上注明的增值税额。（2）从海关取得的海关进口增值税专用缴款书上注明的增值税额。（3）购进农产品，除取得增值税专用发票或者海关进口增值税专用缴款书外，按照农产品收购发票或者销售发票上注明的农产品买价和13%的扣除率计算的进项税额。进项税额计算公式为：进项税额 = 买价 × 扣除率。（4）购进或者销售货物以及在生产经营过程中支付运输费用的，按照运输费用结算单据上注明的运输费用金额和7%的扣除率计算的进项税额。进项税额计算公式为：进项税额 = 运输费用金额 × 扣除率。

一般纳税人根据确认的增值税进项税额，借记“应交税费——应交增值税（进项税额）”科目，贷记“银行存款”、“应付账款”等科目，并从本月发生的销项税额中予以抵扣。

一般纳税人购入货物按照税法规定不得从增值税销项税额中抵扣的进项税额，应当计入采购物资的成本。《增值税暂行条例》第九条规定：纳税人购进货物或者应税劳务，取得的增值税扣税凭证不符合法律、行政法规或者国务院税务主管部门有关规定的，其进项税额不得从销项税额中抵扣。

第十条规定：下列项目的进项税额不得从销项税额中抵扣：（1）用于非增值税应税项目、免征增值税项目、集体福利或者个人消费的购进货物或者应税劳务。（2）非正常损失的购进货物及相关的应税劳务。（3）非正常损失的在产品、产成品所耗用的购进货物或者应税劳务。（4）国务院财政、税务主管部门规定的纳税人自用消费品，以及以上各项规定的货物的运输费用和销售免税货物的运输费用。

对于不允许抵扣的进项税额，一般纳税人应当根据取得的增值税专用发票注明的价税合计金额，借记“材料采购”、“固定资产”、“在建工程”等科目，贷记“银行存款”、“应付账款”等科目。如果会计上已经认定并计入进项税额，应贷记“应交税费——应交增值税（进项税额转出）”科目。

【例5－22】林海公司于20×3年5月10日从立人公司购买一批生产经营用A材料。收到增值税专用发票上注明价款80 000元，增值税额13 600元。收到运单一张，应支付的运杂费为1 000元。款项以银行存款支付。材料已收到并验收入库。

林海公司应做如下会计处理：

借：原材料　　81 000
　　应交税费——应交增值税（进项税额）　　13 600
　　贷：银行存款　　94 600

【例5－23】林海公司于20×3年5月20日为建造厂房购入钢材一批，直接用于该工程项目，收到增值税专用发票注明价款100 000元，增值税额17 000元。款项以银行存款支付。

林海公司应做如下会计处理：

借：在建工程　　117 000
　　贷：银行存款　　117 000

2. 进项税额转出的会计处理

小企业购进货物，以及生产的在产品、产成品耗用的材料和应税劳务等，因用于非增值税应税项目，免征增值税项目，集体福利或者个人消费，或因管理不善造成被盗、丢失、霉烂变质的非正常损失部分，按照税法规定不得从增值税销项税额中抵扣，其进项税额应当转出，借记“待处理财产损溢”、“在建工程”等科目，贷记“应交税费——应交增值税（进项税额转出）”科目。

【例5-24】林海公司于20×3年6月20日自建厂房工程领用外购生产用A材料一批，实际成本50 000元。该批材料取得时确认的增值税进项税额为8 500元。

林海公司应做如下会计处理：

借：在建工程　　58 500

　　贷：原材料　　50 000

　　　　应交税费——应交增值税（进项税额转出）　　8 500

【例5-25】林海公司于20×3年6月30日对购进的库存B材料进行盘点，短缺100千克，材料价款10 000元，进项税额为1 700元。查明原因系由于管理不善而造成被盗，并经过批准，应由保管员李霞赔偿损失2 000元，其余部分列为净损失。

林海公司应做如下会计处理：

（1）发生材料损失时：

借：待处理财产损溢——待处理流动资产损溢　　11 700

　　贷：原材料　　10 000

　　　　应交税费——应交增值税（进项税额转出）　　1 700

（2）查明原因经批准处理时：

借：其他应收款——李霞　　2 000

　　营业外支出　　9 700

　　贷：待处理财产损溢——待处理流动资产损溢　　11 700

【例5-26】林海公司于20×3年4月30日将外购的库存商品一批发放给管理部门职工作为福利，该批商品购买价款5 000元，增值税额850元。

林海公司应做如下会计处理：

（1）计提福利费用时：

借：管理费用　　5 850

　　贷：应付职工薪酬——非货币性福利　　5 850

（2）发放给职工时：

借：应付职工薪酬——非货币性福利　　5 850

　　贷：库存商品　　5 000

　　　　应交税费——应交增值税（进项税额转出）　　850

3. 销项税额的会计处理

销项税额是增值税一般纳税人在销售货物或者提供应税劳务时，按照销售额和适用税率计算并向购买方或者接受劳务方收取的增值税税额。当期销项税额=当期销售额×适用税率。当期销售额为纳税人销售货物或者提供应税劳务向购买方或者接受劳务方收取的全部价款和价外费用，如果纳税人销售货物或者应税劳务的价格明显偏低并无正当理由的，由主管税务机关核定其销售额。其中，价外费用包括价外向购买方收取的手续费、补贴、基金、集资费、返还利润、奖励费、违约金、滞纳金、延期付款利息、赔偿金、代收款项、代垫款项、包装费、包装物租金、储备费、优质费、运输装卸费以及其他各种性质的价外收费。

小企业确认当期应交增值税的销项税额时，借记“银行存款”、“应收账款”等科目，贷记“应交税费——应交增值税（销项税额）”科目。

【例5-27】 林海公司于20×3年5月9日销售一批商品，开出的增值税专用发票注明价款60 000元，增值税额10 200元，货款已收存银行。

林海公司应做如下会计处理：

借：银行存款　　70 200

　　贷：主营业务收入　　60 000

　　　　应交税费——应交增值税（销项税额）　　10 200

按照增值税实施细则的规定，企业将自产或委托加工的物资用于自建工程、集体福利或个人消费，或者将自产、委托加工或外购的物资对外投资、进行股利分配或对外捐赠等，属于视同销售行为，企业应按照商品或劳务的计税价格和适用的税率，确认应交增值税的销项税额。借记“在建工程”、“应付职工薪酬”、“长期股权投资”、“营业外支出”等科目。贷记“应交税费——应交增值税（销项税额）科目。

【例5-28】 林海公司于20×3年5月19日，工程部门领用自产产品一批用于厂房建造，该批产品的成本为55 000元，市场价格为70 000元。该产品适用的增值税税率为17%。

林海公司应做如下会计处理：

借：在建工程　　66 900

　　贷：库存商品　　55 000

　　　　应交税费——应交增值税（销项税额）　　11 900

【例5-29】 林海公司于20×3年5月20日将自产产品一批通过当地慈善总会捐赠给贫困地区的一所小学。该产品的成本为850 000元，市场价格为1 000 000元。该产品适用的增值税税率为17%。

林海公司应做如下会计处理：

借：营业外支出　　　　　　　　　　　　　　1 020 000

　贷：库存商品　　　　　　　　　　　　　　　　850 000

　　　应交税费——应交增值税（销项税额）　　　170 000

4. 出口退税业务的会计处理

小企业发生的出口货物退税业务，应区分以下两种情况处理：

（1）实行“免、抵、退”管理办法的生产型企业

小企业应当按照税法规定计算的当期出口产品不予免征、抵扣和退税的增值税税额，借记“主营业务成本”科目，贷记“应交税费——应交增值税（进项税额转出）”科目。按照税法规定计算的当期免抵税额，借记“应交税费——应交增值税（出口抵减内销产品应纳税额）”科目，贷记“应交税费——应交增值税（出口退税）”科目。出口产品按照税法规定应予退回的增值税税款，借记“其他应收款”科目，贷记“应交税费——应交增值税（出口退税）”科目。收到退税款时，借记“银行存款”科目，贷记“其他应收款”科目。

【例5-30】 林海公司于20×3年5月国内销售甲产品取得销售额1 000 000元，出口甲产品销售额（离岸价）折合人民币7 000 000元。购进所需原材料等货物允许抵扣的进项税额900 000元。增值税税率为17%，退税率为15%。

林海公司应做如下会计处理：

①计算当期出口货物不得免征和抵扣的税额时：

当期出口货物不予免征和抵扣的税额＝当期出口货物离岸价×人民币外汇牌价×（征税率－退税率）＝7 000 000×（17%－15%）＝140 000（元）

借：主营业务成本　　　　　　　　　　　　140 000

　贷：应交税费——应交增值税（进项税额转出）　140 000

②计算当期应纳税额时：

当期应纳税额＝当期内销货物的销项税额－（当期进项税额－当期免抵退税不得免征和抵扣税额）－上期未抵扣完的进项税额＝1 000 000×17%－（900 000－140 000）－0＝170 000－760 000＝－590 000（元）

③计算当期免抵退税额时：

当期免抵退税额＝出口货物离岸价×外汇人民币牌价×出口货物退税率＝7 000 000×15%＝1 050 000（元）

④计算当期应退税额和当期免抵税额时：

当期期末留抵税额（590 000）≤当期免抵退税额（1 050 000）

当期应退税额=当期期末留抵税额=590 000（元）

当期免抵税额=当期免抵退税额-当期应退税额=1 050 000-590 000=460 000（元）

借：应交税费——应交增值税（出口抵减内销产品应纳税额）
460 000

贷：应交税费——应交增值税（出口退税） 460 000

借：其他应收款——应收出口退税款 590 000

贷：应交税费——应交增值税（出口退税） 590 000

⑤收到退税款时：

借：银行存款 590 000

贷：其他应收款——应收出口退税款 590 000

（2）未实行“免、抵、退”管理办法的贸易型企业

未实行“免、抵、退”管理办法的小企业出口产品实现销售收入时，借记“应收账款”等科目，贷记“主营业务收入”科目。按照税法规定计算的不予退税与抵扣的税额，借记“主营业务成本”科目，贷记“应交税费——应交增值税（进项税额转出）”科目。按照税法规定计算的应收出口退税额，借记“其他应收款”科目，贷记“应交税费——应交增值税（出口退税）”科目。收到退税款时，借记“银行存款”科目，贷记“其他应收款”科目。

【例5-31】某小型自营出口贸易企业20×3年6月购进一批服装，取得增值税专用发票注明价款500 000元，增值税额85 000元，货款以银行存款支付。当月将该批服装全部报关出口销售，出口价折合人民币600 000元，款项已收存银行。假如退税率13%。

该企业应做如下会计处理：

①购入商品时：

借：库存商品 500 000

应交税费——应交增值税（进项税额） 85 000

贷：银行存款 585 000

②出口商品时：

借：银行存款 600 000

贷：主营业务收入 600 000

借：主营业务成本　　　　　　　　　　　　　　　　500 000
　　贷：库存商品　　　　　　　　　　　　　　　　　　500 000

③计算确认应退增值税款时：

应退税款 = 500 000 × 13% = 65 000（元）

借：其他应收款——应收出口退税款　　　　　　　　65 000
　　贷：应交税费——应交增值税（出口退税）　　　　　65 000

④将不予退税部分转入成本时：

不予退税款 = 500 000 ×（17% - 13%）= 20 000（元）

借：主营业务成本　　　　　　　　　　　　　　　　20 000
　　贷：应交税费——应交增值税（进项税额转出）　　　20 000

⑤收到退税款时：

借：银行存款　　　　　　　　　　　　　　　　　　65 000
　　贷：其他应收款——应收出口退税款　　　　　　　　65 000

5. 缴纳增值税的会计处理

一般纳税人在向税务部门实际缴纳增值税时，按照实际缴纳的金额借记“应交税费——应交增值税（已交税金）”科目，贷记“银行存款”等科目。

【例 5-32】 林海公司于 20×3 年 5 月 8 日以银行存款 660 000 元缴纳上月增值税。

林海公司应做如下会计处理：

借：应交税费——应交增值税（已交税金）　　　　660 000
　　贷：银行存款　　　　　　　　　　　　　　　　　660 000

（二）小规模纳税人增值税业务的会计处理

《增值税实施细则》第二十八条规定了小规模纳税人的标准为：（1）从事货物生产或者提供应税劳务的纳税人，以及以从事货物生产或者提供应税劳务为主，并兼营货物批发或者零售的纳税人，年应征增值税销售额在 50 万元以下（含本数）的。以从事货物生产或者提供应税劳务为主，是指纳税人的年货物生产或者提供应税劳务的销售额占年应税销售额的比重在 50% 以上。（2）除以上规定以外的纳税人，年应税销售额在 80 万元以下的。

小规模纳税人实行简易办法计算应纳税额，增值税征收率为 3%。销售货物或者提供应税劳务只能开具普通发票，不能开具增值税专用发票，而且销售价格通常含增值税。小企业应先根据增值税征收率将其还原为不含税的销售价格，根据不含税销售价格计算应纳增值税额。应纳税额的计算公式为：

应纳税额 = 销售额 × 征收率

销售额 = 含税销售额 ÷ (1 + 征收率)

1. 小规模纳税人购买货物或接受劳务的会计处理

小规模纳税人购买货物或接受劳务时，不论是否取得增值税专用发票，所支付的全部款项应计入货物或劳务的成本，不确认增值税进项税额。购入货物或接受劳务时，借记“原材料”、“库存商品”、“固定资产”等科目，贷记“银行存款”、“应付账款”等科目。

【例 5－33】某小规模纳税人 20×3 年 4 月购入一批商品，收到的增值税专用发票注明价款 200 000 元，增值税额 34 000 元，另外负担运杂费 1 000 元。全部款项已用银行存款支付，商品收到并已验收入库。

该企业应做如下会计处理：

借：库存商品　　235 000

　　贷：银行存款　　235 000

2. 小规模纳税人销售货物或提供劳务的会计处理

小规模纳税人销售商品或提供劳务时，应开具普通发货票。在进行会计处理时，首先将其销售价格按照增值税征收率还原为不含税的销售价格，再计算应交的增值税额。确认收入时，借记“银行存款”、“应收账款”等科目，贷记“主营业务收入”、“应交税费——应交增值税”科目。

【例 5－34】某小规模纳税人 20×3 年 5 月 20 日销售一批商品，开出普通发票注明价款 257 500 元。款项已收存银行，增值税征收率为 3%。

该企业应做如下会计处理：

不含税的销售价格 = 257 500 ÷ (1 + 3%) = 250 000（元）

应交增值税额 = 250 000 × 3% = 7 500（元）

（1）销售商品时：

借：银行存款　　257 500

　　贷：主营业务收入　　250 000

　　　　应交税费——应交增值税　　7 500

（2）实际缴纳增值税时：

借：应交税费——应交增值税　　7 500

　　贷：银行存款　　7 500

二、消费税的会计处理

消费税是国家为了正确引导消费方向，对在我国境内生产、委托加工和进口应税消费品的单位和个人，按其流转额征收的一种税。消费税采取从价定率和从量定额两种方法征收。其中，从价定率法是以不含增值税的销售额为基数，乘以适用的税率计算应交消费税额。从量定额法是以应税消费品的数量为基数，乘以适用的税额计算应交消费税额。

（一）销售应税消费品的会计处理

小企业将生产的应税消费品对外销售时，按照税法规定计算应交消费税的金额，借记“营业税金及附加”科目，贷记“应交税费——应交消费税”科目。定期向税务部门申报缴纳消费税时，按照本期应交消费税的金额，借记“应交税费——应交消费税”科目，贷记“银行存款”等科目。

【例5-35】 林海公司于20×3年5月10日将自产的应税消费品一批销售给大华公司，该产品成本为500 000元，开出增值税专用发票注明价款600 000元，增值税额102 000元。适用的消费税税率为10%。该批产品已经发出，款项尚未收到。

林海公司应做如下会计处理：

（1）确认收入时：

借：应收账款——大华公司　　702 000

　　贷：主营业务收入　　600 000

　　　　应交税费——应交增值税（销项税额）　　102 000

（2）确认应交消费税时：

应交消费税 = 600 000 × 10% = 60 000（元）

借：营业税金及附加　　60 000

　　贷：应交税费——应交消费税　　60 000

（3）结转产品成本时：

借：主营业务成本　　500 000

　　贷：库存商品　　500 000

(4) 申报缴纳消费税时：

借：应交税费——应交消费税　　60 000

　　贷：银行存款　　60 000

（二）应税消费品用于对外投资、在建工程或非生产经营机构等的会计处理

小企业将自产的应税消费品对外投资，或用于在建工程、非生产机构等其他方面，按照税法规定应当视同销售，根据同类消费品的销售价格或者按照组成计税价格计算应缴纳的消费税，借记“长期股权投资”、“在建工程”等科目，贷记“应交税费——应交消费税”科目。

【例 5-36】林海公司于 20×3 年 4 月 16 日将自产的一批应税消费品用于一工程项目。该批产品的生产成本为 85 000 元，市场售价 100 000 元。增值税税率为 17%，消费税税率为 20%。

林海公司应做如下会计处理：

增值税销项税额 = 100 000 × 17% = 17 000（元）

应交消费税额 = 100 000 × 20% = 20 000（元）

借：在建工程　　122 000

　　贷：库存商品　　85 000

　　　　应交税费——应交增值税（销项税额）　　17 000

　　　　　　　　——应交消费税　　20 000

（三）委托加工应税消费品的会计处理

小企业委托其他单位加工应税消费品时，应由受托方代收代缴消费税（加工金银首饰除外）。对于委托加工的应税消费品，如果收回后用于连续生产应税消费品的，由受托加工方代收代交的消费税，按规定准予抵扣应交消费税；收回后直接用于销售的，由受托方代收代交的消费税，应计入委托加工物资的成本。

【例 5-37】林海公司于 20×3 年 4 月 21 日委托鸿运公司加工应税消费品一批，发出材料的实际成本为 200 000 元，委托加工成半成品后收回用于连续生产应税消费品。林海公司根据鸿运公司开具的增值税专用发票向其

支付加工费 40 000 元，增值税额 6 800 元，另支付消费税 16 000 元。假定不考虑其他相关税费，半成品已入库。

林海公司应做如下会计处理：

（1）发出材料时：

借：委托加工物资　　200 000
　　贷：原材料　　200 000

（2）支付加工费等税费时：

借：委托加工物资　　40 000
　　应交税费——应交增值税（进项税额）　　6 800
　　　　　　——应交消费税　　16 000
　　贷：银行存款　　62 800

（3）收回委托加工物资时：

借：原材料　　240 000
　　贷：委托加工物资　　240 000

假如，林海公司继续加工该应税消费品，本月已完工并对外出售，该产品销售成本 260 000 元。开出增值税专用发票注明价款 300 000 元，增值税额 51 000 元，款项已收存银行。该产品消费税率 10%。

林海公司应做如下会计处理：

（1）确认收入时：

借：银行存款　　351 000
　　贷：主营业务收入　　300 000
　　　　应交税费——应交增值税（销项税额）　　51 000

（2）结转销售成本时：

借：主营业务成本　　260 000
　　贷：库存商品　　260 000

（3）计算本月应交消费税时：

销售产品应交消费税 $=300\ 000\times10\%=30\ 000$（元）

借：营业税金及附加　　30 000
　　贷：应交税费——应交消费税　　30 000

（4）实际缴纳消费税时：

应交消费税额 $=30\ 000-16\ 000=14\ 000$（元）

借：应交税费——应交消费税　　14 000

贷：银行存款 14 000

【例5-38】林海公司于20×3年4月17日委托鹏程公司加工产品一批。该产品为应税消费品，发出材料实际成本为30 000元。林海公司根据对方开具的增值税专用发票支付给受托方的加工费为6 000元，增值税额1 020元，消费税额600元。发生运杂费500元。全部款项已用银行存款支付。产品收回并已验收入库，准备直接销售。

林海公司应做如下会计处理：

（1）发出材料时：

借：委托加工物资 30 000

贷：原材料 30 000

（2）支付全部款项时：

借：委托加工物资 7 100

应交税费——应交增值税（进项税额） 1 020

贷：银行存款 8 120

（3）收回委托加工物资时：

借：库存商品 37 100

贷：委托加工物资 37 100

三、营业税的会计处理

营业税是对在我国境内提供应税劳务、转让无形资产或销售不动产的单位或个人，按其营业额征收的一种流转税。其中营业额是指企业提供应税劳务、转让无形资产或者销售不动产向对方收取的全部价款和价外费用。价外费用包括向对方收取的手续费、佣金和代垫款项等。营业税的计算公式为：

应纳营业税额 = 营业额 × 营业税税率

（一）提供应税劳务的会计处理

小企业提供应税劳务时，根据劳务收入的确认条件确认劳务收入，同时结转劳务成本，并按照应交的营业税额，借记“营业税金及附加”等科目，贷记“应交税费——应交营业税”科目。

【例5-39】某餐饮公司20×3年4月实现营业收入610 000元，营业税税率5%。

该公司应做如下会计处理：

借：营业税金及附加　　　　30 500

　贷：应交税费——应交营业税　　　　30 500

（二）转让无形资产的会计处理

小企业转让无形资产的使用权和所有权均应交纳营业税。小企业出租无形资产转让其使用权，按照租金收入和相应的税率计算应交的营业税，借记“营业税金及附加”科目，贷记“应交税费——应交营业税”科目；小企业对外出售无形资产，按照规定计算的应交营业税，不通过“营业税金及附加”科目核算。

（三）销售不动产的会计处理

小企业在销售不动产时，按照税法规定计算的应交营业税，借记“固定资产清理”科目，贷记“应交税费——应交营业税”科目。

【例5-40】林海公司于20×3年4月出售厂房一栋，原价9 000 000元，已提折旧3 000 000元，销售价款8 000 000元，款项存入银行。另用银行存款支付清理费10 000元。营业税税率为5%，假定不考虑其他税费。

林海公司应做如下会计处理：

（1）结转清理固定资产的成本时：

借：固定资产清理　　　　6 000 000

　　累计折旧　　　　3 000 000

　贷：固定资产　　　　9 000 000

（2）支付清理费用时：

借：固定资产清理　　　　10 000

　贷：银行存款　　　　10 000

（3）收到出售价款时：

借：银行存款　　　　8 000 000

　贷：固定资产清理　　　　8 000 000

（4）计算营业税时：

借：固定资产清理　　　　400 000

贷：应交税费——应交营业税　　400 000

（5）结转清理净收益时：

借：固定资产清理　　1 590 000

　贷：营业外收入　　1 590 000

（四）实际缴纳营业税的会计处理

小企业应定期向税务部门申报缴纳营业税，按照本期应交营业税的金额，借记“应交税费——应交营业税”科目，贷记“银行存款”等科目。

四、城市维护建设税和教育费附加的会计处理

城市维护建设税是国家为了加强城市的维护建设、保障城市维护建设资金的来源而开征的一种税。它是以实际缴纳的增值税、消费税、营业税税额为计税依据，按照企业所在地区的不同，设置了三档地区差别比例税率，即纳税人所在地为市区的，税率为7%，纳税人所在地为县城、建制镇的，税率为5%，纳税人所在地不在市区、县城或者建制镇的，税率为1%。其计算公式为：

$$\text{应交城市维护建设税}=\left(\text{应交增值税}+\text{应交消费税}+\text{应交营业税}\right)\times\text{适用的税率}$$

教育费附加是国家对缴纳增值税、消费税、营业税的单位和个人征收的一种附加费，其征收率为3%。

$$\text{应交教育费附加}=(\text{应交增值税}+\text{应交消费税}+\text{应交营业税})\times 3\%$$

小企业按照税法规定应缴纳的城市维护建设税、教育费附加，借记“营业税金及附加”科目，贷记“应交税费——应交城市维护建设税（教育费附加）”科目。缴纳城市维护建设税和教育费附加时，借记“应交税费——应交城市维护建设税（教育费附加）”科目，贷记“银行存款”科目。

【例5-41】 林海公司于20×3年5月实际缴纳增值税70 000元，消费税20 000元，营业税10 000元。城市维护建设税税率为7%，教育费附加为3%。

林海公司应做如下会计处理：

城市维护建设税 =（70 000 + 20 000 + 10 000）×7% = 7 000（元）

教育费附加 =（70 000 + 20 000 + 10 000）×3% = 3 000（元）

（1）计算应交城市维护建设税和教育费附加时：

借：营业税金及附加　　10 000

　　贷：应交税费——应交城市维护建设税　　7 000

　　　　　　　　——应交教育费附加　　3 000

（2）实际缴纳城市维护建设税和教育费附加时：

借：应交税费——应交城市维护建设税　　7 000

　　　　　　——应交教育费附加　　3 000

　　贷：银行存款　　10 000

五、土地增值税的会计处理

土地增值税是对转让国有土地使用权、地上建筑物及其附着物并取得收入的单位和个人，按照转让房地产所取得的增值额和规定的税率征收的一种税。

增值额是指转让房地产所取得的收入减去扣除项目金额后的余额。其中，扣除项目的计算是土地增值税计算的关键。根据土地增值税暂行条例的规定，扣除项目包括以下五项内容：（1）取得土地使用权所支付的金额；（2）开发土地的成本、费用；（3）新建房及配套设施的成本、费用，或者旧房及建筑物的评估价格；（4）与转让房地产有关的税金；（5）财政部规定的其他扣除项目。

土地增值税实行四级超率累进税率，增值额未超过扣除项目金额50%的部分，税率为30%；增值额超过扣除项目金额50%、未超过扣除项目金额100%的部分，税率为40%；增值额超过扣除项目金额100%、未超过扣除项目金额200%的部分，税率为50%；增值额超过扣除项目金额200%的部分，税率为60%。

小企业应交纳的土地增值税，应当区分下列情况进行会计处理：

一是转让土地使用权应交纳的土地增值税，土地使用权与地上建筑物及其附着物一并在“固定资产”科目核算的，应当借记“固定资产清理”科目，贷记“应交税费——应交土地增值税”科目。

二是土地使用权在“无形资产”科目核算的，应当按照实际收到的金额，借记“银行存款”科目，按照应交纳的土地增值税，贷记“应交税费——应交土地增值税”科目，按照已计提的累计摊销，借记“累计摊销”科目，按照其成本，贷记“无形资产”科目，按照其差额，贷记“营业外收入——非流动资产处置净收益”科目或借记“营业外支出——非流动资产处置净损失”科目。

三是房地产开发经营企业销售房地产应交纳的土地增值税，借记“营业税金及附加”科目，贷记“应交税费——应交土地增值税”科目。

小企业交纳的土地增值税，借记“应交税费——应交土地增值税”科目，贷记“银行存款”科目。

【例5-42】林海公司于20×3年5月将其拥有的仓库出售给华洋公司，取得转让收入13 000 000元。该仓库固定资产账面原值为9 000 000元，已提折旧2 000 000元。税务机关确认仓库的评估价格为7 000 000元。

林海公司应做如下会计处理：

(1) 计算增值额时：

增值额=13 000 000-7 000 000=6 000 000（元）

(2) 计算增值额占扣除项目比率时：

增值额占扣除项目金额的比率=6 000 000÷7 000 000=85.71%

(3) 计算土地增值税税额时：

土地增值税税额=增值额×40%-扣除项目金额×5%=6 000 000×40%-7 000 000×5%=2 400 000-350 000=2 050 000（元）

借：固定资产清理　　2 050 000

　　贷：应交税费——应交土地增值税　　2 050 000

(4) 实际缴纳时：

借：应交税费——应交土地增值税　　2 050 000

　　贷：银行存款　　2 050 000

六、资源税的会计处理

资源税是对在我国境内开采矿产品及生产盐的单位和个人征收的一种税。资源税应当按照应税产品的课税数量和规定的单位税额计算。

小企业销售产品或自产自用产品按规定应缴纳的资源税，借记“营业税金及附加”、“制造费用”等科目，贷记“应交税费——应交资源税”科目。企业外购液体盐加工固体盐的，按规定允许抵扣的资源税，借记“材料采购”、“应交税费——应交资源税”等科目，贷记“银行存款”、“应付账款”等科目。企业实际缴纳资源税时，借记“应交税费——应交资源税”科目，贷记“银行存款”科目。

【例5-43】某盐场20×3年5月16日以每吨200元的价格购进液体盐5 000吨，款项以银行存款支付。假设该液体盐税率每吨3元。5月29日对外销售海盐原盐6 000吨（包括自产和用液体液加工而成的）。另外该盐场用原盐3 000吨加工成精盐出售。假设该盐场固体盐的税率为每吨12元，该盐场按月缴纳资源税。

该盐场应做如下会计处理：

（1）5月16日购进液体盐时：

应抵扣的资源税 =5 000×3 =15 000（元）

液体盐的采购成本 =5 000×200 -15 000 =985 000（元）

借：应交税费——应交资源税　　15 000
　　材料采购　　985 000
　　贷：银行存款　　1 000 000

（2）5月29日计算对外销售原盐应缴纳的资源税时：

应纳资源税额 =6 000×12 =72 000（元）

借：营业税金及附加　　72 000
　　贷：应交税费——应交资源税　　72 000

（3）月末，计算用来加工精盐的原盐所应缴纳的资源税时：

应纳资源税额 =3 000×12 =36 000（元）

借：制造费用　　36 000
　　贷：应交税费——应交资源税　　36 000

（4）月度终了，实际应缴纳资源税时：

实际应交资源税额 =（36 000 +72 000）-15 000 =93 000（元）

借：应交税费——应交资源税　　93 000
　　贷：银行存款　　93 000

七、房产税的会计处理

房产税是以房屋为征税对象，以房屋的计税余值或租金为计税依据，向房屋产权所有人征收的一种税。对经营自用的房屋，以房屋的计税余值为计税依据，房屋的计税余值是指按照房屋原值一次扣除10%～30%后的损耗价值以后的余额；对出租的房屋，以房屋租金收入为房产税的计税依据。房产税的税率，依照房产余值计算缴纳的，税率为1.2%；依照房产租金收入计算缴纳的，税率为12%。这里的房屋原值是按照现行会计标准确定的、在固定资产账簿中记载的金额。但是，如果房屋的原值中不包括土地使用权的价值，则在计算房产税时要将土地使用权的价值计入房产余值中。

小企业按规定计算应交房产税时，借记“营业税金及附加”科目，贷记“应交税费——应交房产税”科目。企业实际缴纳房产税时，借记“应交税费——应交房产税”科目，贷记“银行存款”科目。

【例5－44】林海公司20×3年12月31日“固定资产”科目所属明细账中的“房屋”账面原值为3 000 000元。其中本年度将房产原值中的1 000 000元的房屋租给其他单位使用，每年收取租金收入120 000元。按房产原值扣除30%后作为房产余值，适用税率1.2%；对于出租房屋取得的租金，适用税率12%。

林海公司应做如下会计处理：

（1）计算全年应交房产税时：

应交房产税额＝(3 000 000－1 000 000)×(1－30%)×1.2%＋120 000×12%＝31 200（元）

借：营业税金及附加　　31 200
　　贷：应交税费——应交房产税　　31 200

（2）缴纳房产税时：

借：应交税费——应交房产税　　31 200
　　贷：银行存款　　31 200

八、城镇土地使用税的会计处理

城镇土地使用税是以开征范围的土地为征税对象，以实际占用的土地面积为计税标准，按规定税额对拥有土地使用权的单位和个人征收的一种行为税。开征城镇土地使用税，能够促进土地资源的合理配置和节约使用，提高土地使用效益，调节不同地区因土地资源的差异而形成的级差收入，从而为企业和个人之间的竞争创造公平的环境。

小企业按规定计算应交城镇土地使用税时，借记“营业税金及附加”科目，贷记“应交税费——应交城镇土地使用税”科目。企业实际缴纳城镇土地使用税时，借记“应交税费——应交城镇土地使用税”科目，贷记“银行存款”科目。

九、车船税的会计处理

车船税是对在我国境内应依法到公安、交通、农业、渔业、军事等管理部门办理登记的车辆、船舶，根据其种类，按照规定的计税依据和年税额标准计算征收的一种财产税。从2007年7月1日开始，单位和个人在投保交强险时缴纳车船税。

小企业按规定计算应交车船税时，借记“营业税金及附加”科目，贷记“应交税费——应交车船税”科目。企业实际缴纳车船税时，借记“应交税费——应交车船税”科目，贷记“银行存款”科目。

十、印花税的会计处理

印花税是以经济活动中签立的各种合同、产权转移书据、营业账簿、权利许可证照等应税凭证文件为对象所征的税。印花税由纳税人根据应纳税凭证的性质，按规定的应税比例或定额自行计算购买并粘贴印花税票，计算印花税应纳税额。

小企业由于缴纳的印花税一般不会发生应付未付税款的情况，也不需要预计应纳税额，不存在与税务机关结算或清算的问题，所以一般不需要通过“应交税费”科目核算。小企业应当于购买印花税票或实际缴纳时，借记“营业税金及附加”科目，贷记“银行存款”或“库存现金”科目。

十一、耕地占用税的会计处理

耕地占用税是国家为了合理利用土地资源、加强土地管理、保护农用耕地而征收的一种税。耕地占用税根据实际占用的耕地面积和使用税率计算。企业缴纳的耕地占用税不需要通过“应交税费”科目核算。按规定计算缴纳耕地占用税时，借记“在建工程”科目，贷记“银行存款”科目。

十二、矿产资源补偿费的会计处理

矿产资源补偿费是国家作为矿产资源所有者，依法向开采矿产资源的单位和个人收取的费用。小企业按规定计算应交矿产资源补偿费时，借记“营业税金及附加”科目，贷记“应交税费——应交矿产资源补偿费”科目。企业实际缴纳矿产资源补偿费时，借记“应交税费——应交矿产资源补偿费”科目，贷记“银行存款”科目。

十三、所得税的会计处理

所得税包括个人所得税和企业所得税。

（一）个人所得税

个人所得税是以个人取得的各项应税所得为课税对象的一种税。个人所得税的应税所得包括劳动所得、财产所得和其他所得。个人所得税以取得应税所得的个人为纳税义务人，以支付所得的单位或者个人为扣缴义务人。小企业应当按照税法的有关规定代扣代缴个人所得税，借记“应付职工薪酬”科目，贷记“应交税费——应交个人所得税”科目。

（二）企业所得税

企业所得税是以企业取得的生产经营所得和其他所得为征税对象所征收的一种所得税，是规范和处理国家与企业分配关系的重要形式。小企业会计准则的颁布与实施，简化了对企业所得税的会计处理，缩小了会计与税法的差异。在进行会计处理时，小企业应当设置“应交税费——应交企业所得税”科目核算应缴的所得税，同时还应设置“所得税费用”科目核算应确认的所得税费用。期末，小企业按规定计算本期应交所得税时，借记“所得税费用”科目，贷记“应交税费——应交企业所得税”科目。实际缴纳所得税时，借记“应交税费——应交企业所得税”科目，贷记“银行存款”。具体会计处理见第七章第一节。

第六章

特殊业务

本章讲述小企业发生的特殊业务的核算，包括生物资产、投资及外币业务等。

第一节 生物资产

生物资产，是指与农业生产相关的有生命的（即活的）动物和植物，具有能够进行生物转化的能力。小企业的生物资产通常包括消耗性生物资产和生产性生物资产两类，是小企业资产的重要组成部分。

一、消耗性生物资产

消耗性生物资产，是指小企业（农、林、牧、渔业）生长中的大田作物、蔬菜、用材林以及存栏待售的牲畜等，是构成小企业存货的重要内容之一。

小企业应设置“消耗性生物资产”科目，核算小企业（农、林、牧、渔业）持有的消耗性生物资产的实际成本，并按照消耗性生物资产的种类、群别等设置明细账进行明细核算。

（一）取得的会计处理

消耗性生物资产取得方式不同，其入账价值的确定方法也不同。实务中，主要有以下几种情况：

1. 外购消耗性生物资产，按照购买价款、相关税费、运输费、装卸费、保险费以及在外购过程中发生的其他直接费用，作为实际成本。支付各种款项时，借记“消耗性生物资产”科目，贷记“银行存款”等科目。

2. 自行栽培、营造、繁殖或养殖的消耗性生物资产的成本，按照自行繁殖和营造过程中发生的直接相关支出确定，包括直接材料、直接人工、其他直接费用，应分摊的间接费用。不同种类消耗性生物资产的成本构成不同，具体来说，应当按照下列规定确定：

（1）自行栽培的大田作物和蔬菜，在收获前耗用的种子、肥料、农药等材料费，人工费和应分摊的间接费用，应计入其成本，借记“消耗性生物资产”科目，贷记“银行存款”、“应付职工薪酬”等科目。

（2）自行营造的林木类消耗性生物资产郁闭前发生的造林费、抚育费、营林设施费、良种试验费、调查设计费等必要支出和应分摊的间接费用，应计入其成本，借记“消耗性生物资产”科目，贷记“银行存款”、“应付职工薪酬”等科目。

郁闭是林学概念，通常指林木类消耗性资产的郁闭度达0.20以上（含0.20）。郁闭度是指森林中乔木树冠遮蔽地面的程度，是林地树冠垂直投影面积与林地面积之比。根据联合国粮农组织规定，郁闭度达0.20以上（含0.20）的为郁闭林。

郁闭是林木类消耗性生物资产成本确定中的一个重要界限。企业应当结合历史经验数据和自身实际情况，确定林木类消耗性生物资产的郁闭度及是否达到郁闭。郁闭度一经确定，不得随意变更。

（3）自行繁殖的育肥畜出售前发生的饲料费、人工费等必要支出和应分摊的间接费用，计入其成本，借记“消耗性生物资产”科目，贷记“银行存款”、“应付职工薪酬”等科目。

（4）水产养殖的动物和植物在出售或入库前耗用的苗种、饲料、肥料等材料费，人工费等必要支出和应分摊的间接费用，应计入其成本，借记“消耗性生物资产”科目，贷记“银行存款”、“应付职工薪酬”等科目。

【例6-1】某农场种植玉米6 000亩，收获前发生的各项支出总计1 600 000元，其中，种子500 000元，肥料800 000元，农药100 000元，人工费200 000元。

该农场应做如下会计处理：

借：消耗性生物资产——玉米　　1 600 000
　贷：原材料——种子　　500 000
　　　　　——肥料　　800 000
　　　　　——农药　　100 000
　　　应付职工薪酬　　200 000

3. 产畜或役畜淘汰转为育肥畜的，应按照转群时的账面价值，借记“消耗性生物资产”科目，按照产畜或役畜已计提的累计折旧，借记“生产性生物资产累计折旧”科目，按照其账面余额，贷记“生产性生物资产”科目。

4. 农业生产过程中发生的应归属于消耗性生物资产的费用，按照应分配的金额，借记“消耗性生物资产”科目，贷记“生产成本”科目。

（二）后续支出的会计处理

林木类消耗性生物资产因择伐、间伐或抚育更新性质采伐而补植发生的后续支出，计入消耗性生物资产的成本，借记“消耗性生物资产”科目，贷记“银行存款”等科目；林木类消耗性生物资产达到郁闭后发生的管护费用等后续支出，计入当期损益，借记“管理费用”科目，贷记“银行存款”等科目。

（三）收获、出售与转换的会计处理

1. 收获

小企业（农、林、牧、渔业）应设置“农产品”科目，核算收获的各种农产品的实际成本，该科目使用方法同“库存商品”科目。

消耗性生物资产收获为农产品时，应按照消耗性生物资产的账面余额，借记“农产品”科目，贷记“消耗性生物资产”科目。

【例6-2】以例6-1资料为例，某农场6 000亩玉米经过5个月的种植，收获1 000 000千克，已验收入库，该批玉米生产成本为1 600 000元。

该农场应做如下会计处理：

借：农产品——玉米　　　　　　　　　　　　1 600 000

　　贷：消耗性生物资产——玉米　　　　　　　　　1 600 000

2. 出售

出售消耗性生物资产，应按照实际收到的金额，借记“银行存款”等科目，贷记“主营业务收入”等科目。同时，按照其账面余额，借记“主营业务成本”等科目，贷记“消耗性生物资产”、“农产品”等科目。

【例6-3】以例6-2资料为例，该农场将收获的1 000 000千克玉米直接销售，价款总计2 100 000元。

该农场应做如下会计处理：

借：银行存款　　　　　　　　　　　　2 100 000

　　贷：主营业务收入　　　　　　　　　　　2 100 000

同时：

借：主营业务成本　　　　　　　　　　1 600 000

　　贷：农产品　　　　　　　　　　　　　　1 600 000

3. 转换

育肥畜转为产畜或役畜的，应按照消耗性生物资产的账面余额，借记“生产性生物资产”科目，贷记“消耗性生物资产”科目。

（四）盘亏或死亡、毁损的会计处理

消耗性生物资产盘亏或死亡、毁损时，应当按照其账面余额，借记“待处理财产损溢——待处理流动资产损溢”科目，贷记“消耗性生物资产”科目；待查明原因后，按照管理权限经批准处理时，按照可收回的保险赔偿或过失人赔偿，借记“其他应收款”科目，按照“待处理财产损溢——待处理流动资产损溢”科目余额，贷记“待处理财产损溢——待处理流动资产损溢”，按照其差额，借记“营业外支出”科目。

【例6-4】某养猪企业于20×3年7月1日死亡出生2个月的猪崽4头，其账面余额为500元。7月30日经查实，死亡的猪崽是被其他猪崽踩踏而死。

该企业的会计处理如下：

（1）猪崽死亡时：

借：待处理财产损溢——待处理流动资产损溢　　　　500

贷：消耗性生物资产——猪崽　　　　500

（2）查明原因处理时：

借：营业外支出　　　　500

贷：待处理财产损溢——待处理流动资产损溢　　　　500

二、生产性生物资产

生产性生物资产，是指小企业（农、林、牧、渔业）为生产农产品、提供劳务或出租等目的而持有的生物资产。包括：经济林、薪炭林、产畜和役畜等，是小企业的长期资产之一。

（一）取得的会计处理

1. 取得成本的确定

小企业取得的生产性生物资产应当按照成本进行计量。

（1）外购的生产性生物资产的成本，应当按照购买价款和相关税费确定。

（2）自行营造的林木类生产性生物资产的成本包括达到预定生产经营目的前发生的造林费、抚育费、营林设施费、良种试验费、调查设计费和应分摊的间接费用等必要支出。

（3）自行繁殖的产畜和役畜的成本包括达到预定生产经营目的前发生的饲料费、人工费和应分摊的间接费用等必要支出。

达到预定生产经营目的，是指生产性生物资产进入正常生产期，可以多年连续稳定产出农产品、提供劳务或出租。

达到预定生产经营目的是区分生产性生物资产成熟和未成熟的分界点，同时也是判断其相关费用停止资本化的时点，是区分其是否具备生产能力，是否计提折旧的分界点，企业应当根据具体情况结合正常生产期的确定，对生产性生物资产是否达到预定生产经营目的进行判断。

【涉税提示】

《所得税法实施条例》第六十二条对生产性生物资产计税基础的确定做了如下规定：外购的生产性生物资产，以购买价款和支付的相关税费为计税基础；通过捐赠、投资、非货币性资产交换、债务重组等方式取得的生产性生物资产，以该资产的公允价值和支付的相关税费为计税基础。因此，小企业生产性生物资产的取得成本确定与计税基础一致。但税务人员应关注企业有无正确判断生产性生物资产是否达到预定生产经营目的，划清生产性生物资产成熟和未成熟的分界点，从而将发生的相关必要支出进行资本化或费用化。

2. 取得的会计处理

小企业应设置“生产性生物资产”科目，核算小企业（农、林、牧、渔业）持有的生产性生物资产的原价（成本）。该科目应按照“未成熟生产性生物资产”和“成熟生产性生物资产”，分别按生物资产的种类、群别等设置明细账进行明细核算。期末借方余额，反映小企业（农、林、牧、渔业）生产性生物资产的原价（成本）。

生产性生物资产在达到预定生产经营目的之前发生的必要支出，在“生产性生物资产——未成熟生产性生物资产”科目归集，借记“生产性生物资产——未成熟生产性生物资产”科目，贷记“原材料”、“银行存款”、“应付职工薪酬”、“应付利息”等科目；未成熟生产性生物资产达到预定生产经营目的时，按其账面余额，借记“生产性生物资产——成熟生产性生物资产”科目，贷记“生产性生物资产——未成熟生产性生物资产”科目。

（1）小企业外购的生产性生物资产，按照购买价款和相关税费，借记“生产性生物资产”科目，贷记“银行存款”等科目。涉及按照税法规定可抵扣的增值税进项税额的，还应当借记“应交税费——应交增值税（进项税额）”科目。

【例6-5】某农业企业20×3年1月从市场上一次性购买了50头已成熟奶牛，每头单价为3 000元，发生的运输费为4 000元，保险费为2 500元，装卸费为2 000元，款项全部以银行存款支付。

该企业应做如下会计处理：

借：生产性生物资产——成熟生产性生物资产（奶牛）

158 500

贷：银行存款　　158 500

（2）自行营造的林木类生产性生物资产达到预定生产经营目的前发生的造林费、抚育费、营林设施费、良种试验费、调查设计费和应分摊的间接费用等必要支出，借记“生产性生物资产——未成熟生产性生物资产”科目，贷记“原材料”、“银行存款”、“应付职工薪酬”、“应付利息”等科目。未成熟生产性生物资产达到预定生产经营目的时，按其账面余额，借记“生产性生物资产——成熟生产性生物资产”科目，贷记“生产性生物资产——未成熟生产性生物资产”科目。

【例6-6】甲企业自20×3年开始自行营造100公顷橡胶树，当年发生种苗费189 000元，平整土地和定植所需的机械折旧费55 500元，定植当年抚育发生肥料及农药费250 500元、人员工资等400 000元。该橡胶树达到正常生产期为6年，从定植后至20×9年共发生管护费用2 415 000元，以银行存款支付。

甲企业应做如下会计处理：

①20×3年种植橡胶树发生各项费用时：

借：生产性生物资产——未成熟生产性生物资产（橡胶树） 895 000

贷：原材料——种苗 189 000

——肥料及农药 250 500

应付职工薪酬 400 000

累计折旧 55 500

②20×4年至20×8年发生管护费用时：

借：生产性生物资产——未成熟生产性生物资产（橡胶树） 2 415 000

贷：银行存款 2 415 000

③20×9年，橡胶树达到正常生产期时：

该100公顷橡胶树的成本=895 000+2 415 000=3 310 000（元）

借：生产性生物资产——成熟生产性生物资产（橡胶树） 3 310 000

贷：生产性生物资产——未成熟生产性生物资产（橡胶树） 3 310 000

（3）自行繁殖的产畜和役畜，达到预定生产经营目的前发生的饲料费、人工费和应分摊的间接费用等必要支出，借记“生产性生物资产——未成熟生产性生物资产”科目，贷记“原材料”、“银行存款”、“应付利息”等科目。

（4）育肥畜转为产畜或役畜，应当按照其账面余额，借记“生产性生物资产”科目，贷记“消耗性生物资产”科目。

（二）折旧的会计处理

小企业（农、林、牧、渔业）对成熟的生产性生物资产应当根据其性质和使用情况，并考虑税法的规定，合理确定生产性生物资产的使用寿命和预计净残值，按照年限平均法计提折旧。生产性生物资产的折旧方法、使用寿命、预计净残值一经确定，不得随意变更。

生产性生物资产应当自投入使用的下月起计提折旧；停止使用的生产性生物资产，应当自停止使用月份的下月起停止计提折旧。

小企业应设置“生产性生物资产累计折旧”科目，核算小企业（农、林、牧、渔业）成熟生产性生物资产的累计折旧。

按月计提成熟生产性生物资产的折旧时，应根据受益对象分别计入将收获的农产品成本、劳务成本或出租费用等，借记“生产成本”、“管理费用”等科目，贷记“生产性生物资产累计折旧”科目。

【例6－7】以例6－6资料为例，甲企业自行营造的100公顷橡胶树于20×9年1月达到正常生产期，自20×9年2月采用年限平均法计提折旧，预计经济寿命15年，假设期满无残值。

甲企业应做如下会计处理：

每月折旧额＝3 310 000÷15÷12＝18 388.89（元）

借：生产成本　　18 388.89

　　贷：生产性生物资产累计折旧　　18 388.89

【涉税提示】

《所得税法实施条例》第六十三条规定：生产性生物资产按照直线法计算的折旧，准予扣除。企业应当自生产性生物资产投入使用月份的次月起计算折旧。停止使用的生产性生物资产，应当自停止使用月份的次月起停止计算折旧。企业应当根据生产性生物资产的性质和使用情况，合理确定生产性生物资产的预计净残值。生产性生物资产的预计净残值一经确定，不得变更。这一规定与小企业的会计处理基本一致。

小企业会计准则没有具体规定生产性生物资产计算折旧的使用寿命。《所得税法实施条例》第六十四条规定了生产性生物资产计算折旧的最低年限：林木类生产性生物资产，为10年；畜类生产性生物资产，为3年。如果小企业对生产性生物资产计提折旧时预计的使用年限小于所得税法规定的生产性生物资产计算折旧的最低年限，就需要进行纳税调整。

（三）后续支出的会计处理

择伐、间伐或抚育更新等生产性采伐而补植林木类生产性生物资产发生的后续支出，计入其成本，借记“生产性生物资产——未成熟生产性生物资产”科目，贷记“银行存款”、“应付职工薪酬”等科目。

小企业的生产性生物资产达到预定生产经营目的后，为了维护或提高其使用效能，需要对其进行管护、饲养等所发生的后续支出应当予以费用化，计入当期损益，借记“管理费用”科目，贷记“银行存款”等科目。

（四）处置的会计处理

小企业持有的生产性生物资产因出售、报废、毁损、对外投资等原因处置时，应按照取得的出售生产性生物资产的价款、残料价值和变价收入等处置收入，借记“银行存款”科目，按照已计提的累计折旧，借记“生产性生物资产累计折旧”科目，按照可收回的保险赔偿或过失人赔偿，借记“其他应收款”科目，按照其原价，贷记“生产性生物资产”科目，按照其差额，借记“营业外支出——非流动资产处置净损失”科目或贷记“营业外收入——非流动资产处置净收益”科目。

【例6－8】某企业将10头成熟奶牛出售，奶牛账面余额为100 000元，已计提折旧20 000元，售价130 000元，款项已存入银行。

该企业应做如下会计处理：

借：银行存款　　130 000
　　生产性生物资产累计折旧　　20 000
　　贷：生产性生物资产——成熟生产性生物资产（奶牛）
　　　　　　100 000
　　　　营业外收入——非流动资产处置净收益　　50 000

产畜或役畜淘汰转为育肥畜的，应按照转群时的账面价值，借记“消耗性生物资产”科目，按照已计提的累计折旧，借记“生产性生物资产累计折旧”科目，按照其账面余额，贷记“生产性生物资产”科目。

第二节　投　　资

投资是小企业为了获得收益或为了谋求其他利益、实现资本增值而将资产让渡给其他单位所获得的另一项资产。投资可按不同标准分类。从性质上划分，可以分为债权性投资与权益性投资。从投资的形式划分，可以分为货币性投资和非货币性投资。从管理层持有意图划分，可以分为交易性金融资产、可供出售金融资产、持有至到期投资和长期股权投资。小企业会计准则将投资按照持有期限的长短、同时考虑管理层的意图分为短期投资和长期投资。

一、短期投资

短期投资，是指小企业购入的能随时变现并且持有时间不准备超过 1 年（含 1 年，下同）的投资，如小企业以赚取差价为目的从二级市场购入的股票、债券、基金等。短期投资具有容易变现、持有时间比较短、以赚取差价为目的等特点。

（一）取得短期投资成本的确认

小企业的短期投资，往往是通过二级证券交易市场、以现金交易的方式取得的。小企业以支付现金取得的短期投资，应当按照购买价款和相关税费作为成本进行计量。

实际支付价款中包含的已宣告但尚未发放的现金股利或已到付息期但尚未领取的债券利息，应当单独确认为应收股利或应收利息，不计入短期投资的成本。

（二）取得短期投资的会计处理

1. 设置的会计科目

（1）“短期投资”科目

小企业应设置“短期投资”科目，核算小企业购入的能随时变现并且持有时间不准备超过 1 年（含 1 年，下同）的投资。该科目借方登记取得短期投资的成本，贷方登记处置短期投资的成本。该科目应当按照股票、债券、基金等短期投资种类设置明细账进行明细核算。期末借方余额，反映小企业持有的短期投资成本。

（2）“应收股利”科目

小企业应设置“应收股利”科目，核算小企业应收取的现金股利或利润。借方登记根据被投资方宣告发放的现金股利或利润中投资方应享有的份额，贷方登记收回的利润或股利。该科目应按照被投资单位设置明细账进行明细核算。期末借方余额，反映小企业尚未收到的现金股利或利润。

（3）“应收利息”科目

小企业应设置“应收利息”科目，核算小企业债券投资应收取的利息。借方登记根据债务人应付利息日，按照分期付息、一次还本债券投资的票面利率计算的利息收入，贷方登记收回的利息。该科目应按照被投资单位设置明细账进行明细核算。期末借方余额，反映小企业尚未收到的债券利息。

2. 取得短期投资的会计处理

小企业购入各种股票、债券、基金等作为短期投资的，应当按照实际支付的购买价款和相关税费，借记“短期投资”科目，贷记“银行存款”科目。

小企业购入股票，如果实际支付的购买价款中包含已宣告但尚未发放的现金股利，应当按照实际支付的购买价款和相关税费扣除已宣告但尚未发放的现金股利后的金额，借记“短期投资”科目，按照应收的现金股利，借记“应收股利”科目，按照实际支付的购买价款和相关税费，贷记“银行存款”科目。

小企业购入债券，如果实际支付的购买价款中包含已到付息期但尚未领取的债券利息，应当按照实际支付的购买价款和相关税费扣除已到付息期但尚未领取的债券利息后的金额，借记“短期投资”科目，按照应收的债券利息，借记“应收利息”科目，按照实际支付的购买价款和相关税费，贷记“银行存款”科目。

【例6-9】林海公司20×3年2月9日以银行存款108 000元购入长胜股份有限公司20×2年2月1日发行的5年期债券作为短期投资。该债券每年支付一次利息，付息日为每年2月1日，年利率8%，面值100 000元，购买过程中发生手续费600元。买价中包含尚未领取的利息8 000元。2月20日收到利息存入银行。

林海公司应做如下会计处理：

（1）确认初始投资成本时：

借：短期投资——长胜公司	100 600
应收利息——长胜公司	8 000

贷：银行存款　　　　108 600

（2）收到利息时：

借：银行存款　　　　8 000

贷：应收利息——长胜公司　　　　8 000

【例6-10】林海公司于20×3年3月15日以银行存款购入长胜股份有限公司股票200 000股作为短期投资，每股成交价10.50元，其中，每股包含已宣告发放但尚未支付的现金股利0.5元，另支付相关税费15 000元。林海公司于3月25日收到长胜公司发放的现金股利。

林海公司应做如下会计处理：

（1）确认初始投资成本时：

初始投资成本=200 000×(10.5-0.5)+15 000=2 015 000（元）

借：短期投资——长胜公司　　　　2 015 000

应收股利——长胜公司　　　　100 000

贷：银行存款　　　　2 115 000

（2）收到现金股利时：

借：银行存款　　　　100 000

贷：应收股利——长胜公司　　　　100 000

（三）持有期间现金股利和利息的会计处理

小企业应设置“投资收益”科目，核算小企业确认的投资收益或投资损失。贷方登记持有投资期间取得的利润或利息以及转让投资实现的转让所得，借方登记转让投资发生的损失。该科目应按照投资项目设置明细账进行明细核算。期末，可将本科目余额转入“本年利润”科目，结转后本科目应无余额。

在短期投资持有期间，被投资单位宣告分派的现金股利或在债务人应付利息日按照分期付息、一次还本债券投资的票面利率计算的利息收入，应当计入投资收益。进行会计处理时，在短期投资持有期间，被投资单位宣告分派的现金股利，借记“应收股利”科目，贷记“投资收益”科目；在债务人应付利息日，按照分期付息、一次还本债券投资的票面利率计算的利息收入，借记“应收利息”科目，贷记“投资收益”科目。实际收到现金股利或债券利息时，借记“银行存款”等科目，贷记“应收股利”、“应收利息”等科目。

【例 6－11】林海公司持有联合公司股票 500 000 股作为短期投资，占联合公司所有表决权的 10%。联合公司于 20×3 年 4 月 20 日宣告分派现金股利 600 000 元。

林海公司应做如下会计处理：

借：应收股利——联合公司　　　　60 000

　　贷：投资收益　　　　60 000

（四）出售短期投资的会计处理

小企业出售短期投资，应当将出售价款扣除其账面余额、相关税费后的净额，计入投资收益。出售短期投资时，应当按照实际收到的出售价款，借记"银行存款"或"库存现金"科目，按照该项短期投资的账面余额，贷记"短期投资"科目，按照尚未收到的现金股利或债券利息，贷记"应收股利"或"应收利息"科目，按照其差额，贷记或借记"投资收益"科目。

【例 6－12】林海公司于 20×3 年 5 月 20 日，从某证券公司以每股 5 元的价格购入大北公司股票 100 000 股，占大北公司有表决权股份的 0.5%，共支付价款合计 508 000 元。其中，相关税费 800 元，已宣告发放现金股利 7 200 元。林海公司将其划分为短期投资。其他资料如下：

20×3 年 6 月 20 日，林海公司收到大北公司发放的 20×2 年现金股利 7 200 元。

20×3 年 12 月 31 日，林海公司仍持有大北公司股票。当日，大北公司股票收盘价为每股 4.90 元。

20×4 年 4 月 20 日，大北公司宣告发放 20×3 年现金股利 2 000 000 元。

20×4 年 5 月 10 日，林海公司收到大北公司发放的 20×3 年现金股利。

20×4 年 5 月 17 日，林海公司以每股 4.50 元的价格将股票全部转让，同时支付相关税费 720 元。

林海公司应做如下会计处理：

（1）20×3 年 5 月 20 日，购入大北公司股票时：

借：短期投资——大北公司　　　　500 800

　　应收股利——大北公司　　　　7 200

　　贷：银行存款　　　　508 000

（2）20×3 年 6 月 20 日，收到大北公司发放的现金股利时：

借：银行存款　　　　7 200

贷：应收股利——大北公司　　7 200

（3）20×4 年 4 月 20 日，确认应享有的现金股利份额时：

借：应收股利——大北公司　　10 000

　　贷：投资收益　　10 000

（4）20×4 年 5 月 10 日，收到大北公司发放的现金股利时：

借：银行存款　　10 000

　　贷：应收股利——大北公司　　10 000

（5）20×4 年 5 月 17 日，出售大北公司股票时：

借：银行存款　　449 280

　　投资收益　　51 520

　　贷：短期投资——大北公司　　500 800

【涉税提示】

小企业会计准则对短期投资取得成本的确定、持有期间产生的股息、红利、利息以及转让短期投资取得收益的会计处理与《企业所得税法》的规定基本相同。只是持有期间产生的股息、红利以及债券利息收入，在符合条件的情况下，可以减征、免征企业所得税。

二、长期投资

长期投资，是指短期投资以外的投资，即企业不准备随时变现、持有时间在 1 年以上的投资。长期投资包括长期债券投资和长期股权投资。

（一）长期债券投资

长期债券投资，是指小企业准备长期（在 1 年以上，下同）持有的债券投资。小企业购入长期债券时，由于债券的名义利率（或票面利率）与实际利率（或市场利率）可能不同，导致购入债券时有面值购入、溢价购入和折价购入三种形式。其中，溢价是指债券的购买价格高于债券面值的差额，折价则是指购买价格小于债券面值的差额。无论是债券的溢价还是折价，其实质都是对票面利率与市场利率之间的差异所作的调整，小企业在每期计提长期债券投资利息时，应对溢价或折价采用直线法进行摊销，同时调整各期的投资收益。

小企业应设置“长期债券投资”科目，核算取得的各种债券投资成本、应计利息及溢折价的摊销。该科目应当按照债券种类和被投资单位，分别按“面值”、“溢折价”、“应计利息”设置明细账进行明细核算。

1. 取得长期债券投资的会计处理

长期债券投资应当按照购买价款和相关税费作为成本进行计量。实际支付价款中包含的已到付息期但尚未领取的债券利息，应当单独确认为应收利息，不计入长期债券投资的成本。

小企业购入债券作为长期投资，应当按照债券票面价值，借记“长期债券投资——面值”科目，按照实际支付的购买价款和相关税费，贷记“银行存款”科目，按照其差额，借记或贷记“长期债券投资——溢折价”科目。

如果实际支付的购买价款中包含已到付息期但尚未领取的债券利息，应当按照债券票面价值，借记“长期债券投资——面值”科目，按照应收的债券利息，借记“应收利息”科目，按照实际支付的购买价款和相关税费，贷记“银行存款”科目，按照其差额，借记或贷记“长期债券投资——溢折价”科目。

【例6－13】林海公司于20×3年6月1日购入顺天公司当日发行的3年期债券作为长期投资，债券面值为2 000 000元，票面年利率6%，到期一次还本付息。林海公司实际支付价款2 000 000元，款项以银行存款支付。

林海公司应做如下会计处理：

借：长期债券投资——面值　　2 000 000

　　贷：银行存款　　2 000 000

【例6－14】林海公司于20×3年1月1日购入顺达公司当日发行的5年期债券一批作为长期投资，债券面值为1 000 000元，票面年利率6%，到期一次还本付息。林海公司实际支付价款1 015 000元，款项以银行存款支付。

林海公司应做如下会计处理：

借：长期债券投资——面值　　1 000 000

　　　　　　　　——溢价　　15 000

　　贷：银行存款　　1 015 000

【例6－15】林海公司于20×3年1月1日购入顺天公司20×3年1月发行的5年期债券作为长期投资，债券面值为1 000 000元，票面年利率8%，每半年付息一次，到期一次还本。林海公司实际支付价款 995 000 元，款项以银行存款支付。

林海公司应做如下会计处理：

借：长期债券投资——面值　　1 000 000

　　贷：银行存款　　995 000

　　　　长期债券投资—— 折价　　5 000

2. 持有债券期间应计利息的会计处理

小企业长期债券投资，应当分别下列不同情况，将债券持有期间的应收利息确认为投资收益。

（1）分期付息、一次还本的长期债券投资，在债务人应付利息日按照票面利率计算的应收未收利息收入，借记“应收利息”科目，按照直线法摊销的溢折价，贷记或借记“长期债券投资——溢折价”科目，按照差额，贷记“投资收益”科目。应计利息不增加长期债券投资的账面余额。

（2）一次还本付息的长期债券投资，在债务人应付利息日按照票面利率计算的应收未收利息收入，借记“长期债券投资——应计利息”科目，按照直线法摊销的溢折价，贷记或借记“长期债券投资——溢折价”科目，按照差额，贷记“投资收益”科目。应计利息应当增加长期债券投资的账面余额。

【例 6－16】以例 6－14 资料为例，林海公司于 20×3 年末计提本年度利息，同时按照直线法摊销溢价。

林海公司应做如下会计处理：

（1）每年溢价摊销金额 = 15 000 ÷ 5 = 3 000（元）

（2）当期应计利息 = 1 000 000 × 6% × 1 = 60 000（元）

（3）确认当期投资收益 = 60 000 － 3 000 = 57 000（元）

借：长期债券投资——应计利息　　60 000

　　贷：投资收益　　57 000

　　　　长期债券投资——溢价　　3 000

【例 6－17】以例 6－15 资料为例，林海公司于 20×3 年 6 月计提应计利息，同时按照直线法摊销折价。

林海公司应做如下会计处理：

（1）折价摊销金额 = 5 000 ÷ 5 ÷ 2 = 500（元）

（2）当期应计利息 = 1 000 000 × 8% ÷ 2 = 40 000（元）

（3）确认当期投资收益 =40 000 +500 =40 500（元）

借：应收利息——顺天公司　　40 000
　　长期债券投资——折价　　500
　　贷：投资收益　　40 500

3. 处置长期债券投资的会计处理

到期收回长期债券投资时，应当按照收回的债券本金或利息，借记“银行存款”等科目，按照其账面余额，贷记“长期债券投资”科目（面值、溢折价、应计利息），按照应收未收的利息收入，贷记“应收利息”科目。

处置未到期的长期债券投资时，应当按照处置收入，借记“银行存款”等科目，按照其账面余额，贷记“长期债券投资”科目（面值、溢折价、应计利息），按照应收未收的利息收入，贷记“应收利息”科目，按照其差额，贷记或借记“投资收益”科目。

【例 6 –18】以例 6 –14 资料为例，假如林海公司持有的顺达公司的债券于 20 ×8 年 1 月到期，收回本息存入银行。

林海公司应做如下会计处理：

借：银行存款　　1 300 000
　　贷：长期债券投资——面值　　1 000 000
　　　　　　　　　　——应计利息　　300 000

【例 6 –19】以例 6 –15 资料为例，假如林海公司于 20 ×5 年 1 月将持有的顺天公司债券全部出售，取得价款 1 002 000 元存入银行。

林海公司应做如下会计处理：

尚未摊销的折价 =5 000 –500 ×4 =3 000（元）

借：银行存款　　1 002 000
　　长期债券投资——折价　　3 000
　　贷：长期债券投资——面值　　1 000 000
　　　　投资收益　　5 000

4. 长期债券投资损失的会计处理

小企业持有的长期债券投资，符合下列条件之一的，减除可收回的金额后的差额，作为长期债券投资损失：

（1）债务人依法宣告破产、关闭、解散、被撤销或者被依法注销、吊销营业执照，其清算财产不足清偿的。

(2) 债务人死亡，或者依法被宣告失踪、死亡，其财产或者遗产不足清偿的。

(3) 债务人逾期3年以上未清偿，且有确凿证据证明已无力清偿债务的。

(4) 与债务人达成债务重组协议或法院批准破产重整计划后，无法追偿的。

(5) 因自然灾害、战争等不可抗力导致无法收回的。

(6) 国务院财政、税务主管部门规定的其他条件。

小企业按照规定确认实际发生的长期债券投资损失，应当按照可收回的金额，借记“银行存款”等科目，按照其账面余额，贷记“长期债券投资”科目（面值、溢折价、应计利息），按照其差额，借记“营业外支出”科目。

【例6-20】林海公司于20×3年5月持有宏伟公司的债券，由于宏伟公司破产无法全部收回。根据清算协议，只能收回债券全部价款的50%已存入银行。该债券账面余额520 000元，其中，面值500 000元，计提利息20 000元。

林海公司应做如下会计处理：

借：银行存款	260 000	
营业外支出	260 000	
贷：长期债券投资——面值		500 000
——应计利息		20 000

（二）长期股权投资

长期股权投资，是指小企业准备长期持有的权益性投资。长期股权投资的最终目的是获得较大的经济利益，这种经济利益可以通过分得利润或股利获取，也可以通过其他方式取得，如被投资单位生产的产品为投资企业生产所需的原材料，在市场上这种原材料的价格波动较大，且不能保证供应。在这种情况下，投资企业通过所持股份，达到控制或对被投资单位施加重大影响，使其生产所需的原材料能够直接从被投资单位取得，而且价格比较稳定，保证其生产经营的顺利进行。但是，如果被投资单位经营状况不佳，或者进行破产清算时，投资企业作为股东，也需要承担相应的投资损失。

小企业应设置“长期股权投资”科目，核算小企业准备长期持有的权益性投资。该科目借方登记小企业以不同方式取得的股权投资的成本，贷方登记收回或转让各项投资的成本以及按规定核销的投资损失。该科目应按照被投资单位设置明细账进行明细核算。期末借方余额，反映小企业持有的长期股权投资的成本。

1. 取得长期股权投资的会计处理

小企业取得长期股权投资时，应当按照成本进行计量。

（1）以支付现金取得的长期股权投资，应当按照购买价款和相关税费作为成本进行计量。实际支付价款中包含的已宣告但尚未发放的现金股利，应当单独确认为应收股利，不计入长期股权投资的成本。

小企业以支付现金取得的长期股权投资，如果实际支付的购买价款中包含已宣告但尚未发放的现金股利，应当按照实际支付的购买价款和相关税费扣除已宣告但尚未发放的现金股利后的金额，借记“长期股权投资”科目，按照应收的现金股利，借记“应收股利”科目，按照实际支付的购买价款和相关税费，贷记“银行存款”科目。

【例 6-21】 林海公司于 20×3 年 2 月 20 日以银行存款购入三阳公司股票 10 000 股准备长期持有，每股成交价 10.4 元，其中包含已宣告但尚未分派的现金股利每股 0.4 元，另支付相关手续费 5 000 元。

林海公司应做如下会计处理：

借：长期股权投资——三阳公司　　105 000
　　应收股利——三阳公司　　4 000
　　贷：银行存款　　109 000

（2）通过非货币性资产交换取得的长期股权投资，应当按照换出非货币性资产的评估价值和相关税费作为成本进行计量。

通过非货币性资产交换取得的长期股权投资，应当按照非货币性资产的评估价值与相关税费之和，借记“长期股权投资”科目，按照换出非货币性资产的账面价值，贷记“固定资产清理”、“无形资产”等科目，按照应支付的相关税费，贷记“应交税费”等科目，按照其差额，贷记“营业外收入”或借记“营业外支出”等科目。

【例 6-22】 林海公司于 20×3 年 5 月 10 日，由于转产将不需用生产设备一台与绿海公司持有的友谊公司的长期股权投资进行交换，该设备的账面原值 250 000 元，累计折旧 100 000 元，以银行存款支付清理费用 4 000

元。该设备评估价值90 000元。假如不考虑其他税费。

林海公司应做如下会计处理：

①固定资产转入清理时：

借：固定资产清理　　150 000

　　累计折旧　　100 000

　　贷：固定资产　　250 000

②支付清理费时：

借：固定资产清理　　4 000

　　贷：银行存款　　4 000

③换入股权时：

借：长期股权投资——友谊公司　　90 000

　　营业外支出　　64 000

　　贷：固定资产清理　　154 000

本例题中，假如绿海公司（执行小企业会计准则）持有的友谊公司股权投资的账面价值为100 000元，评估价值110 000元，不考虑其他税费。

绿海公司应做如下会计处理：

借：固定资产　　110 000

　　贷：长期股权投资——友谊公司　　100 000

　　　　营业外收入　　10 000

小企业会计准则对长期股权投资的取得规定了两种情况，即以支付现金形式取得的和非货币性资产交换取得的。实务中，小企业也可能以非现金资产进行投资，如将不需用或未使用的房屋或者尚未开发的土地等资产作为出资额，直接对其他企业投资。以这种形式取得的长期股权投资，其入账成本的确定与非货币性资产交换取得确定方法一致，即投资方仍然按照投出资产的评估价值加相关税费作为长期股权投资的成本入账，而被投资方应当按照评估价值借记“固定资产”、“无形资产”等科目，按照投资方所占注册资本份额贷记“实收资本”科目，按照其差额贷记“资本公积”科目。

【例6-23】林海公司于20×3年5月20日将不需用办公楼一栋对绿海公司投资，占绿海公司注册资本15 000 000元份额的20%。该办公楼账面余额6 860 000元，已提折旧3 330 000元，双方认可的评估价值4 000 000元。假如不考虑其他税费。

林海公司应做如下会计处理：

①固定资产转入清理时：

借：固定资产清理　　3 530 000
　　累计折旧　　3 330 000
　　贷：固定资产　　6 860 000

②取得股权投资时：

借：长期股权投资——绿海公司　　4 000 000
　　贷：固定资产清理　　3 530 000
　　　　营业外收入　　470 000

绿海公司收到林海公司的投资时，应做如下会计处理：

借：固定资产　　4 000 000
　　贷：实收资本　　3 000 000
　　　　资本公积　　1 000 000

2. 持有期间应收股利的会计处理

小企业的长期股权投资应当采用成本法进行会计处理。

在长期股权投资持有期间，被投资单位宣告分派的现金股利或利润，应当按照应分得的金额确认为投资收益，借记“应收股利”科目，贷记“投资收益”科目。实际收到现金股利时，借记“银行存款”等科目，贷记“应收股利”科目。

【例6-24】林海公司于20×3年1月20日购入的斯通公司股票100 000股，每股价格6.5元，另支付相关税费6 000元。林海公司所拥有的股权占斯通公司有表决权资本的10%，准备长期持有。斯通公司于本年度4月20日宣告分派上一年度的现金股利2 000 000元，5月20日收到现金股利存入银行。

林海公司应做如下会计处理：

(1) 购入斯通公司股票时：

借：长期股权投资——斯通公司　　656 000
　　贷：银行存款　　656 000

(2) 斯通公司宣告分派现金股利时：

借：应收股利——斯通公司　　200 000
　　贷：投资收益　　200 000

(3) 收到现金股利时：

借：银行存款　　200 000

贷：应收股利——斯通公司　　200 000

3. 处置长期股权投资的会计处理

小企业处置长期股权投资时，应当将处置价款扣除其成本、相关税费后的净额，计入投资收益。

处置长期股权投资，应当按照处置价款，借记“银行存款”等科目，按照投资成本，贷记“长期股权投资”科目，按照应收未收的现金股利或利润，贷记“应收股利”科目，按照其差额，贷记或借记“投资收益”科目。

【例6-25】林海公司于20×3年6月20日，将持有的海鑫公司股份20 000股，以每股10元的价格转让给绿海公司。该股票账面余额160 000元，款项已经收到存入银行。

林海公司应做如下会计处理：

借：银行存款　　200 000

　　贷：长期股权投资——海鑫公司　　160 000

　　　　投资收益　　40 000

4. 长期股权投资损失的会计处理

小企业长期股权投资符合下列条件之一的，减除可收回的金额后确认的无法收回的长期股权投资，作为长期股权投资损失：

(1) 被投资单位依法宣告破产、关闭、解散、被撤销，或者被依法注销、吊销营业执照的。

(2) 被投资单位财务状况严重恶化，累计发生巨额亏损，已连续停止经营3年以上，且无重新恢复经营改组计划的。

(3) 对被投资单位不具有控制权，投资期限届满或者投资期限已超过10年，且被投资单位因连续3年经营亏损导致资不抵债的。

(4) 被投资单位财务状况严重恶化，累计发生巨额亏损，已完成清算或清算期超过3年以上的。

(5) 国务院财政、税务主管部门规定的其他条件。

长期股权投资损失应当于实际发生时计入营业外支出，同时冲减长期股权投资账面余额。

小企业按照规定确认实际发生的长期股权投资损失时，应当按照可收回的金额，借记“银行存款”等科目，按照其账面余额，贷记“长期股权投资”科目，按照其差额，借记“营业外支出”科目。

【例 6-26】林海公司于 20×3 年 9 月得知，持有的欣欣公司股份 100 000 股，由于该公司财务状况严重恶化，累计发生巨额亏损，已连续停止经营 3 年以上，且无重新恢复经营改组的计划，面临破产清算，已确认无法收回投资。该股权投资的账面余额 300 000 元，经研究决定予以全部核销。

林海公司应做如下会计处理：

借：营业外支出　　　　　　　　　　　　　300 000

　　贷：长期股权投资——欣欣公司　　　　　　　300 000

【涉税提示】

小企业会计准则对长期投资的规定，在投资成本、投资收益以及投资损失确认等方面与企业所得税的规定基本相同，不同之处在于：一是持有期间的投资收益在符合条件的情况下，免征、减征企业所得税；二是发生的投资损失在税前列支时，应按规定的程序和要求向主管税务机关申报备案。

《财政部、国家税务总局关于企业资产损失税前扣除政策的通知》（财税［2009］57 号）第六条规定：企业的股权投资符合下列条件之一的，减除可收回金额后确认的无法收回的股权投资，可以作为股权投资损失在计算应纳税所得额时扣除：（1）被投资方依法宣告破产、关闭、解散、被撤销，或者被依法注销、吊销营业执照的；（2）被投资方财务状况严重恶化，累计发生巨额亏损，已连续停止经营 3 年以上，且无重新恢复经营改组计划的；（3）对被投资方不具有控制权，投资期限届满或者投资期限已超过 10 年，且被投资单位因连续 3 年经营亏损导致资不抵债的；（4）被投资方财务状况严重恶化，累计发生巨额亏损已完成清算或清算期超过 3 年以上的；（5）国务院财政、税务主管部门规定的其他条件。

《国家税务总局关于发布〈企业资产损失所得税税前扣除管理办法〉的公告》（国家税务总局公告 2011 年第 25 号）第四十一条规定：企业股权投资损失应依据以下相关证据材料确认：（1）股权投资计税基础证明材料；（2）被投资企业破产公告、破产清偿文件；（3）工商行政管理部门注销、吊销被投资单位营业执照文件；（4）政府有关部门对被投资单位的行政处理决定文件；（5）被投资企业终止经营、停止交易的法律或其他证明文件；（6）被投资企业资产处置方案、成交及入账材料；（7）企业法定代表人、主要负责人和财务负责人签章证实有关投资（权益）性损失的书面申请；（8）会计核算资料等其他相关证据材料。第四十六条规定：下列股权和债权不得作为损失在税前扣除：（1）债务人或者担保人有经济偿还能力，未按期偿还的企业债权；（2）违反法律、法规的规定，以各种形式、借口逃废或悬空的企业债权；（3）行政干预逃废或悬空的企业债权；（4）企业未向债务人和担保人追偿的债权；（5）企业发生非经营活动的债权；（6）其他不应当核销的企业债权和股权。

第三节 外币业务

一、外币的概念

外币，是指小企业记账本位币以外的货币。

小企业以外币计价或者结算的交易称为外币交易，以外币反映的财务报表称为外币财务报表，将外币交易或外币财务报表折算为记账本位币反映的过程即为外币折算。

二、记账本位币的确定与变更

（一）记账本位币的确定

为了反映小企业的经营成果和财务状况，需要将不同货币计量的资产、负债、收入、费用等折算为一种货币反映，企业选定的用于反映企业经营业绩和财务状况的货币就是记账本位币。

记账本位币是指小企业经营所处的主要经济环境中的货币。通常这一货币是小企业主要收入、支出现金的经济环境中的货币。使用该环境中的货币最能反映小企业的主要交易的经济结果。

小企业会计准则规定，小企业应当选择人民币作为记账本位币。业务收支以人民币以外的货币为主的小企业，可以选定其中一种货币作为记账本位币，但编报的财务报表应当折算为人民币财务报表。

（二）记账本位币的变更

小企业记账本位币一经确定，不得随意变更，但小企业经营所处的主要经济环境发生重大变化的除外。

小企业主要经济环境发生重大变化，通常是指小企业主要产生和支出现金的环境发生重大变化，使用该环境中的货币最能反映企业的主要交易业务的经济结果。

小企业因经营所处的主要经济环境发生重大变化，确需变更记账本位币的，应当采用变更当日的即期汇率将所有项目折算为变更后的记账本位币，折算后的金额作为以新的记账本位币计量的历史成本。由于采用同一即期汇率进行折算，不会产生汇兑差额。

三、外币交易的核算

小企业的外币交易主要包括买入或者卖出以外币计价的商品或者劳务、借入或者借出外币资金、其他以外币计价或者结算的交易。

买入或者卖出以外币计价的商品或者劳务，通常情况下指以外币买卖商品，或者以外币结算的劳务合同。这里所说的商品，可以是有实物形态的存货、固定资产等，也可以是无实物形态的无形资产、债权或股权等。例如，以人民币为记账本位币的国内甲公司向国外乙公司出口商品，以美元结算货款，或者从境外以欧元购买固定资产或生产用原材料等都属于外币交易。

借入或者借出外币资金，指小企业向银行或非银行金融机构借入以记账本位币以外的货币表示的资金。例如，以人民币为记账本位币的某公司从中国银行借入美元等。

其他以外币计价或者结算的交易，指以记账本位币以外的货币计价或结算的其他交易。例如，接受外币现金捐赠、接受投资者以外币投入的资本等。

（一）折算汇率的选择

无论是在交易日对外币交易进行初始确认，还是在资产负债表日对外币交易余额进行处理，或对外币财务报表进行折算，均涉及折算汇率的选择。小企业会计准则规定了即期汇率和交易当期平均汇率两种折算汇率。

1. 即期汇率

汇率，是指两种货币相兑换的比率，是一种货币单位用另一种货币单位所表示的价格。根据表示方式的不同，汇率可以分为直接汇率和间接汇率。直接汇率是一定数量的其他货币单位折算为本国货币的金额，间接汇率是指一定数量的本国货币折算为其他货币的金额。通常情况下，人民币汇率是以直接汇率表示。汇率有三种表示方式：买入价、卖出价和中间价。买入价与卖出价是从银行的角度而言的折算汇率。

买入价，是指银行买入外汇时的价格。小企业卖出外汇，即银行买入外汇，需要按买入价结算。

卖出价，是指银行向客户出售外汇时的价格。小企业买入外汇，即银行出售外汇，需要按卖出价结算。银行的卖出价一般高于买入价，以获取差价收益。

中间价，是银行买入价与卖出价的平均价。

即期汇率，是指中国人民银行公布的当日人民币外汇牌价的中间价。

采用即期汇率核算，需要小企业在发生外币交易时及时获取中国人民银行公布的人民币汇率的买入价、卖出价及中间价的信息，作为外币折算的依据。

2. 交易当期平均汇率

交易当期平均汇率通常与交易发生日的即期汇率近似，是指外币交易当期的月初即期汇率与月末即期汇率的平均汇率，即中国人民银行公布的月初人民币汇率的中间价与月末人民币汇率的中间价的平均值。用公式表示如下：

交易当期平均汇率 =（月初人民币汇率的中间价 + 月末人民币汇率的中间价）÷2

采用交易当期平均汇率主要是为了简化核算，只需要小企业在月初和月末获取中国人民银行公布的人民币汇率的中间价的信息即可。当然小企业发生单纯的货币兑换交易或涉及货币兑换的交易时，仍需要获取中国人民银行当日公布的人民币汇率的买入价、卖出价的信息。

（二）外币交易的会计处理

1. 外币交易的会计处理方法

外币交易的会计处理有外币统账制和外币分账制两种方法。

外币统账制，是指在发生外币交易时即将外币金额折算为记账本位币的记账方法。我国大多数企业都采用外币统账制记账方法。小企业会计准则规定，小企业对于发生的外币交易，应当将外币金额折算为记账本位币金额，就是指小企业应采用外币统账制。

外币分账制，是指在日常核算时以外币原币记账，分别币种核算损益和编制财务报表，在资产负债表日将外币财务报表折算为记账本位币表示的财务报表并与记账本位币财务报表进行汇总，编制企业整体财务报表。

我国许多金融企业都采用外币分账制记账方法。

2. 外币交易核算设置的基本账户

小企业采用外币统账制对外币交易进行核算时，应设置的外币账户包括库存现金、银行存款及以外币结算的债权债务账户。外币结算的债权账户主要包括“应收票据”、“应收账款”、“预付账款”等。外币结算的债务账户主要包括“短期借款”、“长期借款”、“应付票据”、“应付账款”、“预收账款”等。

小企业对外币交易金额因汇率变动而发生的汇兑损失，计入“财务费用”科目核算，并下设“汇兑损失”进行明细核算；小企业发生的汇兑收益，计入“营业外收入”科目核算，不在“财务费用”科目核算。

3. 会计核算的基本程序

小企业发生的外币交易业务，其基本核算程序如下：

（1）小企业发生外币交易时，按照交易发生日的即期汇率或交易当期平均汇率将外币金额折算为记账本位币金额，按照折算后的记账本位币金额登记有关账户；在登记有关记账本位币账户的同时，按照外币金额登记相应的外币账户。

（2）对外币货币性项目进行结算时，将其外币结算金额按照当日即期汇率折算为记账本位币金额，并与原记账本位币金额进行比较，其差额计入当期损益。

货币性项目，是指小企业持有的货币资金和将以固定或可确定的金额收取的资产或者偿付的负债。货币性项目分为货币性资产和货币性负债。货币性资产包括库存现金、银行存款、应收账款、其他应收款等。货币性负债包括短期借款、应付账款、其他应付款、长期借款、长期应付款等。

非货币性项目，是指货币性项目以外的项目。包括存货、长期股权投资、固定资产、无形资产等。

（3）期末，将所有外币货币性项目的外币余额，按照期末即期汇率折算为记账本位币金额，并与原记账本位币金额进行比较，其差额计入当期损益。

4. 交易日的会计处理

小企业发生外币交易，应当在初始确认时采用交易日的即期汇率或交易当期平均汇率将外币金额折算为记账本位币金额。这里的即期汇率可以是中国人民银行公布的外汇牌价的买入价或卖出价，也可以是中间价，在不与银行进行货币兑换的情况下，一般以中间价作为即期汇率。

（1）买入或接受以外币计价的商品或劳务

小企业买入或接受以外币计价的商品或劳务，如从国外购进原材料、商品或引进设备，应按照交易发生日的即期汇率或交易当期平均汇率将外币金额折算为记账本位币金额，记入有关账户，同时按照外币金额登记“应付账款”等有关外币账户。

【例6－27】国内甲公司为一家小企业，属于增值税一般纳税人，选择确定的记账本位币为人民币，其外币交易采用交易日即期汇率折算。20×3年4月2日从国外A公司购入材料500吨，每吨单价100美元，共计50 000美元，当日的即期汇率为1美元＝6.8元人民币，按照规定计算应缴纳的进口关税为34 000元人民币，应支付的进口增值税为63 580元人民币，货款尚未支付，进口关税及增值税已通过银行转账支付。

甲公司应做如下会计处理：

借：原材料　374 000
　应交税费——应交增值税（进项税额）　63 580
　贷：应付账款——A公司（美元户）　340 000
　　银行存款　97 580

【例6－28】国内乙公司为一家小企业，记账本位币为人民币，对外币交易采用交易日的即期汇率折算。20×3年4月15日，从境外丙公司购入小轿车一台，轿车价款为100 000美元，当日的即期汇率为1美元＝6.6元人民币，适用的增值税税率为17%，关税税率10%，消费税税率25%，款项尚未支付。进口关税、消费税及增值税已由银行存款支付。

乙公司应做如下会计处理：

应缴纳的进口关税＝100 000×6.6×10%＝66 000（元）

应缴纳的消费税＝（100 000×6.6＋66 000）÷（1－25%）×25%＝242 000（元）

应缴纳的增值税＝（100 000×6.6＋66 000＋242 000）×17%＝164 560（元）

借：固定资产　1 134 760
　贷：应付账款——丙公司（美元户）　660 000
　　银行存款　474 760

【涉税提示】

小企业从境外进口货物，应当按消费税暂行条例和增值税暂行条例等有关规定，根据海关的完税凭证向报关地海关申报缴纳进口关税、消费税和增值税。缴纳的进口关税、消费税和不能抵扣的增值税应计入所购货物的成本，准予抵扣的增值税作为进项税额从销项税额中扣除。

《消费税暂行条例》第九条规定，进口的应税消费品，应当按照组成计税价格计算纳税。有关计算公式为：实行从价定率办法计算纳税的，组成计税价格 =（关税完税价格 + 关税）÷（1 – 消费税比例税率）；实行复合计税办法计算纳税的，组成计税价格 =（关税完税价格 + 关税 + 进口数量 × 消费税定额税率）÷（1 – 消费税比例税率），应纳消费税税额 = 组成计税价格 × 消费税税率。

《增值税暂行条例》第十四条规定，纳税人进口货物，按照组成计税价格和规定的税率计算应纳增值税税额。组成计税价格和应纳税额计算公式如下：

组成计税价格 = 关税完税价格 + 关税 + 消费税

应纳增值税税额 = 组成计税价格 × 税率

（2）小企业卖出或提供以外币计价的商品或劳务

小企业卖出或提供以外币计价的商品或劳务，如向国外销售货物，应按照交易发生日的即期汇率或交易当期平均汇率将外币金额折算为记账本位币金额，记入有关账户，同时按照外币金额登记“应收账款”等有关外币账户。

【例 6 – 29】 国内甲公司为一家小企业，记账本位币为人民币，对外币交易采用交易日的即期汇率折算。20 × 3 年 4 月 3 日向 D 公司出口销售商品 6 000 件，出口销售发票上标明的销售单价为每件 25 美元，当日的即期汇率为 1 美元 = 6.65 元人民币。假设不考虑相关税费，货款尚未收到。

甲公司应做如下会计处理：

借：应收账款——D 公司（美元户）　　997 500

　　贷：主营业务收入　　997 500

【涉税提示】

小企业出口货物确认收入时不需计算增值税销项税额。增值税暂行条例第二条规定，纳税人出口货物，税率为零；但是，国务院另有规定的除外。

(3) 借入或者借出外币资金

小企业为了筹集资金，如果向银行借入外币，应按照外币借款入账当日的即期汇率或交易当期平均汇率将外币金额折算为记账本位币金额，记入有关账户，同时按照外币金额登记“短期借款”或“长期借款”等有关外币账户。

【例6－30】国内丙公司选定的记账本位币是人民币。20×3年4月10日从中国工商银行借入欧元12 000元，期限为6个月，年利率为6%，当日的即期汇率为1欧元＝10元人民币。借入的欧元已存入银行。

丙公司应做如下会计处理：

借：银行存款——欧元户　　120 000

　　贷：短期借款——欧元户　　120 000

(4) 外币兑换的折算

小企业发生的外币兑换业务，是指小企业从银行等金融机构购入外汇或向银行等金融机构售出外汇，应当以交易实际采用的汇率，即按银行卖出价或买入价折算为实际向银行付出或实际收到的记账本位币，同时按当日的即期汇率或交易当期平均汇率将买入或售出外币折算为记账本位币，二者差额计入当期损益。

【例6－31】国内甲公司为一家小企业，记账本位币为人民币，对外币交易采用交易日的即期汇率折算。20×3年5月10日，因外币支付需要，从银行购入10 000美元，银行当日的美元卖出价为1美元＝6.5元人民币，当日的即期汇率为1美元＝6.4元人民币。

甲公司应做如下会计处理：

借：银行存款——美元户　　64 000

　　财务费用　　1 000

　　贷：银行存款　　65 000

【例6－32】国内乙公司为一家小企业，记账本位币为人民币，对外币交易采用交易日的即期汇率折算。20×3年5月20日，将50 000美元到银行兑换为人民币，银行当日的美元买入价为1美元＝6.20元人民币，即期汇率为1美元＝6.15元人民币。

乙公司应做如下会计处理：

借：银行存款　　310 000

　　贷：银行存款——美元户　　307 500

营业外收入　　　　2 500

(5) 其他以外币计价的交易

小企业收到投资者以外币投入的资本，无论是否有合同约定汇率，应采用交易日即期汇率折算，不得采用合同约定汇率和交易当期平均汇率折算，这样外币投入资本与相应的货币性项目的记账本位币金额相等，不产生外币资本折算差额。

【例6-33】国内丁公司的记账本位币为人民币。20×3年10月10日，与某外商签订投资合同，当日收到外商投入资本40 000美元，当日即期汇率为1美元=6.8元人民币，假定投资合同约定汇率为1美元=6.2元人民币。

丁公司应做如下会计处理：

借：银行存款——美元户　　　　272 000

　　贷：实收资本　　　　272 000

5. 结算日对外币交易余额的会计处理

小企业对外币货币性项目进行结算时，将其外币结算金额按照当日即期汇率折算为记账本位币金额，并与原记账本位币金额进行比较，其差额计入当期损益。

【例6-34】国内C公司的记账本位币为人民币。20×3年12月1日，向国外乙公司出口商品一批，货款共计50 000美元，尚未收到，当日即期汇率为1美元=6.0元人民币。假定不考虑相关税费。

C公司应做如下会计处理：

借：应收账款——乙公司（美元户）　　　　300 000

　　贷：主营业务收入　　　　300 000

假如20×3年12月25日收到上述货款（即结算日），当日的即期汇率为1美元=6.25元人民币，C公司实际收到的货款50 000美元，折算为人民币为312 500（50 000×6.25）元，与当日该笔外币货币性项目“应收账款”的账面金额300 000元人民币的差额为12 500元，即汇兑收益，应计入“营业外收入”科目。

C公司应做如下会计处理：

借：银行存款　　　　312 500

　　贷：应收账款——乙公司（美元户）　　　　300 000

　　　　营业外收入　　　　12 500

【例6-35】国内C公司的记账本位币为人民币。20×3年12月1日，向国外B供货商购入原材料一批，材料已经验收入库。根据供货合同，货款共计100 000美元，货到后20日内C公司付清所有货款。材料购入当日即期汇率为1美元=6.0元人民币。假定20×3年12月20日的即期汇率为1美元=6.2元人民币（假定不考虑相关税费）。

C公司应做如下会计处理：

（1）20×3年12月1日原材料入库时：

借：原材料　　600 000

　　贷：应付账款——B公司（美元户）　　600 000

（2）20×3年12月20日付清货款时：

借：应付账款——B公司（美元户）　　600 000

　　财务费用　　20 000

　　贷：银行存款　　620 000

6. 会计期末对外币交易余额的会计处理

资产负债表日，小企业应当分别外币货币性项目和外币非货币性项目对外币交易余额进行处理。

（1）外币货币性项目，采用资产负债表日的即期汇率折算。因资产负债表日即期汇率与初始确认时或者前一资产负债表日即期汇率不同而产生的汇兑差额，计入当期损益。

【例6-36】以例6-27资料为例，4月30日，甲公司尚未向国外A公司支付所欠材料款。当日即期汇率为1美元=6.42元人民币。

甲公司应做如下会计处理：

应付国外A公司货款按期末即期汇率折算为321 000元人民币（500×100×6.42），与该货款原记账本位币340 000元人民币之差19 000元人民币，是外币交易金额因汇率变动而产生的汇兑收益。

借：应付账款——乙公司（美元户）　　19 000

　　贷：营业外收入　　19 000

【例6-37】以例6-29资料为例，4月30日，甲公司仍未收到D公司的销售货款。当日的即期汇率为1美元=6.42元人民币。

甲公司应做如下会计处理：

D公司所欠销售货款按当日即期汇率折算为963 000（6 000×25×6.42）元人民币，与该货款原记账本位币997 500元之差额为34 500元人民币，是外币交易金额因汇率变动而产生的汇兑损失。

借：财务费用　　　　　　　　　　　　　　　　　34 500

　　贷：应收账款——D 公司（美元户）　　　　　　　　34 500

（2）外币非货币性项目

小企业对以历史成本计量的外币非货币性项目，仍采用交易发生日的即期汇率折算，不改变其记账本位币金额。不产生汇兑差额。

【涉税提示】

《企业所得税法实施条例》第一百三十条规定：企业所得以人民币以外的货币计算的，预缴企业所得税时，应当按照月度或者季度最后一日的人民币汇率中间价，折合成人民币计算应纳税所得额。年度终了汇算清缴时，对已经按照月度或者季度预缴税款的，不再重新折合计算，只就该纳税年度内未缴纳企业所得税的部分，按照纳税年度最后一日的人民币汇率中间价，折合成人民币计算应纳税所得额。

四、外币财务报表的折算

小企业对外币财务报表进行折算时，应当采用资产负债表日的即期汇率对外币资产负债表、利润表和现金流量表的所有项目进行折算。由于采用统一的汇率对报表所有项目进行折算，所以不会产生外币报表折算差额，也减少了外币财务报表折算的工作量。

第七章

利润形成与分配

本章讲述小企业利润形成及利润分配的会计处理。

第一节 利润形成

一、利润的概念及构成

利润，是指小企业在一定会计期间的经营成果。利润的构成体现在利润表中，包括营业利润、利润总额和净利润。利润指标是衡量一个企业经营业绩常用指标之一。

（一）营业利润

小企业的营业利润，是由营业收入减去营业成本、营业税金及附加、销售费用、管理费用、财务费用，加上投资收益（或减去投资损失）后的金额确定的。

小企业的营业利润按可用公式表示如下：

营业利润＝营业收入－营业成本－营业税金及附加

$$-期间费用+投资收益（或减投资损失）$$

营业收入＝主营业务收入＋其他业务收入

营业成本＝主营业务成本＋其他业务成本

期间费用＝销售费用＋管理费用＋财务费用

其中，营业收入是指小企业销售商品（材料）和提供劳务所实现的收入总额，而营业成本是与之相配比的成本总额。营业收入减营业成本就是小企业实现的毛利，它是衡量一个企业利润水平、盈利能力最常用的指标，也是税务人员进行纳税评估和税收检查时的重要参考信息之一。

（二）利润总额

小企业的利润总额，是指营业利润加上营业外收入，减去营业外支出后的金额，利润总额可用公式表示如下：

利润总额＝营业利润＋营业外收入－营业外支出

其中，营业外收入和营业外支出是小企业发生的与日常经营活动无直接关系的各项利得和损失。

（三）净利润

小企业的净利润，是指利润总额减去所得税费用后的金额。

净利润可用公式表示如下：

净利润＝利润总额－所得税费用

其中，所得税费用是指小企业按照税法规定计算的当期应纳所得税额。

营业收入、营业成本及营业税金及附加的内容见第五章；投资收益的内容见第六章第二节。本章主要讲述期间费用、营业外收入、营业外支出及所得税费用的会计处理。

二、期间费用

期间费用，是指小企业发生的、不能直接归属于某个特定产品成本的各项费用。期间费用是随着生产经营过程的不断进行而逐渐发生的，与当期产品的生产管理和产品的销售直接相关，但与产品的产量、产品的生产工艺和制造过程无直接关系，也就是说容易确定其发生的期间，而难以判别其所应归属的某种产品。因此，期间费用一般不计入产品制造成本，而应在发生时计入当期损益。期间费用包括销售费用、管理费用和财务费用。

（一）销售费用

1. 销售费用核算的内容

销售费用，是指小企业在销售商品或提供劳务过程中发生的各种费用。包括：销售人员的职工薪酬、商品维修费、运输费、装卸费、包装费、保险费、广告费和业务宣传费、展览费等。

小企业应设置“销售费用”科目，核算小企业在销售商品或提供劳务过程中发生的各种费用。本科目应按照费用项目设置明细账进行明细核算。期末，可将本科目余额转入“本年利润”科目，结转后本科目应无余额。

小企业（批发业、零售业）在购买商品过程中发生的费用，包括运输费、装卸费、包装费、保险费、运输途中的合理损耗和入库前的挑选整理费等，也在本科目核算。

2. 销售费用的会计处理

小企业在销售商品或提供劳务过程中发生的销售人员的职工薪酬、商品维修费、运输费、装卸费、包装费、保险费、广告费、业务宣传费、展览费等费用，借记“销售费用”科目，贷记“库存现金”、“银行存款”等科目。

小企业（批发业、零售业）在购买商品过程中发生的运输费、装卸费包装费、保险费、运输途中的合理损耗和入库前的挑选整理费等，借记“销售费用”科目，贷记“库存现金”、“银行存款”、“应付账款”等科目。

期末，将“销售费用”科目余额转入“本年利润”科目时，借记“本年利润”科目，贷记“销售费用”科目。

【例7－1】林海公司于20×3年5月10日，以银行存款支付商品维修费32 000元。以现金分别支付销售产品的运杂费950元、保险费990元、包装费1 000元、装卸费960元。

林海公司应做如下会计处理：

(1) 支付维修费时：

借：销售费用　　　　32 000

　　贷：银行存款　　　　32 000

(2) 支付产品销售费用时：

借：销售费用　　3 900

　贷：库存现金　　3 900

【例7-2】林海公司于20×3年5月20日，以银行存款支付广告费378 600元。

林海公司应做如下会计处理：

借：销售费用　　378 600

　贷：银行存款　　378 600

【例7-3】期末，将本月发生的销售费用414 500元结转本年利润。

林海公司应做如下会计处理：

借：本年利润　　414 500

　贷：销售费用　　414 500

（二）管理费用

1. 管理费用核算的内容

管理费用，是指小企业为组织和管理生产经营发生的各项其他费用。包括：小企业在筹建期间内发生的开办费、行政管理部门发生的费用（包括固定资产折旧费、修理费、办公费、水电费、差旅费、管理人员的职工薪酬等）、业务招待费、研究费用、技术转让费、相关长期待摊费用摊销、财产保险费、聘请中介机构费、咨询费（含顾问费）、诉讼费等费用。

小企业应设置“管理费用”科目，核算小企业为组织和管理生产经营发生的其他费用。小企业（批发业、零售业）管理费用不多的，可不设置本科目，将本科目的核算内容可并入“销售费用”科目核算。该科目应按照费用项目设置明细账进行明细核算。期末，可将该科目的余额转入“本年利润”科目，结转后该科目应无余额。

2. 管理费用的会计处理

小企业发生的管理费用应按下列规定进行会计处理：

(1) 小企业在筹建期间内发生的开办费，包括相关人员的职工薪酬、办公费、培训费、差旅费、印刷费、注册登记费以及不计入固定资产成本的借款费用等费用，在实际发生时，借记“管理费用”科目，贷记“银行存款”等科目。

(2) 行政管理部门人员的职工薪酬，借记“管理费用”科目，贷记

"应付职工薪酬"科目。

（3）行政管理部门计提的固定资产折旧费和发生的修理费，借记"管理费用"科目，贷记"累计折旧"、"银行存款"等科目。

（4）行政管理部门发生的办公费、水电费、差旅费，借记"管理费用"科目，贷记"银行存款"等科目。

（5）小企业发生的业务招待费、相关长期待摊费用摊销、技术转让费、财产保险费、聘请中介机构费、咨询费（含顾问费）、诉讼费等，借记"管理费用"科目，贷记"银行存款"、"长期待摊费用"等科目。

（6）小企业自行研究无形资产发生的研究费用，借记"管理费用"科目，贷记"研发支出"科目。

（7）期末，可将"管理费用"科目的余额转入"本年利润"科目，借记"本年利润"科目，贷记"管理费用"科目。

【例 7-4】林海公司于 20×3 年 5 月 9 日以银行存款支付业务招待费 13 600 元，咨询费 5 000 元，水电费 12 500 元。以现金支付报销的差旅费 13 900 元，办公费 900 元。

林海公司应做如下会计处理：

（1）以银行存款支付各项费用时：

借：管理费用　　31 100

　　贷：银行存款　　31 100

（2）以现金支付各项费用时：

借：管理费用　　14 800

　　贷：库存现金　　14 800

【例 7-5】林海公司于 20×3 年 5 月计提行政管理部门各项费用共计 399 000 元。其中行政管理人员工资 239 000 元，福利费 15 000 元，办公设备折旧费 67 000 元，长期待摊费用摊销 6 000 元，无形资产摊销 72 000 元。

林海公司应做如下会计处理：

（1）计提工资费用时：

借：管理费用　　254 000

　　贷：应付职工薪酬——职工工资　　239 000

　　　　　　　　　——职工福利费　　15 000

（2）计提折旧和摊销各项费用时：

借：管理费用　　145 000

贷：累计折旧 67 000

累计摊销 72 000

长期待摊费用 6 000

【例7-6】期末，将本月发生的管理费用444 900元结转本年利润。

林海公司应做如下会计处理：

借：本年利润 444 900

贷：管理费用 444 900

（三）财务费用

1. 财务费用核算的内容

财务费用，是指小企业为筹集生产经营所需资金发生的筹资费用。包括利息费用（利息收入）、汇兑损失、银行相关手续费、小企业给予的现金折扣（减享受的现金折扣）等费用。

小企业应设置“财务费用”科目，核算小企业发生的为筹集生产经营所需资金发生的筹资费用。小企业为购建固定资产、无形资产和经过1年期以上的制造才能达到预定可销售状态的存货发生的借款费用，在“在建工程”、“研发支出”、“制造费用”等科目核算，不在本科目核算。

小企业发生的汇兑收益，在“营业外收入”科目核算，不在本科目核算。本科目应按照费用项目设置明细账进行明细核算。期末，可将该科目余额转入“本年利润”科目，结转后该科目应无余额。

2. 财务费用的会计处理

小企业发生的财务费用应按下列规定进行会计处理：

（1）小企业发生的利息费用、汇兑损失、银行相关手续费、给予客户的现金折扣等，借记“财务费用”科目，贷记“应付利息”、“银行存款”等科目。

（2）持未到期的商业汇票向银行贴现，应当按照实际收到的金额，借记“银行存款”科目，按照贴现息，借记“财务费用”科目，按照商业汇票的票面金额，贷记“应收票据”科目（银行无追索权情况下）或“短期借款”科目（银行有追索权情况下）。

（3）发生的应冲减财务费用的利息收入、享受的现金折扣等，借记“银行存款”等科目，贷记“财务费用”科目。

（4）期末，可将“财务费用”科目的借方余额转入“本年利润”科目，借记“本年利润”科目，贷记“财务费用”科目；如果“财务费用”科目的余额在贷方，做相反的会计分录。

【例7－7】林海公司于20×3年5月25日以银行存款1 680元支付银行手续费。

林海公司应做如下会计处理：

借：财务费用　　1 680

　　贷：银行存款　　1 680

【例7－8】林海公司于20×3年5月26日收到银行存款结息单，利息收入890元。

林海公司应做如下会计处理：

借：银行存款　　890

　　贷：财务费用　　890

【例7－9】期末，将本月发生的财务费用790元结转本年利润。

林海公司应做如下会计处理：

借：本年利润　　790

　　贷：财务费用　　790

三、营业外收入

(一) 营业外收入核算的内容

营业外收入，是指小企业非日常生产经营活动形成的、应当计入当期损益、会导致所有者权益增加、与所有者投入资本无关的经济利益的总流入。

小企业的营业外收入包括非流动资产处置净收益、政府补助、捐赠收益、盘盈收益、汇兑收益、出租包装物和商品的租金收入、逾期未退包装物押金收益、确实无法偿付的应付款项、已作坏账损失处理后又收回的应收款项、违约金收益等。

1. 非流动资产处置净收益

非流动资产处置净收益，包括处置固定资产、无形资产、生产性生物资产等取得的收益，但处置长期股权投资和长期债券投资实现的净收益应当计入投资收益，不在营业外收入核算。

2. 政府补助

政府补助，是指小企业从政府无偿取得的货币性资产或非货币性资产，但不含政府作为小企业所有者投入的资本。

小企业收到与资产相关的政府补助，应当确认为递延收益，并在相关资产的使用寿命内平均分配，计入营业外收入。

收到的其他政府补助，用于补偿本小企业以后期间的相关费用或亏损的，确认为递延收益，并在确认相关费用或发生亏损的期间，计入营业外收入。用于补偿本企业已发生的相关费用或亏损的，直接计入营业外收入。

政府补助为货币性资产的，应当按照收到的金额计量。

政府补助为非货币性资产的，政府提供了有关凭据的，应当按照凭据上标明的金额计量；政府没有提供有关凭据的，应当按照同类或类似资产的市场价格或评估价值计量。

小企业按照规定实行企业所得税、增值税、消费税、营业税等先征后返的，应当在实际收到返还的企业所得税、增值税（不含出口退税）、消费税、营业税时，计入营业外收入。

3. 盘盈收益

盘盈收益，是指小企业在清查财产过程中查明的各种财产的盘盈，包括库存现金、银行存款、材料、产成品、商品、固定资产、生产性生物资产等溢余。

4. 汇兑收益

汇兑收益，是指小企业在资产负债表日将外币交易所产生的外币货币性项目进行折算，由于汇率不同而产生的汇兑收益。

5. 出租包装物和商品的租金收入

出租包装物和商品的租金收入，是指小企业将暂时闲置不用的包装物或库存产成品、商品出租给第三方使用并取得的租金收入。

6. 逾期未退包装物押金收益

包装物押金，是指小企业为销售商品而向购买方出租或出借包装物所收取的押金。小企业按照双方的约定向购买方收取包装物押金时，应确认为一项负债，不会增加小企业的所有者权益。但是，当小企业收取的押金按照双方约定逾期未返还购买方时，则会增加小企业的所有者权益，应确认为小企业的营业外收入。

7. 确实无法偿付的应付款项

确实无法偿付的应付款项，是指小企业发生的应付款项由于各种原因确实无法支付时，形成小企业的营业外收入。

8. 已作坏账损失处理后又收回的应收款项

小企业在日常生产经营中发生的应收款项，如果符合规定的条件无法收回，可以作为坏账损失计入当期营业外支出，但对小企业而言并不意味着放弃这项债权的追索权。因此，如果以后期间又收回了全部或部分该笔已核销坏账损失的应收款项时，仍应当作为小企业的资产进行入账，同时计入营业外收入。

9. 违约金收益

违约金是合同一方当事人不履行合同或者履行合同不符合约定时，向另一方当事人支付的用于赔偿损失的金额。小企业取得的对方支付的违约金，应当作为营业外收入处理。

（二）营业外收入的会计处理

小企业应当设置“营业外收入”科目，核算非日常经营业务取得的各项收益。该科目应按照营业外收入项目设置明细账进行明细核算。期末，可将该科目余额转入“本年利润”科目，结转后该科目应无余额。

小企业收到出口产品或商品按照规定退回的增值税款，在“其他应收款”科目核算，不在本科目核算。

通常，小企业的营业外收入应当在实现时按照其实现金额计入当期损益。

1. 非流动资产处置净收益的会计处理

非流动资产处置收益包括对非流动资产进行出售、捐赠、对外投资、或者报废处理等取得的收益。

（1）固定资产的处置

小企业应设置“固定资产清理”科目，核算小企业因出售、报废、毁损、对外投资等原因处置固定资产所转出的账面价值、清理过程中发生的税费以及处置过程中取得的各项收入、赔款等。该科目应按照被清理的固定资产项目设置明细账进行明细核算。期末借方余额，反映小企业尚未清理完毕的固定资产清理净损失。期末贷方余额，反映小企业尚未清理完毕的固定资产清理净收益。该科目在清理完毕结转净收益或净损失后应无余额。

小企业因出售、报废、毁损、对外投资等原因处置固定资产，应当按照该项固定资产的账面价值，借记“固定资产清理”科目，按照其已计提的累计折旧，借记“累计折旧”科目，按照其原价，贷记“固定资产”科目。

同时，按照税法规定不得从增值税销项税额中抵扣的进项税额，借记“固定资产清理”科目，贷记“应交税费——应交增值税（进项税额转出）”科目。

固定资产清理过程中应支付的相关税费及其他费用，借记“固定资产清理”科目，贷记“银行存款”、“应交税费”等科目。

取得出售固定资产的价款、残料价值和变价收入等处置收入，借记“银行存款”、“原材料”等科目，贷记“固定资产清理”科目。应由保险公司或过失人赔偿的损失，借记“其他应收款”等科目，贷记“固定资产清理”科目。

固定资产清理完成后，按照贷方余额，借记“固定资产清理”科目，贷记“营业外收入——非流动资产处置净收益”科目。

【例7-10】林海公司于20×3年5月15日将不需用生产用设备出售给立人公司，开出增值税专用发票注明价款100 000元，增值税额17 000元，款项已存入银行。该设备账面原值120 000元，累计折旧35 000元，进项税额已抵扣。

林海公司应做如下会计处理：

①出售固定资产转入清理时：

借：固定资产清理　　85 000
　　累计折旧　　35 000
　　贷：固定资产　　120 000

②收到出售设备价款时：

借：银行存款　　117 000
　　贷：固定资产清理　　100 000
　　　　应交税费——应交增值税（销项税额）　　17 000

③结转出售设备净收益时：

借：固定资产清理　　15 000
　　贷：营业外收入——非流动资产处置净收益　　15 000

（2）无形资产的处置

小企业因出售、报废、对外投资等原因处置无形资产，应当按照取得的出售无形资产的价款等处置收入，借记“银行存款”等科目，按照其已计提的累计摊销，借记“累计摊销”科目，按照应支付的相关税费及其他费用，贷记“应交税费——应交营业税”、“银行存款”等科目，按照其成本，贷记“无形资产”科目，按照其差额，贷记“营业外收入——非流动资产处置净收益”科目。

【例7－11】林海公司于20×3年11月12日出售一项专利权，实际取得转让价款290 000元。该项专利权取得的成本320 000元，已摊销50 000元，应交营业税14 500元，款项已存入银行。

林海公司应做如下会计处理：

借：银行存款　　290 000
　　累计摊销　　50 000
　　贷：无形资产　　320 000
　　　　应交税费——应交营业税　　14 500
　　　　营业外收入——非流动资产处置净收益　　5 500

2. 政府补助收入的会计处理

小企业确认的政府补助收入，应借记“银行存款”或“递延收益”科目，贷记“营业外收入”科目。

【例7－12】林海公司于20×3年6月收到当地财政拨款300 000元，用于对旧设备的更新改造。7月，林海公司购入不需要安装的节能设备1台，实际成本为300 000元，预计使用寿命为5年，按平均年限法计提折旧，假如预计净残值为零，不考虑其他相关税费。

林海公司应做如下会计处理：

（1）确认政府补助收益时：

借：银行存款　　300 000
　　贷：递延收益　　300 000

（2）购入环保设备时：

借：固定资产　　300 000
　　贷：银行存款　　300 000

（3）该设备按月计提折旧时：

月折旧额＝300 000÷5÷12＝5 000（元）

借：管理费用　　　　　　　　　　　　　　　　5 000
　　贷：累计折旧　　　　　　　　　　　　　　　　5 000

（4）摊销递延收益时：

借：递延收益　　　　　　　　　　　　　　　　5 000
　　贷：营业外收入——政府补助收益　　　　　　　5 000

3. 税费返还收益的会计处理

小企业按照规定实行企业所得税、增值税（不含出口退税）、消费税、营业税等先征后返的，应当在实际收到返还的企业所得税、增值税、消费税、营业税等时，借记“银行存款”科目，贷记“营业外收入”科目。

【例 7－13】林海公司于 20×3 年 6 月按照规定收到先征后返的增值税款 550 000 元存入银行。

林海公司应做如下会计处理：

借：银行存款　　　　　　　　　　　　　　　550 000
　　贷：营业外收入——税费返还收益　　　　　　550 000

4. 捐赠收益的会计处理

小企业根据确认的捐赠收益，借记“银行存款”、“固定资产”等科目，贷记“营业外收入”科目。

5. 盘盈收益的会计处理

小企业应设置“待处理财产损溢”科目，核算小企业在清查财产过程中查明的各种财产盘盈、盘亏和毁损的价值。小企业所采购物资在运输途中因自然灾害等发生的损失或尚待查明的损耗，也通过本科目核算。该科目应按照待处理流动资产损溢和待处理非流动资产损溢设置明细账进行明细核算。小企业发生的财产损溢，应当及时查明原因，在结账前处理完毕，处理后本科目应无余额。

小企业对盘盈的各种材料、产成品、商品等，应当按照同类或类似存货的市场价格或评估价值，借记“原材料”、“库存商品”等科目，贷记“待处理财产损溢——待处理流动资产损溢”科目。

小企业对盘盈的固定资产，按照同类或类似固定资产的市场价格或评估价值扣除按照该项固定资产新旧程度估计的折旧后的余额，借记“固定资产”科目，贷记“待处理财产损溢——待处理非流动资产损溢”科目。

期末，小企业按照管理权限经批准后处理时，借记“待处理财产损溢——待处理流动资产损溢”、“待处理财产损溢——待处理非流动资产损溢”科目，贷记“营业外收入”科目。

【例 7 – 14】林海公司于 20 ×3 年年终对存货进行全面清查，盘点报告单记录：盘盈 A 材料 19 800 元、B 材料 6 000 元，盘盈甲产品 3 600 元。盘盈原因系计量不准造成。

林海公司应做如下会计处理：

（1）发现盘盈时：

借：原材料——A 材料　　19 800

　　　　　——B 材料　　6 000

　　库存商品——甲产品　　3 600

　　贷：待处理财产损溢——待处理流动资产损溢　　29 400

（2）报经批准后处理时：

借：待处理财产损溢——待处理流动资产损溢　　29 400

　　贷：营业外收入——盘盈收益　　29 400

【例 7 – 15】林海公司于 20 ×3 年年末对全部固定资产进行盘点时，发现一台机器设备没有账面记录，该设备同类产品市场价格为 100 000 元，估计新旧程度五成新。

林海公司应做如下会计处理：

（1）固定资产盘盈时：

借：固定资产　　50 000

　　贷：待处理财产损溢——待处理非流动资产损溢　　50 000

（2）经批准转销固定资产盘盈时：

借：待处理财产损溢——待处理非流动资产损溢　　50 000

　　贷：营业外收入——盘盈收益　　50 000

6. 汇兑收益的会计处理

小企业确认汇兑收益时，借记“银行存款”、“短期借款”、“长期借款”、“应收账款”等科目，贷记“营业外收入”科目。小企业发生的汇兑损失不在“营业外收入”科目核算，应当在发生时计入“财务费用”科目。

7. 包装物和商品的租金等收入的会计处理

小企业确认的出租包装物和商品的租金收入、逾期未退包装物押金收益、确实无法偿付的应付款项、违约金收益等，借记“其他应收款”、“应付账款”、“其他应付款”等科目，贷记“营业外收入”科目。

【例 7 – 16】林海公司 20 ×3 年 6 月 20 日向顺利公司出租包装物一批，

租期10个月，租金收入总额500 000元一次收到存入银行。该业务应交营业税25 000元，城建税1 250元，教育费附加750元。该包装物的成本为656 400元。

林海公司应做如下会计处理：

（1）收到租金款项时：

借：银行存款　　500 000

　　贷：其他应收款——顺利公司　　500 000

（2）确认收入时：

每月应确认收入额＝500 000÷10＝50 000（元）

借：其他应收款——顺利公司　　50 000

　　贷：营业外收入——租金收益　　50 000

（3）计算各项税费时：

借：营业税金及附加　　27 000

　　贷：应交税费——应交营业税　　25 000

　　　　　　——应交城市维护建设税　　1 250

　　　　　　——应交教育费附加　　750

小企业会计准则规定，出租包装物不需要结转其成本，但应当在备查簿中予以登记。

8. 已确认的坏账损失又收回的会计处理

小企业已确认的坏账损失以后又收回的应收款项，应借记“银行存款”等科目，贷记“营业外收入”科目。

【例7－17】林海公司于20×3年10月5日收到胜达公司前欠货款30 000元存入银行。该货款林海公司已作坏账核销。

林海公司应如做下会计处理：

借：银行存款　　30 000

　　贷：营业外收入　　30 000

小企业会计准则规定，已核销的坏账又收回时，不需要冲回原已核销的坏账损失，而是直接计入营业外收入。

【涉税提示】

按照小企业会计准则的规定，小企业发生的非日常经营业务取得的各项收入全部计入“营业外收入”科目，构成了利润总额的一部分，从企业所得税法的相关规定分析，除政府补助符合条件的免税以外，营业外收入中的大部分内容符合税法规定的纳税范围，一般不用做纳税调整。但在确认收入时间上可能会有所不同。

《财政部、国家税务总局关于企业所得税若干优惠政策的通知》（财税［2008］1号）第一条规定：软件生产企业实行增值税即征即退政策所退还的税款，由企业用于研究开发软件产品和扩大再生产，不作为企业所得税应税收入，不予征收企业所得税。

《财政部、国家税务总局关于财政性资金、行政事业收费、政府性基金有关企业所得税政策问题的通知》（财税［2008］151号）第一条规定：（1）企业取得的各类财政性资金，除属于国家投资和资金使用后要求归还本金的以外，均应计入企业当年收入总额。（2）对企业取得的由国务院财政、税务主管部门规定专项用途并经国务院批准的财政性资金，准予作为不征税收入，在计算应纳税所得额时从收入总额中减除。（3）纳入预算管理的事业单位、社会团体等组织按照核定的预算和经费报领关系收到的由财政部门或上级单位拨入的财政补助收入，准予作为不征税收入，在计算应纳税所得额时从收入总额中减除，但国务院和国务院财政、税务主管部门另有规定的除外。

财政性资金，是指企业取得的来源于政府及其有关部门的财政补助、补贴、贷款贴息以及其他各类财政专项资金，包括直接减免的增值税和即征即退、先征后退、先征后返的各种税收，但不包括企业按规定取得的出口退税款。

第三条规定：企业的不征税收入用于支出所形成的费用，不得在计算应纳税所得额时扣除；企业的不征税收入用于支出所形成的资产，其计算的折旧、摊销不得在计算应纳税所得额时扣除。

《财政部、国家税务总局关于专项用途财政性资金企业所得税处理问题的通知》（财税［2011］70号）第一条规定：企业从县级以上各级人民政府财政部门及其他部门取得的应计入收入总额的财政性资金，凡同时符合以下条件的，可以作为不征税收入，在计算应纳税所得额时从收入总额中减除：（1）企业能够提供规定资金专项用途的资金拨付文件；（2）财政部门或其他拨付资金的政府部门对该资金有专门的资金管理办法或具体管理要求；（3）企业对该资金以及以该资金发生的支出应独进行核算。

四、营业外支出

（一）营业外支出核算的内容

营业外支出，是指小企业非日常生产经营活动形成的、应当计入当期损益、会导致所有者权益减少、与所有者投入资本无关的经济利益的总流出。明确界定日常活动是为了将营业外支出与费用相区分。小企业日常活动是确认费用的重要判断标准，凡是日常活动所产生的经济利益的流出，应当确认为费用。反之，由非日常活动所产生的经济利益的流出，应当计入营业外支出。小企业的营业外支出包括：存货的盘亏、毁损、报废损失，非流动资产处置净损失，坏账损失，无法收回的长期债券投资损失，无法收回的长期股权投资损失，自然灾害等不可抗力因素造成的损失，税收滞纳金，罚金，罚款，被没收财物的损失，捐赠支出，赞助支出等。

1. 存货的盘亏、毁损和报废净损失

小企业应定期或者至少于每年年末对存货等财产进行清查盘点，发生盘盈、盘亏及毁损时，应及时查明原因，并进行相应的会计处理，以保证账实相符。存货的盘亏损失，是指小企业在清查财产过程中查明的存货账存金额大于实存金额造成的短缺。存货的毁损净损失，是指小企业因管理不善造成的存货意外损失、或者因工人操作过程中的操作和使用失误等所引起的损失。存货的报废净损失，是指因磨损、技术进步等原因引发的报废存货产生的损失。作为存货的盘亏、毁损和报废损失，最终计入营业外支出的金额是盘亏、毁损或报废存货的成本扣除残料收入后的净额。

2. 非流动资产处置净损失

小企业处置非流动资产发生的净损失，包括处置固定资产、无形资产、生产性生物资产、长期债券投资、长期股权投资、长期待摊费用等，但不包括无法收回的长期债券投资损失和长期股权投资损失，后者应单独作为损失计入营业外支出。

3. 坏账损失和无法收回的长期债券投资损失

坏账损失，是指小企业无法收回或者收回的可能性极小的应收及预付款项。小企业应收及预付款项符合下列条件之一的，减除可收回的金额后确认的无法收回的应收及预付款项，作为坏账损失：

（1）债务人依法宣告破产、关闭、解散、被撤销，或者被依法注销、吊销营业执照，其清算财产不足清偿的。

（2）债务人死亡，或者依法被宣告失踪、死亡，其财产或者遗产不足清偿的。

（3）债务人逾期 3 年以上未清偿，且有确凿证据证明已无力清偿债务的。

（4）与债务人达成债务重组协议或法院批准破产重整计划后，无法追偿的。

（5）因自然灾害、战争等不可抗力导致无法收回的。

（6）国务院财政、税务主管部门规定的其他条件。

小企业长期债券投资符合上述条件之一的，减除可收回的金额后确认的无法收回的长期债券投资，作为长期债券投资损失。

4. 无法收回的长期股权投资损失

小企业长期股权投资符合下列条件之一的，减除可收回的金额后确认的无法收回的长期股权投资，作为长期股权投资损失：

（1）被投资单位依法宣告破产、关闭、解散、被撤销，或者被依法注销、吊销营业执照的。

（2）被投资单位财务状况严重恶化，累计发生巨额亏损，已连续停止经营3年以上，且无重新恢复经营改组计划的。

（3）对被投资单位不具有控制权，投资期限届满或者投资期限已超过10年，且被投资单位因连续3年经营亏损导致资不抵债的。

（4）被投资单位财务状况严重恶化，累计发生巨额亏损，已完成清算或清算期超过3年以上的。

（5）国务院财政、税务主管部门规定的其他条件。

5. 自然灾害等不可抗力因素造成的损失

自然灾害等不可抗力因素造成的损失，是指小企业因非人力所能抗拒或者阻止的原因等发生的资产损失，如洪水、风暴、地震等造成的房屋塌陷、商品、材料被淹等。

6. 税收滞纳金

税收滞纳金，是指税务机关对纳税人未按规定期限缴纳税款而附加征收的一种延期赔偿金。征收税收滞纳金的主要目的是督促纳税人按期缴纳税款，减少欠税，保证税款及时入库。

7. 罚金

罚金作为一种财产刑，是指当小企业的某些经济行为涉及破坏经济秩序和其他谋取非法利益时，在经济上给予的一定惩罚。罚金作为一种附加刑，并不剥夺犯罪人的人身自由权，也不会对犯罪人产生直接的人身痛苦和社会后果等。判处罚金以犯罪人是否触犯刑律，且是否属于财产刑为先决条件。罚金的目的是对犯罪分子除了在刑罚上给予处罚外，在经济上亦给予制裁的一种手段，是一种附加刑。

8. 罚款

罚款是行政处罚的一种，是指行为人的行为没有违反刑法的规定，而是违反了治安管理、工商行政、税务等各行政法规的规定，行政执法部门依据行政法规的规定和程序决定对行为人采取的一种行政处罚。罚款不由人民法院判决，因此在性质上与没收财产、罚金有本质上的区别。

9. 被没收财物的损失

没收财产，是指将犯罪人的财物、现金、债权等财产收归国家所有，以弥补因其犯罪造成的损失，同时断绝其犯罪活动的经济来源。没收财产属于财产刑事处罚，可以单处也可以并处。

10. 捐赠支出

捐赠支出，是指小企业对外进行的无偿赠送行为，包括各项货币性支出和非货币性支出。从税法的角度分类，捐赠支出包括按照比例允许税前扣除的公益性捐赠支出、超比例不允许税前扣除的公益性捐赠支出，以及非公益性捐赠支出。

11. 赞助支出

赞助支出，是指小企业发生的与生产经营活动无关的各种非广告性质支出。

（二）营业外支出的会计处理

小企业应设置“营业外支出”科目，核算非日常经营业务发生的各项支出。该科目应按照营业外支出项目设置明细账进行明细核算。期末，可将该科目余额转入“本年利润”科目，结转后该科目应无余额。

通常，小企业的营业外支出应当在发生时按照其发生额计入当期损益。

1. 资产盘亏、处置损失的会计处理

（1）存货盘亏、毁损、报废损失的会计处理

小企业盘亏、毁损、短缺的各种材料、产成品、商品等，应当按照其账面余额，借记“待处理财产损溢——待处理流动资产损溢”科目，贷记“材料采购”或“在途物资”、“原材料”、“库存商品”等科目。涉及增值税进项税额的，贷记“应交税费——应交增值税（进项税额转出）。

按照管理权限经批准后处理时，按照残料价值，借记“原材料”等科目，按照可收回的保险赔偿或过失人赔偿，借记“其他应收款”科目，按照“待处理财产损溢——待处理流动资产损溢”科目余额，贷记“待处理财产损溢——待处理流动资产损溢”科目，按照其借方差额，借记“营业外支出”科目。

【例7-18】林海公司于20×3年年终对存货进行全面清查，盘点报告

单记录：盘亏乙产品实际成本 83 600 元。盘亏原因系管理不善造成被盗。该产品耗用原材料 50 000 元，进项税额 8 500 元。

林海公司应做如下会计处理：

①发现盘亏时：

借：待处理财产损溢——待处理流动资产损溢　　92 100
　贷：库存商品——乙产品　　83 600
　　应交税费——应交增值税（进项税额转出）　　8 500

②报经批准后处理时：

借：营业外支出——存货盘亏损失　　92 100
　贷：待处理财产损溢——待处理流动资产损溢　　92 100

（2）固定资产盘亏损失的会计处理

小企业在财产清查中发现盘亏的固定资产，按照该项固定资产的账面价值，借记“待处理财产损溢——待处理非流动资产损溢”科目，按照已计提的折旧，借记“累计折旧”科目，按照其原价，贷记“固定资产”科目。

盘亏的固定资产，按照管理权限经批准后处理时，按照可收回的保险赔偿或过失人赔偿款，借记“其他应收款”科目，按照“待处理财产损溢——待处理非流动资产损溢”科目余额，贷记“待处理财产损溢——待处理非流动资产损溢”科目，按照其借方差额，借记“营业外支出”科目。

【例 7－19】林海公司于 20×3 年末在清查财产过程中，发现盘亏生产用设备一台，经查系因管理不善造成被盗，该设备原值 20 000 元，已提折旧 12 000 元。经批准，由车间管理人员王红赔偿 5 000 元。假设购入时已申报抵扣增值税进项税额。

林海公司应做如下会计处理：

①固定资产盘亏时：

进项税额转出额＝(20 000－12 000)×17%＝1 360（元）

借：待处理财产损溢——待处理非流动资产损溢　　9 360
　累计折旧　　12 000
　贷：固定资产　　20 000
　　应交税费——应交增值税（进项税额转出）　　1 360

②经批准转销固定资产盘亏时：

借：其他应收款——王红　　5 000

营业外支出——固定资产盘亏损失　　4 360

贷：待处理财产损溢——待处理非流动资产损溢　　9 360

（3）非流动资产处置净损失的会计处理

小企业应通过“固定资产清理”科目，核算处置固定资产发生的各项损失，包括对固定资产的出售、捐赠、对外投资、或者报废毁损等发生的损失。清理完成后，根据该科目的借方余额，借记“营业外支出——非流动资产处置净损失”科目，贷记“固定资产清理”科目。

小企业处置无形资产发生的损失，根据处置收入扣除各项处置税费以后的差额，直接计入营业外支出科目。

【例7-20】林海公司20×3年5月10日，在交通事故中毁损运输卡车一辆，该卡车原价100 000元，已提折旧40 000元，收到保险赔偿款40 000元存入银行，残料变价收入现金5 000元。

林海公司应做如下会计处理：

①注销毁损车辆时：

借：固定资产清理　　60 000

累计折旧　　40 000

贷：固定资产　　100 000

②收到赔偿款时：

借：银行存款　　40 000

贷：固定资产清理　　40 000

③收到残料款时：

借：库存现金　　5 000

贷：固定资产清理　　5 000

④结转毁损净损失时：

借：营业外支出——处置非流动资产净损失　　15 000

贷：固定资产清理　　15 000

【例7-21】林海公司于20×3年6月报废旧厂房一幢。该厂房的原值360 000元，已提折旧349 000元。在清理过程中，以银行存款支付清理费用10 000元，收回残料入库作价16 000元。

林海公司应做如下会计处理：

①固定资产转入清理时：

借：固定资产清理　　11 000

累计折旧　　　　　　　　　　　　　　　　　　349 000

　　贷：固定资产　　　　　　　　　　　　　　　　　　360 000

②支付清理费用时：

借：固定资产清理　　　　　　　　　　　　　　　　10 000

　　贷：银行存款　　　　　　　　　　　　　　　　　　10 000

③残料入库时：

借：原材料　　　　　　　　　　　　　　　　　　　16 000

　　贷：固定资产清理　　　　　　　　　　　　　　　　16 000

④结转净损失时：

借：营业外支出——处置非流动资产净损失　　　　　　5 000

　　贷：固定资产清理　　　　　　　　　　　　　　　　5 000

【例 7-22】 林海公司于 20×3 年 10 月出售专利技术一项，该无形资产账面价值 390 000 元，已累计摊销 60 000 元，取得转让收入 200 000 元已存入银行，应交营业税 10 000 元，假如不考虑其他税费。

林海公司应做如下会计处理：

借：银行存款　　　　　　　　　　　　　　　　　200 000

　　累计摊销　　　　　　　　　　　　　　　　　　60 000

　　营业外支出——处置非流动资产净损失　　　　　140 000

　　贷：无形资产　　　　　　　　　　　　　　　　　390 000

　　　　应交税费——应交营业税　　　　　　　　　　　10 000

2. 坏账损失的会计处理

根据小企业会计准则的规定，确认实际发生的坏账损失、长期债券投资损失时，应当按照可收回的金额，借记“银行存款”等科目，按照应收账款、预付账款、其他应收款、长期债券投资的账面余额，贷记“应收账款”、“预付账款”、“其他应收款”、“长期债券投资”等科目，按照其差额，借记“营业外支出”科目。

【例 7-23】 林海公司于 20×3 年 6 月得知，胜达公司前欠货款 80 000 元，由于逾期 3 年，且有确凿证据证明对方已无力清偿，报经批准后予以核销。

林海公司应做如下会计处理：

借：营业外支出——坏账损失　　　　　　　　　　　80 000

　　贷：应收账款——胜达公司　　　　　　　　　　　　80 000

3. 各种罚款、罚金的会计处理

小企业支付的税收滞纳金、罚金、罚款，应借记“营业外支出”科目，贷记“银行存款”等科目。

【例7-24】林海公司于20×3年6月用银行存款支付税款滞纳金1 200元，税收罚款31 900元。

林海公司应做如下会计处理：

借：营业外支出——罚款支出　　33 100

　　贷：银行存款　　33 100

4. 捐赠、赞助支出的会计处理

小企业确认发生的捐赠支出、赞助支出，应借记“营业外支出”科目，贷记“银行存款”、“库存商品”等科目。

【例7-25】林海公司于20×3年6月将库存商品一批无偿捐赠给某贫困地区用于修建小学校舍。该批产品成本价92 000元，市场售价140 000元。该商品的增值税率17%。

林海公司应作如下会计处理：

借：营业外支出——捐赠支出　　115 800

　　贷：库存商品　　92 000

　　　　应交税费——应交增值税（销项税额）　　23 800

【涉税提示】

小企业会计准则规定，小企业发生的非日常经营业务而产生的各项支出全部计入“营业外支出”科目，从利润总额中予以扣除。但是按照税法的规定，有些支出是不允许扣除的，如税收滞纳金、罚款、罚金等。有些支出是在符合条件的情况下可以扣除，如坏账损失、捐赠支出的扣除等。因此，在计算应纳税所得额时，对不符合税法规定的各项支出应做相应的纳税调整。

《财政部、国家税务总局关于企业资产损失税前扣除政策的通知》（财税［2009］57号）第一条规定：资产损失，是指企业在生产经营活动中实际发生的、与取得应税收入有关的资产损失，包括现金损失，存款损失，坏账损失，贷款损失，股权投资损失，固定资产和存货的盘亏、毁损、报废、被盗损失，自然灾害等不可抗力因素造成的损失以及其他损失。第二条规定：企业清查出的现金短缺减除责任人赔偿后的余额，作为现金损失在计算应纳税所得额时扣除。第三条规定：企业将货币性资金存入法定具有吸收存款职能的机构，因该机构依法破产、清算，或者政府责令停业、关闭等原因，确实不能收回的部分，作为存款损失在计算应纳税所得额时扣除。第四条规定：企业除贷款类债权外的应收、预付账款符合下列条件之一的，减除可收回金额后确认的无法收回的应收、预付款项，可以作为坏账损失在计算应纳税所得额时扣除：（1）债务人依法宣告破产、关闭、解散、被撤销，或者被依法注销、吊销营业执照，其清算财产不足清偿的；（2）债务人死亡，或者依法被宣告失踪、死亡，其财产或者遗产不足清偿的；（3）债务人逾期 3 年以上未清偿，且有确凿证据证明已无力清偿债务的；（4）与债务人达成债务重组协议或法院批准破产重整计划后，无法追偿的；（5）因自然灾害、战争等不可抗力导致无法收回的；（6）国务院财政、税务主管部门规定的其他条件。

《国家税务总局关于企业资产损失所得税税前扣除管理办法的公告》（国家税务总局公告 2011 年第 25 号）第四条规定：企业实际资产损失，应当在其实际发生且会计上已作损失处理的年度申报扣除；法定资产损失，应当在企业向主管税务机关提供证据资料证明该项资产已符合法定资产损失确认条件，且会计上已作损失处理的年度申报扣除。第五条规定：企业发生的资产损失，应按规定的程序和要求向主管税务机关申报后方能在税前扣除。未经申报的损失，不得在税前扣除。

五、所得税费用

（一）所得税费用的确认

小企业会计准则规定，小企业应当按照企业所得税法规定计算的当期应纳所得税额，确认本期所得税费用。

按照企业所得税法的相关规定，企业每一纳税年度的收入总额，减除不征税收入、免税收入、各项扣除以及允许弥补的以前年度亏损后的余额，为应纳税所得额。税法强调的是各种应税收入抵减允许扣除项目后的结果。但在会计实务中，小企业是依据财政部颁布的《小企业会计准则》等各项会计标准，按照会计的处理程序和方法，对发生的各种经济事项进行确认和计量，计算出一定时期的经营成果，即利润总额。《企业所得税法》第二十一条规定，“在计算应纳税所得额时，企业财务、会计处理办法与税收法律、行政法规的规定不一致的，应当依照税收法律、行政法规的规定计算。”小企业按照会计核算的原则和方法计算的利润总额，与按照税法规定计算的应纳税所得额之间必然存在一定的差异，此时，小企业只能在利润总额的基础上，按照企业所得税法的规定进行纳税调整，计算出当期应纳税所得额，从而计算出应纳所得税额。计算公式如下：

应纳税所得额 = 利润总额 + 纳税调整增加额 − 纳税调整减少额

应纳所得税额 = 应纳税所得额 × 企业所得税税率

所得税费用 = 应纳所得税额

1. 利润总额，是指小企业按照小企业会计准则的规定计算确认的全部经营所得，具体内容及形成过程体现在利润表中。

2. 纳税调整增加额，是按照税法规定不允许税前扣除，而按照小企业会计准则的规定已经在利润总额中扣除的项目金额。小企业发生的纳税调整增加项目一般包括职工福利费、工会经费、教育经费、业务招待费、广告费和业务宣传费、捐赠支出、利息支出、罚款罚金支出、没收财物的损失、税收滞纳金、赞助支出以及与取得收入无关的支出等。

【涉税提示】

按照小企业会计准则的规定，小企业发生的各项费用分别计入期间费用、营业成本等项目，并在利润总额中予以扣除。但在计算应纳税所得额时，有的支出税法规定了税前扣除限额，在规定限额以内的允许扣除，如职工福利费、工会经费、教育经费分别按照工资薪金的14%、2%、2.5%税前扣除，超过部分不允许扣除，但教育经费超过部分可以无限延期扣除；再比如业务招待费，按照发生额的60%扣除，但最高不得超过当年销售（营业）收入的5‰，超过部分不得扣除；再比如企业发生的公益性捐赠支出，在年度利润总额12%以内的部分，准予在计算应纳税所得额时扣除等。有的支出税法规定不得扣除，如税收滞纳金、罚金、罚款、赞助支出等。企业所得税法第十条规定：在计算应纳税所得额时，下列支出不得扣除：（1）向投资者支付的股息、红利等权益性投资收益款项；（2）企业所得税税款；（3）税收滞纳金；（4）罚金、罚款和被没收财物的损失；（5）非公益性捐赠支出；（6）赞助支出；（7）未经核定的准备金支出；（8）与取得收入无关的其他支出。

3. 纳税调整减少额，是指按照会计标准已经计入当期利润总额，但是在计算应纳税所得额时，按照税法规定不征税、减税、或者免税等项目的金额。主要包括免税收入、不征税收入、减计收入、减免税项目所得和加计扣除等。

【涉税提示】

小企业发生的各项经营所得，按照小企业会计准则的规定全部计入当期利润总额。企业所得税法对企业取得各项所得，针对不同行业、不同企业或者不同业务取得的收入，规定了不同的税收优惠政策，分别予以免税、减税、或者不征税等优惠待遇。因此，小企业在计算应纳税所得额时，要在利润总额的基础上，对不征税收入做纳税调减。如小企业取得的国债利息收入，会计上已计入投资收益，构成利润总额的一部分，但是，企业所得税法规定这部分收入为免税收入，在计算应纳税所得时应做纳税调减；

再比如，小企业取得的财政性资金拨款，会计上已计入营业外收入，构成利润总额的一部分，如果符合税法规定的免税条件，此时，小企业也应做纳税调减。

企业所得税法第七条规定：收入总额中的下列收入为不征税收入：（1）财政拨款；（2）依法收取并纳入财政管理的行政事业性收费、政府性基金；（3）国务院规定的其他不征税收入。第二十六条规定：企业的下列收入为免税收入：（1）国债利息收入；（2）符合条件的居民企业之间的股息、红利等权益性投资收益；（3）在中国境内设立机构、场所的非居民企业从居民企业取得与该机构、场所有实际联系的股息、红利等权益性投资收益；（4）符合条件的非营利组织的收入。第二十七条规定：企业的下列所得，可以免征、减征企业所得税：（1）从事农、林、牧、渔业项目的所得；（2）从事国家重点扶持的公共基础设施项目投资经营的所得；（3）从事符合条件的环境保护、节能节水项目的所得；（4）符合条件的技术转让所得。第三十条规定：企业的下列支出，可以在计算应纳税所得额时加计扣除：（1）开发新技术、新产品、新工艺发生的研究开发费用；（2）安置残疾人员及国家鼓励安置的其他就业人员所支付的工资。第三十一条规定：创业投资企业从事国家需要重点扶持和鼓励的创业投资，可以按投资额的一定比例抵扣应纳税所得额。第三十三条规定：企业综合利用资源，生产符合国家产业政策规定的产品所取得的收入，可以在计算应纳税所得额时减计收入。第三十四条规定：企业购置用于环境保护、节能节水、安全生产等专用设备的投资额，可以按一定比例实行税额抵免。

（二）所得税费用的会计处理

小企业应设置“所得税费用”科目，核算小企业根据企业所得税法确定的应从当期利润总额中扣除的所得税费用。根据企业所得税法规定补缴的所得税，也通过该科目核算。小企业按照规定实行企业所得税先征后返的，实际收到返还的企业所得税，在“营业外收入”科目核算，不在该科目核算。

年度终了，小企业按照企业所得税法规定计算确定的当期应纳税税额，借记“所得税费用”科目，贷记“应交税费——应交企业所得税”科目。将该科目的余额转入“本年利润”科目时，借记“本年利润”科目，贷记“所得税费用”科目，结转后本科目应无余额。

1. 所得税核算的方法

在我国的会计实务中，对企业所得税的会计处理有应付税款法和资产负债表债务法两种方法。

（1）应付税款法

应付税款法是指将本期税前会计利润与应税所得之间产生的差异均在当期确认所得税费用的一种会计处理办法。在这种方法下，企业不确认时间性差异对所得税的影响金额，按照当期计算的应交所得税确认为当期的所得税费用。在我国执行《小企业会计准则》的企业适用这种方法。小企业计算当期应交所得税时，借记“所得税费用”科目，贷记“应交税费——应交企业所得税”科目。

（2）资产负债表债务法

资产负债表债务法，是指从资产负债表出发，通过比较资产负债表上列示的资产、负债按照企业会计准则规定确定的账面价值与按照企业所得税法规定确定的计税基础，对于两者之间的差异分别应纳税暂时性差异与可抵扣暂时性差异，确认相关的递延所得税负债与递延所得税资产，并在此基础上确定每一会计期间利润表中的所得税费用。在这种方法下，当期的所得税费用既包括当期应交所得税，也包括本期确认的递延所得税。在我国执行《企业会计准则》的企业适用这种方法。

2. 预缴所得税的会计处理

企业所得税应当按纳税年度计算，分月或者分季预缴，年末汇算清缴。小企业应当自月份或者季度（含12月或第四季度）终了之日起15日内，向税务机关报送预缴企业所得税纳税申报表，预缴本期所得税。小企业按月或者按季预缴企业所得税时，应当按照月度或者季度的实际利润额预缴，按照月度或者季度的实际利润额预缴有困难的，可以按照上一纳税年度应纳税所得额的月度或者季度平均额预缴，或者按照经税务机关认可的其他方法预缴。预缴方法一经确定，该纳税年度内不得随意变更。其中，实际利润额是根据月末或季末实现的利润总额减去不征税收入、免税收入和弥补以前年度亏损后计算确定。

小企业按照税法的规定预交所得税时，借记“应交税费——应交企业所得税”科目，贷记“银行存款”等科目。

实务中，小企业预交所得税时，可以不确认所得税费用。“应交税费——应交企业所得税”科目借方余额，表示小企业累计预缴的所得税，到年终汇算清缴时，再一次确认并予以结转所得税费用。

3. 年终汇算清缴所得税的会计处理

小企业应当自年度终了之日起5个月内，向税务机关报送年度企业所得税纳税申报表，并汇算清缴，结清应缴应退税款。

小企业进行所得税汇算时，应按税法规定对利润总额进行调整，计算出汇算年度的应纳税所得额。按年度应纳税所得额乘以适应的税率，计算出小企业的全年应纳所得税额。如果企业有来源于境外的所得，其已在境外缴纳的所得税税额，按规定从应纳税额中限额抵免。小企业根据确认的全年应纳所得税额，借记“所得税费用”科目，贷记“应交税费——应交企业所得税”科目。如果全年应纳所得税额大于全年已预缴所得税额，则表明小企业应补缴企业所得税额。补缴时，借记“应交税费——应交企业所得税”科目，贷记“银行存款”科目；相反，如果小企业全年应纳所得税额小于已预缴所得税额，则表明小企业应取得退还的企业所得税额，应办理相应的退税手续。小企业收到退税款时，借记“银行存款”科目，贷记“应交税费——应交企业所得税”科目。也可对多缴企业所得税额不办理退税，用于抵缴下年度的企业所得税。

【例 7－26】林海公司企业所得税实行按年计征、分季按照实际利润额预缴。20×3 年“本年利润”科目各季度余额情况如下：第一季度贷方余额 170 000 元，第二季度贷方余额 480 000 元，第三季度贷方余额 710 000 元，第四季度贷方余额 970 000 元，其中第四季度有免税收入 50 000 元。本年度发生业务招待费 130 000 元，税前允许列支 78 000 元。广告宣传费 300 000 元，当年税法允许列支 190 000 元。假如除此以外无其他纳税调整项目。该公司适用的所得税税率为 25%。

林海公司应做如下会计处理：

（1）第一季度预缴所得税时：

第一季度预缴的企业所得税＝170 000×25%＝42 500（元）

借：应交税费——应交企业所得税　　42 500

　　贷：银行存款　　42 500

（2）第二季度预缴所得税时：

第二季度预缴的企业所得税＝480 000×25%－42 500＝77 500（元）

借：应交税费——应交企业所得税　　77 500

　　贷：银行存款　　77 500

（3）第三季度预缴所得税时：

第三季度预缴的企业所得税＝710 000×25%－42 500－77 500＝57 500（元）

借：应交税费——应交企业所得税　　57 500

贷：银行存款 57 500

（4）第四季度预缴所得税时：

第四季度预缴的企业所得税 =（970 000 - 50 000）×25% - 42 500 - 77 500 - 57 500 = 52 500（元）

借：应交税费——应交企业所得税 52 500

贷：银行存款 52 500

（5）汇算清缴企业所得税时：

本年应纳税所得额 = 970 000 +（130 000 - 78 000）+（300 000 - 190 000）- 50 000 = 1 082 000（元）

本年应交企业所得税 = 1 082 000 × 25% = 270 500（元）

借：所得税费用 270 500

贷：应交税费——应交企业所得税 270 500

本年已交所得税 = 42 500 + 77 500 + 57 500 + 52 500 = 230 000（元）

本年应补交所得税 = 270 500 - 230 000 = 40 500（元）

借：应交税费——应交企业所得税 40 500

贷：银行存款 40 500

六、本年利润的结转

（一）结转本年利润的方法

小企业应当于每个资产负债表日结转本年利润，确认一定时期的经营成果。

在我国会计实务中，本年利润的结转有两种方法，即账结法和表结法。小企业可以每月结转一次损益科目，也可以每月不结转，待年底时一次性结转。每月结转的方法叫做账结法，年底一次性结转的方法叫做表结法。

采用账结法时，每月月末均需编制转账凭证，将在账上结计出的各损益类账户的余额转入“本年利润”科目。结转后“本年利润”科目的本月合计数反映当月实现的利润或发生的亏损，“本年利润”科目的本年累计数反映本年累计实现的利润或发生的亏损。账结法在各月均可通过“本年利润”科目提供当月及本年累计的利润（或亏损）额，但增加了转账环节和工作量。

采用表结法时，各损益类账户每月月末只需结计出本月发生额和月末累计余额，不结转到“本年利润”账户，只有在年末时才将全年累计余额转入“本年利润”账户。但每月月末要将损益类账户的本月发生额合计数填入利润表的本月数栏，同时将本月末累计余额填入利润表的本年累计数栏，通过利润表计算反映各期的利润实现情况。表结法下，年中损益类账户无需转入“本年利润”账户，从而减少了转账环节和工作量，同时并不影响利润表的编制及有关损益指标的利用。

（二）结转本年利润的会计处理

小企业应当设置“本年利润”科目，核算小企业当期实现的净利润（或发生的净亏损）。期末结转利润时，小企业可以将“主营业务收入”、“其他业务收入”、“营业外收入”科目的余额，转入“本年利润”科目，借记“主营业务收入”、“其他业务收入”、“营业外收入”科目，贷记“本年利润”科目。将“主营业务成本”、“其他业务成本”、“营业税金及附加”、“销售费用”、“管理费用”、“财务费用”、“营业外支出”、“所得税费用”科目的余额，转入“本年利润”科目，借记“本年利润”科目，贷记“主营业务成本”、“其他业务成本”、“营业税金及附加”、“销售费用”、“管理费用”、“财务费用”、“营业外支出”、“所得税费用”科目。将“投资收益”科目的贷方余额，转入“本年利润”科目，借记“投资收益”科目，贷记“本年利润”科目；如为借方余额，做相反的会计分录。结转后，本科目的贷方余额为当期实现的净利润，借方余额为当期发生的净亏损。

年度终了，应当将本年收入和支出相抵后结出的本年实现的净利润，转入“利润分配”科目，借记“本年利润”科目，贷记“利润分配——未分配利润”科目；如为净亏损，做相反的会计分录。结转后本科目应无余额。

【例 7-27】林海公司 20×3 年 12 月有关损益类科目的发生额情况如下：主营业务收入 4 400 000 元，主营业务成本 3 070 000 元，营业税金及附加 233 400 元，其他业务收入 260 300 元，其他业务成本 158 000 元，销售费用 50 000 元，管理费用 38 300 元，财务费用 10 000 元，投资收益（贷）16 000 元，营业外收入 7 100 元，营业外支出 16 200 元，所得税费用 170 200 元。林海公司采用账结法结转本年利润。

林海公司应做如下会计处理：

(1) 结转各收益类账户时：

借：主营业务收入　　4 400 000
　　其他业务收入　　260 300
　　营业外收入　　7 100
　　投资收益　　16 000
　　贷：本年利润　　4 683 400

（2）结转各成本、费用类账户时：

借：本年利润　　3 575 900
　　贷：主营业务成本　　3 070 000
　　　　营业税金及附加　　233 400
　　　　其他业务成本　　158 000
　　　　销售费用　　50 000
　　　　管理费用　　38 300
　　　　财务费用　　10 000
　　　　营业外支出　　16 200

（3）结转所得税费用时：

借：本年利润　　170 200
　　贷：所得税费用　　170 200

（4）年终结转净利润时：

借：本年利润　　937 300
　　贷：利润分配——未分配利润　　937 300

第二节　利润分配

一、利润分配的一般程序

小企业实现的净利润，加上年初未分配利润（或减去年初未弥补亏损）后的余额为可供分配的利润。小企业应当根据公司法等有关规定，依据公司章程、投资协议等规定进行分配。

（一）弥补以前年度亏损

小企业以前年度发生的亏损，体现为“利润分配——未分配利润”账户的借方余额。本年度实现利润后，首先依照税法的规定用税前利润弥补。企业所得税法规定，企业纳税年度发生的亏损，准予向以后年度结转，用以后年度的所得弥补，但结转年限最长不得超过五年。弥补完亏损以后如果还有所得，再确认应纳税所得额，计算应交所得税；其次，如果税法规定年限内的税前利润不足弥补的，就要用以后年度的税后利润弥补。但是，无论是税前利润弥补还是税后利润弥补，都不需要单独进行会计处理，小企业在结转本年利润时，借记“本年利润”科目，贷记“利润分配——未分配利润”科目，“利润分配”科目借方的亏损额会自动弥补。最后，小企业经投资者审议后，也可用计提的盈余公积弥补亏损。

（二）提取法定公积金

小企业根据公司法的有关规定，按照净利润的10%提取法定盈余公积，累计提取的法定盈余公积超过其注册资本的50%以上时，可以不再提取。小企业提取的法定盈余公积主要用于弥补亏损和转增资本。

（三）提取任意公积金

任意公积金是小企业自愿提取的一种盈余公积，提取比例由企业董事会或股东大会决定。提取的任意盈余公积主要为小企业以后的长期发展储备力量等。

（四）向投资者分配利润

小企业将以前年度未分配的利润，并入本年度净利润，为可供分配的利润。在充分考虑现金流量状况后，根据利润分配方案向投资者分配利润。

二、利润分配的会计处理

（一）设置的会计科目

1.“利润分配”科目

“利润分配”科目，核算小企业利润的分配（或亏损的弥补）和历年分配（或弥补）后的余额情况。借方登记本年度分配的利润，贷方登记结转的本年实现的净利润。本科目应按照“提取盈余公积”、“应付利润”、“盈余公积补亏”、“未分配利润”等设置明细账进行明细核算。期末余额，反映小企业尚未分配的利润（或尚未弥补亏损）。

2.“盈余公积”科目

“盈余公积”科目，核算按照公司法规定在税后利润中提取的法定公积金和任意公积金。小企业（外商投资）按照法律规定，在税后利润中提取的储备基金和企业发展基金也在本科目核算。贷方登记按照规定计提的盈余公积金，借方登记盈余公积金的使用金额。期末贷方余额，反映小企业（公司制）结余的法定公积金和任意公积金、以及小企业（外商投资）结余的储备基金和企业发展基金。本科目应当分别“法定盈余公积”、“任意盈余公积”设置明细账进行明细核算。小企业（外商投资）还应当分别“储备基金”、“企业发展基金”进行明细核算。

小企业（中外合作经营）根据合同规定在合作期间归还投资者的投资，应在本科目设置“利润归还投资”明细账进行核算。

3.“应付利润”科目

“应付利润”科目，核算小企业向投资者分配的利润。贷方登记应向投资者分配的利润额，借方登记实际支付的利润额。本科目应按照投资者设置明细账进行明细核算。期末贷方余额，反映小企业应付未付的利润。

（二）利润分配的会计处理

小企业发生的利润分配业务应按照下列规定进行会计处理：

1. 小企业（公司制）按照公司法规定提取法定公积金和任意公积金时，借记“利润分配——提取法定盈余公积、提取任意盈余公积”科目，贷记“盈余公积——法定盈余公积、任意盈余公积”科目。

小企业（外商投资）按照规定提取储备基金、企业发展基金、职工奖励及福利基金，借记“利润分配——提取储备基金、提取企业发展基金、提取职工奖励及福利基金”科目，贷记“盈余公积——储备基金、企业发展基金科目”、“应付职工薪酬”科目。

小企业（中外合作经营）根据合同规定在合作期间归还投资者的投资，应按照实际归还投资的金额，借记“实收资本——已归还投资”科目，贷记“银行存款”等科目；同时，借记“利润分配——利润归还投资”科目，贷记“盈余公积——利润归还投资”科目。

2. 小企业用盈余公积弥补亏损时，借记“盈余公积”科目，贷记“利润分配——盈余公积补亏”科目。

3. 小企业根据有关规定分配给投资者的利润时，借记“利润分配——应付利润”科目，贷记“应付利润”科目。

4. 年度终了，小企业应当将本年实现的净利润，自“本年利润”科目转入“利润分配”科目，借记“本年利润”科目，贷记“利润分配——未分配利润”科目；如果是净亏损的，做相反的会计分录。同时，将“利润分配”科目所属明细科目（应付利润、盈余公积补亏）的余额转入“利润分配——未分配利润”科目。借记“利润分配——未分配利润”科目，贷记“利润分配——提取盈余公积、应付利润”等科目；结转盈余公积补亏时，借记“利润分配——盈余公积补亏”科目，贷记“利润分配——未分配利润”科目。结转后，除“利润分配——未分配利润”明细科目以外，其他明细科目应无余额。

【例 7－28】林海公司 20×3 年实现净利润 937 300 元，按照净利润的 10% 提取法定盈余公积，按照 5% 提取任意盈余公积，向投资人王林、刘海各分配利润 250 000 元。

林海公司应做如下会计处理：

（1）提取盈余公积时：

借：利润分配——提取法定盈余公积　　93 730
　　　　　　——提取任意盈余公积　　46 865
　贷：盈余公积——法定盈余公积　　93 730
　　　　　　——任意盈余公积　　46 865

（2）向投资人分配利润时：

借：利润分配——应付利润　　500 000
　贷：应付利润——王林　　250 000
　　　　　　——刘海　　250 000

【例 7－29】20×3 年年度终了，林海公司结转利润分配各明细账户余额，其中，提取法定盈余公积 93 730 元，提取任意盈余公积 46 865 元，应付利润 500 000 元。

林海公司应做如下会计处理：

借：利润分配——未分配利润　　640 595
　贷：利润分配——提取法定盈余公积　　93 730
　　　　　　——提取任意盈余公积　　46 865
　　　　　　——应付利润　　500 000

【例 7－30】林海公司 20××年年初“利润分配——未分配利润”科目期初借方余额（亏损）15 000 元。经公司研究决定，用盈余公积弥补亏损 15 000 元，转增资本 30 000 元。

林海公司应做如下会计处理：

（1）用盈余公积补亏时：

借：盈余公积　　15 000

　　贷：利润分配——盈余公积补亏　　15 000

（2）用盈余公积转增资本时：

借：盈余公积　　30 000

　　贷：实收资本　　30 000

（3）将盈余公积补亏明细账结转未分配利润时：

借：利润分配——盈余公积补亏　　15 000

　　贷：利润分配——未分配利润　　15 000

第八章 财务报表

本章讲述小企业财务报表的概念及构成内容、财务报表的编制方法、财务报表的涉税分析等。

第一节 财务报表的意义

一、小企业财务报表的概念

财务报表，是指对小企业财务状况、经营成果和现金流量的结构性表述。

财务报表是小企业会计核算工作的最终成果，是财会部门提供会计信息的一种重要手段。在小企业的日常会计核算中，小企业所发生的各项经济业务已经按照规定的会计程序，通过编制记账凭证、登记账簿等程序已在有关的账簿中进行连续、系统的分类和汇总。但是，账簿的信息资料比较分散，不够集中，还不能总括地反映小企业的财务状况和经营成果。而财务报表则能够较为全面、系统、总括地反映小企业在某一会计期间经营活动和财务收支的全貌。因此，小企业还须根据国家有关规定，考虑到不同会计信息使用者的需求，定期地将日常核算的、比较分散的会计信息进行整理、归类、计算和汇总，按照规定的方式方法，编制出统一的、规范的财务报表，以提供全面真实的会计信息，为投资人、债权人、政府有关部门等报表使用者做出决策提供信息依据。

小企业的财务报表至少应当包括下列组成部分：资产负债表、利润表、现金流量表和附注。小企业财务报表的种类见表 8－1。

表 8－1　　财务报表的种类

编号	报表名称	编报期
会小企 01 表	资产负债表	月报、年报
会小企 02 表	利润表	月报、年报
会小企 03 表	现金流量表	月报、年报

二、小企业财务报表的作用

小企业编制的财务报表主要有以下几个方面的作用：

1. 有利于经营管理人员了解本单位各项任务指标的完成情况，评价管理人员的经营业绩，以便及时发现问题，调整经营方向，制定改进措施，提高经营管理水平，为小企业的经营预测和决策提供依据。

2. 有利于国家经济管理部门了解国民经济的运行状况。通过对各单位提供的财务报表资料进行汇总和分析，国家政府部门了解和掌握各行业、各地区的经济发展情况，以便宏观调控经济运行，优化资源配置，保证国民经济稳定持续发展。

3. 有利于投资者、债权人和其他有关各方掌握小企业的财务状况、经营成果和现金流量情况，进而分析企业的盈利能力、偿债能力、投资收益、发展前景等，为投资、贷款和贸易提供决策依据。

4. 有利于满足财政、税务、工商、审计等部门监督企业经营管理。通过财务报表可以检查、监督小企业是否遵守国家的各项法律、法规和制度，是否依法经营，尤其是对税务部门，可以利用小企业提供的财务报表，分析其纳税情况，为纳税评估和实施税务检查提供线索。

三、小企业财务报表的编制要求

小企业编制财务报表主要是为报表使用者的决策提供有用信息。为此，小企业编制财务报表时应符合下列基本要求：

（一）真实性

根据会计信息质量要求的相关规定，小企业编制财务报表，必须建立在企业实际发生的真实的交易或事项的基础上，以完整、准确、客观的会计凭证、会计账簿等资料为依据，同时要符合会计法、会计准则等相关法律法规的要求。要做到真实可靠，小企业在编制财务报表前应当全面清查资产、核实债务，将各账簿的记录与会计凭证核对，将各项财产物资的账面数量与实存数量核对，查明各项结算款项的拖欠情况及拖欠原因、各项存货的实际储备情况、各项投资和工程项目是否达到预期的目的，各项固定资产的使用情况及完好程度等。只有真正做到账证相符、账账相符、账实相符，才能保证账表相符，从而确保财务报表各项信息的真实可靠。

（二）完整性

按照小企业会计准则的规定，财务报表应当包括资产负债表、利润表、现金流量表和附注，小企业不得漏报或任意取舍会计报表；要根据规定的各种报表的格式和内容进行编制，编制的内容应填列齐全，对于报表中需要特别说明的项目，应在报表附注中进行说明解释，不得遗漏，以提供完整的财务报告资料。其中年度财务报表至少应当反映两个相关会计期间的比较数据，以提供完整的会计报表体系，有利于对会计报表进行财务分析。小企业编制的财务报表所提供的有关资料、有关数字在各会计报表之间和会计报表的各项目之间，应当相互一致，财务报表中的本期与上期的有关数字存在较强的勾稽关系，应当相互衔接，形成一个完整的财务报告体系。

（三）及时性

信息就是效益，谁先掌握信息，谁就赢在了起跑线。因此，小企业提供的财务信息有一定的时效性，过时滞后的会计信息即使很真实、很完整，也会失去其应有的实际价值。所以，小企业必须按照规定的时间和程序，及时编制和报送财务报表。根据我国《会计法》的相关规定，小企业年度结账日为公历年度每年的12月31日；季度和月度结账日分别为公历年每季、每月的最后一天。小企业要按照规定的日期进行结账，不得为了赶编财务报表而提前结账或者延迟结账日期，只有提供准确及时的财务报表，才能使财务报表的使用者得到及时准确的会计信息，并依据及时有效的会计信息作出科学、可靠的经济决策。

第二节　资产负债表

一、资产负债表的概念及作用

资产负债表，是指反映小企业在某一特定日期财务状况的报表。

资产负债表是静态报表，是根据“资产 = 负债 + 所有者权益”这一会计基本等式，依照一定的分类标准和一定的次序，把小企业在某一特定日期的资产、负债和所有者权益项目予以适当排列，并对日常工作中形成的大量数据进行加工整理后编制而成。资产负债表主要有以下几个方面的作用：

1. 表明小企业拥有或控制的资源及其分布情况。通过资产负债表，可以提供小企业某一特定日期资产总额的大小及其资产的构成，表明小企业拥有或控制的资源及其分布情况，反映其经营规模的大小。

2. 反映小企业负债及所有者权益的构成情况。通过资产负债表，可以提供某一特定日期的负债总额及所有者权益总额的构成情况，全面了解企业资产的来源状况。通过负债总额的构成，可以反映小企业未来需要用多少资产或劳务清偿债务以及清偿时间的安排；通过所有者权益的构成情况，还可以判断小企业资本保值、增值的情况以及对负债的保障程度。

3. 为小企业进行财务分析提供信息支持。通过资产负债表，可以看出小企业资产的分布状态、负债和所有者权益的构成情况，并据以评价小企业资金营运、财务结构等是否正常、合理。通过资产负债表，还可以分析小企业的变现能力、偿债能力和资金周转能力及承担风险的能力，有助于分析小企业的获利能力，评价企业的经营绩效，从而有助于报表使用者作出经济决策。对税务部门来讲，通过资产负债表，可以初步判断小企业的纳税状况，分析其纳税的真实性以及可能存在的涉税问题。

二、资产负债表的格式

资产负债表的格式理论上有两种形式，即账户式资产负债表和报告式资产负债表。

（一）账户式

账户式资产负债表是依据“资产=负债+所有者权益”的会计基本等式，利用账户形式来编制的。我国的小企业采用账户式。在这种格式下，将资产类项目排列在资产负债表的左方，负债类和所有者权益类项目排列在右方，资产负债表左方各项目的金额合计等于右方各项目的金额合计。账户式资产负债表的优点在于资产与权益的平衡关系一目了然，但是，不便于编制比较资产负债表。账户式资产负债表格式见表8-2。

表8-2 **资产负债表**

编制单位： 年 月 日 单位：元

资产	行次	期末余额	年初余额	负债和所有者权益	行次	期末余额	年初余额
流动资产：				流动负债：			
货币资金	1			短期借款	31		
短期投资	2			应付票据	32		
应收票据	3			应付账款	33		
应收账款	4			预收账款	34		
预付账款	5			应付职工薪酬	35		
应收股利	6			应交税费	36		
应收利息	7			应付利息	37		
其他应收款	8			应付利润	38		
存货	9			其他应付款	39		
其中：原材料	10			其他流动负债	40		
在产品	11			流动负债合计	41		
库存商品	12			非流动负债：			

续表

资产	行次	期末余额	年初余额	负债和所有者权益	行次	期末余额	年初余额
周转材料	13			长期借款	42		
其他流动资产	14			长期应付款	43		
流动资产合计	15			递延收益	44		
非流动资产：				其他非流动负债	45		
长期债券投资	16			非流动负债合计	46		
长期股权投资	17			负债合计	47		
固定资产原价	18						
减：累计折旧	19						
固定资产账面价值	20						
在建工程	21						
工程物资	22						
固定资产清理	23						
生产性生物资产	24			所有者权益（或股东权益）：			
无形资产	25			实收资本（或股本）	48		
开发支出	26			资本公积	49		
长期待摊费用	27			盈余公积	50		
其他非流动资产	28			未分配利润	51		
非流动资产合计	29			所有者权益（或股东权益）合计	52		
资产总计	30			负债和所有者权益（或股东权益）总计	53		

（二）报告式

报告式资产负债表是将资产、负债和所有者权益项目采用垂直分列的形式列示于报表的上下部分，其原理也是依据“资产 = 负债 + 所有者权益”的会计基本等式。报告式资产负债表的优点在于便于编制比较资产负债表，缺点是不能清晰地看出资产与权益之间的平衡关系。报告式资产负债的格式见表 8 - 3。

表 8－3　　资产负债表

编制单位：　　年　月　日　　单位：元

项目	年初数	年末数
资产		
流动资产		
非流动资产		
资产总计		
负债和所有者权益		
负债		
流动负债		
非流动负债		
负债合计		
所有者权益		
实收资本		
资本公积		
盈余公积		
未分配利润		
所有者权益合计		
负债和所有者权益总计		

三、资产负债表的内容

小企业编制的资产负债表至少应当列示下列内容：

1. 资产类。资产类至少应当单独列示反映下列信息项目：货币资金，应收及预付款项，存货，长期债券投资，长期股权投资，固定资产，生产性生物资产，无形资产，长期待摊费用。

2. 负债类。负债类至少应当单独列示反映下列信息项目：短期借款，应付及预收款项，应付职工薪酬，应交税费，应付利息，长期借款，长期应付款。

3. 所有权益类。所有者权益类至少应当单独列示反映下列信息项目：实收资本，资本公积，盈余公积，未分配利润。

资产负债表中的资产类应当包括流动资产和非流动资产的合计项目；负债类应当包括流动负债、非流动负债和负债的合计项目；所有者权益类应当包括所有者权益的合计项目。资产负债表应当列示资产总计项目，负债和所有者权益总计项目。

四、资产负债表的编制方法

在小企业的资产负债表中，有年初余额和期末余额两栏信息。其中，年初余额是从上年期末余额结转而来，即为本期的年初余额；期末余额则是根据本期有关账户的期末余额分析计算填列，一般有以下几种情况：

（一）根据总账科目余额直接填列

1. “短期投资”项目，反映小企业购入的能随时变现并且持有时间不准备超过1年的股票、债券和基金投资的余额。本项目应根据“短期投资”科目的期末余额填列。

2. “应收票据”项目，反映小企业收到的尚未到期收款、或者也未向银行贴现的应收票据（银行承兑汇票和商业承兑汇票）。本项目应根据“应收票据”科目的期末余额填列。

3. “应收股利”项目，反映小企业应收取的现金股利或利润。本项目根据“应收股利”科目的期末余额填列。

4. “应收利息”项目，反映小企业债券投资应收取的利息。小企业购入一次还本付息债券应收的利息，不包括在本项目内。本项目应根据“应收利息”科目的期末余额填列。

5. “其他应收款”项目，反映小企业除应收票据、应收账款、预付账款、应收股利、应收利息等以外的其他各种应收及暂付款项。包括：各种应收的赔款、应向职工收取的各种垫付款项等。本项目应根据“其他应收款”科目的期末余额填列。

6. “长期股权投资”项目，反映小企业准备长期持有的权益性投资的成本。本项目应根据“长期股权投资”科目的期末余额填列。

7. “固定资产原价”和“累计折旧”项目，反映小企业固定资产的原价（成本）及累计折旧额。这两个项目应根据“固定资产”科目和“累计折旧”科目的期末余额填列。

8. “在建工程”项目，反映小企业尚未完工或虽已完工，但尚未办理竣工决算的工程成本。本项目应根据“在建工程”科目的期末余额填列。

9. “工程物资”项目，反映小企业为在建工程准备的各种物资的成本。

本项目应根据“工程物资”科目的期末余额填列。

10.“固定资产清理”项目，反映小企业因出售、报废、毁损、对外投资等原因处置固定资产所转出的固定资产账面价值以及在清理过程中发生的费用等。本项目应根据“固定资产清理”科目的期末借方余额填列；如“固定资产清理”科目期末为贷方余额，以“－”号填列。

11.“开发支出”项目，反映小企业正在进行的无形资产研究开发项目满足资本化条件的支出。本项目应根据“研发支出”科目的期末余额填列。

12.“短期借款”项目，反映小企业向银行或其他金融机构等借入的期限在1年内的、尚未偿还的各种借款本金。本项目应根据“短期借款”科目的期末余额填列。

13.“应付票据”项目，反映小企业因购买材料、商品和接受劳务等日常生产经营活动开出、承兑的商业汇票（银行承兑汇票和商业承兑汇票）尚未到期的票面金额。本项目应根据“应付票据”科目的期末余额填列。

14.“应付职工薪酬”项目，反映小企业应付未付的职工薪酬。本项目根据“应付职工薪酬”科目期末余额填列。

15.“应交税费”项目，反映小企业期末未交、多交或尚未抵扣的各种税费。本项目应根据“应交税费”科目的期末贷方余额填列；如“应交税费”科目期末为借方余额，以“－”号填列。

16.“应付利息”项目，反映小企业尚未支付的利息费用。本项目应根据“应付利息”科目的期末余额填列。

17.“应付利润”项目，反映小企业尚未向投资者支付的利润。本项目应根据“应付利润”科目的期末余额填列。

18.“其他应付款”项目，反映小企业除应付账款、预收账款、应付职工薪酬、应交税费、应付利息、应付利润等以外的其他各项应付、暂收的款项。包括：应付租入固定资产和包装物的租金、存入保证金等。本项目应根据“其他应付款”科目的期末余额填列。

19.“实收资本（或股本）”项目，反映小企业收到投资者按照合同协议约定或相关公司投入的、构成小企业注册资本的部分。本项目应根据“实收资本（或股本）”科目的期末余额分析填列。

20.“资本公积”项目，反映小企业收到投资者投入资本超出其在注册资本中所占的份额的部分。本项目应根据“资本公积”科目的期末余额填列。

21. “盈余公积”项目，反映小企业的法定盈余公积金和任意盈余公积金、小企业（外商投资）的储备基金和企业发展基金。本项目应根据“盈余公积”科目的期末余额填列。

（二）根据总账科目余额计算填列

1. “货币资金”项目，反映小企业库存现金、银行存款、其他货币资金的合计数。本项目应根据“库存现金”、“银行存款”和“其他货币资金”科目的期末余额合计填列。

2. “固定资产账面价值”项目，反映小企业固定资产原价扣除累计折旧后的余额。本项目应根据“固定资产”科目的期末余额减去“累计折旧”科目的期末余额后的金额填列。

3. “生产性生物资产”项目，反映小企业生产性生物资产的账面价值。本项目应根据“生产性生物资产”科目的期末余额减去“生产性生物资产累计折旧”科目的期末余额后的金额填列。

4. “无形资产”项目，反映小企业无形资产的账面价值。本项目应根据“无形资产”科目的期末余额减去“累计摊销”科目的期末余额后的金额填列。

（三）根据明细科目余额计算填列

1. “应收账款”项目，反映小企业因销售商品、提供劳务等日常生产经营活动应收取的款项。本项目应根据“应收账款”和“预收账款”所属明细账户的期末借方余额分析计算填列。如“应收账款”所属明细账期末为贷方余额，应当在“预收账款”项目列示。

2. “预收账款”项目，反映小企业根据合同规定预收的款项。包括：预收的购货款、工程款等。本项目应根据“预收账款”、“应收账款”科目所属明细科目的期末贷方余额分析计算填列；“预收账款”明细账期末为借方余额，应当在“应收账款”项目列示。

例如，林海公司某月“应收账款”总账户期末借方余额 390 000 元，其中：宏达公司明细账借方余额 450 000 元，宏伟公司明细账贷方余额 60 000 元。“预收账款”总账户期末贷方余额 850 000 元，其中：顺达公司明细账贷方余额 985 000 元，立人公司明细账借方余额 135 000 元。则林海公司本月资产负债表“应收账款”项目应列示 585 000（450 000 + 135 000）元，

“预收账款”项目应列示1 045 000（60 000 +985 000）元。

3.“应付账款”项目，反映小企业因购买材料、商品和接受劳务等日常生产经营活动尚未支付的款项。本项目应根据“应付账款”、“预付账款”科目所属明细账的期末贷方余额分析计算填列余额填列。如“应付账款”明细账期末为借方余额，应当在“预付账款”项目列示。

4.“预付账款”项目，反映小企业按照合同规定预付的款项。包括：根据合同规定预付的购货款、租金、工程款等。本项目应根据“预付账款”、“应付账款”所属明细账的期末借方余额分析计算填列。如“预付账款”明细账期末为贷方余额，应当在“应付账款”项目列示。

例如，林海公司某月“应付账款”总账户期末贷方余额487 000元，其中：天泰公司贷方余额763 000元，川阳公司借方余额276 000元。“预付账款”总账户期末借方余额673 000元，其中：德山公司借方余额872 000元，海风公司贷方余额199 000元。则林海公司本月资产负债表“应付账款”项目应列示962 000（763 000 +199 000）元，“预付账款”项目应列示1 148 000（276 000 +872 000）元。

（四）根据总账科目和明细科目余额分析计算填列

1.“长期借款”项目，反映小企业向银行或其他金融机构借入的、期限在1年以上的、尚未偿还的各项借款本金。本项目应根据“长期借款”总账科目余额扣除“长期借款”科目所属明细科目中将于一年内到期的部分填列。

例如，林海公司某月“长期借款”总账户期末贷方余额900 000元，其中：一年内到期的商业银行借款300 000元，则林海公司本月资产负债表“长期借款”项目应列示600 000元，300 000元应在“其他流动负债”项目列示。

2.“长期应付款”项目，反映小企业除长期借款以外的其他各种应付未付的长期应付款项。包括应付融资租入固定资产的租赁费、以分期付款方式购入固定资产发生的应付款项等。本项目应根据“长期应付款”总账科目的期末余额扣除“长期应付款”科目所属明细科目中将于1年内支付的部分填列。

3.“长期债券投资”项目，反映小企业准备长期持有的债券投资的成本与计提的利息。本项目应根据“长期债券投资”科目的期末余额分析填列。

4.“长期待摊费用”项目，反映小企业尚未摊销完毕的已提足折旧的固定资产的改建支出、经营租入固定资产的改建支出、固定资产的大修理支出和其他长期待摊费用。本项目应根据“长期待摊费用”科目的期末余额分析填列。

5.“递延收益”项目，反映小企业收到的、应在以后期间计入损益的各项政府补助。本项目应根据“递延收益”科目的期末余额分析填列。

（五）综合分析填列

1.“存货”项目，反映小企业期末在库、在途和在加工中的各项存货成本。包括各种原材料、在产品、半成品、产成品、商品、周转材料（包装物、低值易耗品等）、消耗性生物资产等。本项目应根据“材料采购”、“在途物资”、“原材料”、“材料成本差异”、“生产成本”、“库存商品”、“商品进销差价”、“委托加工物资”、“委托代销商品”、“周转材料”、“消耗性生物资产”等科目的期末余额分析填列。

例如，林海公司某月有关存货类账户期末余额情况如下：“原材料”总账户借方余额347 800元，“材料采购”总账户借方余额210 000元，“材料成本差异”总账户贷方余额5 600元，“生产成本”总账户借方余额98 000元，“库存商品”总账户借方余额343 000元。则林海公司资产负债表“存货”项目应列示993 200（347 800＋210 000－5 600＋98 000＋343 000）元。

2.“未分配利润”项目，反映小企业尚未分配的历年结存的利润。本项目应根据“利润分配”科目和“本年利润”科目的期末余额分析计算填列。如为未弥补的亏损，在本项目内以“－”号填列。

例如，林海公司某月“利润分配”总账贷方余额224 000元，“本年利润”总账借方余额39 000元，则林海公司资产负债表“未分配利润”项目应列示185 000（224 000－39 000）元。

3.“其他流动资产”项目，反映小企业除以上流动资产项目外的其他流动资产（含1年内到期的非流动资产）。本项目应根据有关科目的期末余额分析填列。

4.“其他非流动资产”项目，反映小企业除以上非流动资产以外的其他非流动资产。本项目应根据有关科目的期末余额分析填列。

例如，超过1年期以上的预付账款的借方余额应当在“其他非流动资产”项目列示。

5.“其他流动负债”项目，反映小企业除以上流动负债以外的其他流动负债（含1年内到期的非流动负债）。本项目应根据有关科目的期末余额分析填列。

6.“其他非流动负债”项目，反映小企业除以上非流动负债项目以外的其他非流动负债。本项目应根据有关科目的期末余额分析填列。例如，超过1年期以上的预收账款的贷方余额应当在“其他非流动负债”项目列示。

【例8-1】林海公司20×3年度有关业务资料如下：

资料一：20×3年12月1日有关资产、权益类总账的期初余额见表8-4。

表8-4　　20×3年12月1日资产权益类总账期初余额　　单位：元

会计科目	借方余额	贷方余额
库存现金	25 000	
银行存款	1 693 300	
短期投资	500 000	
应收票据	240 000	
应收账款	525 000	
应收股利	8 000	
其他应收款	2 500	
在途物资	187 000	
原材料	957 000	
周转材料	200 000	
库存商品	850 000	
长期股权投资	950 000	
固定资产	7 598 050	
累计折旧		650 000
无形资产	500 000	
累计摊销		20 000
长期待摊费用	564 000	

续表

会计科目	借方余额	贷方余额
生产成本	1 278 000	
短期借款		1 250 000
应付票据		1 048 000
应付账款		1 150 000
其他应付款		528 750
应付职工薪酬		630 000
应交税费		251 600
应付利息		50 500
长期借款		2 000 000
实收资本		4 800 000
资本公积		500 000
本年利润		3 199 000
合计	16 077 850	16 077 850

资料二：20×3 年 1～11 月有关损益类总账的累计发生额见表 8－5。

表 8－5　　20×3 年 1～11 月损益类总账发生额　　单位：元

会计科目	借方累计发生额	贷方累计发生额
主营业务收入		15 765 000
主营业务成本	10 189 000	
营业税金及附加	394 000	
销售费用	551 000	
管理费用	721 000	
财务费用	419 000	
投资收益		210 000
营业外收入		148 000
营业外支出	650 000	
合计	12 924 000	16 123 000

资料三：林海公司20×3年12月份发生下列经济业务事项：

1. 12月1日，采购A材料一批，取得增值税专用发票注明价款100 000元，增值税额17 000元。发生运杂费用5 000元，均以银行存款支付。材料已入库。

借：原材料　　105 000
　　应交税费——应交增值税（进项税额）　　17 000
　　贷：银行存款　　122 000

2. 12月5日，收到银行通知，支付大宇公司到期的商业汇票款25 000元。

借：应付票据——大宇公司　　25 000
　　贷：银行存款　　25 000

3. 12月7日，按照合同规定，以银行存款预付大宇公司B材料款500 000元。

借：预付账款——大宇公司　　500 000
　　贷：银行存款　　500 000

4. 12月8日，从凯斯公司购入B材料一批，取得增值税专用发票注明价款200 000元，增值税额34 000元，材料尚未入库，款项尚未支付。

借：在途物资　　200 000
　　应交税费——应交增值税（进项税额）　　34 000
　　贷：应付账款——凯斯公司　　234 000

5. 12月9日，向顺达公司销售甲产品一批，开出增值税专用发票注明价款920 000元，增值税额156 400元，产品已经发出，货款尚未收到。

借：应收账款——顺达公司　　1 076 400
　　贷：主营业务收入　　920 000
　　　　应交税费——应交增值税（销项税额）　　156 400

6. 12月10日，用银行存款210 600元购入A材料一批，取得增值税专用发票注明价款180 000元，增值税额30 600元，该批材料尚未验收入库。

借：在途物资　　180 000
　　应交税费——应交增值税（进项税额）　　30 600
　　贷：银行存款　　210 600

7. 12月12日，购入工程所需物资一批，取得普通发票注明价款589 000元，已用银行存款支付。

借：工程物资　　589 000

　　贷：银行存款　　589 000

8. 12 月 14 日，购入不需安装的生产用机器设备一台，取得增值税专用发票注明价款 1 000 000 元，增值税额 170 000 元。支付包装费、运杂费等共计 31 000 元。全部款项用银行存款支付，机器设备已经交付使用。

借：固定资产　　1 031 000

　　应交税费——应交增值税（进项税额）　　170 000

　　贷：银行存款　　1 201 000

9. 12 月 15 日，将持有的绿海公司长期股权投资转让给红发公司，转让股权的账面价值 852 000 元，转让价格 1 000 000 元。款项已收存入银行。

借：银行存款　　1 000 000

　　贷：长期股权投资——绿海公司　　852 000

　　　　投资收益　　148 000

10. 12 月 16 日，销售乙产品一批，开出增值税专用发票注明价款 500 000 元，增值税额 85 000 元，款项已收存入银行。

借：银行存款　　585 000

　　贷：主营业务收入　　500 000

　　　　应交税费——应交增值税（销项税额）　　85 000

11. 12 月 18 日，将到期的不带息银行承兑汇票到银行办理收款手续，该汇票面值 20 000 元。

借：银行存款　　20 000

　　贷：应收票据　　20 000

12. 12 月 19 日，从银行取得借款 500 000 元，期限 6 个月，年利率 8%，已存入银行。

借：银行存款　　500 000

　　贷：短期借款　　500 000

13. 12 月 20 日，出售一台不需用设备，账面余额 38 000 元，累计折旧 23 000 元，收到价款 20 000 元存入银行，已处理完毕。该设备购入时进项税额已抵扣。

借：固定资产清理　　15 000

　　累计折旧　　23 000

　　贷：固定资产　　38 000

借：固定资产清理　　3 400
　　贷：应交税费——应交增值税（销项税额）　　3 400
借：银行存款　　20 000
　　贷：固定资产清理　　20 000
借：固定资产清理　　1 600
　　贷：营业外收入　　1 600

14. 12 月 20 日，以银行存款归还短期借款本金 1 000 000 元，应付利息 50 000 元。

借：短期借款　　1 000 000
　　应付利息　　50 000
　　贷：银行存款　　1 050 000

15. 12 月 21 日，以银行存款发放职工工资 853 100 元。

借：应付职工薪酬　　853 100
　　贷：银行存款　　853 100

16. 12 月 21 日，基本生产车间领用材料一批，实际成本 374 000 元，其中，产品耗用 370 000 元，一般耗用 4 000 元；管理部门领用低值易耗品 5 000 元，采用一次摊销法摊销。

借：生产成本——基本生产成本　　370 000
　　制造费用　　4 000
　　管理费用　　5 000
　　贷：原材料　　374 000
　　　　周转材料　　5 000

17. 12 月 22 日，摊销无形资产 20 000 元。

借：管理费用　　20 000
　　贷：累计摊销　　20 000

18. 12 月 22 日，计提固定资产折旧 150 000 元，其中，基本生产车间计提 120 000 元，管理部门计提 30 000 元。

借：制造费用　　120 000
　　管理费用　　30 000
　　贷：累计折旧　　150 000

19. 12 月 23 日，收回前欠货款 450 000 元存入银行。

借：银行存款　　450 000

贷：应收账款 450 000

20. 12月23日，用银行存款支付企业财产保险费89 230元；以库存现金支付办公费500元，业务招待费1 000元，报销差旅费9 000元。

借：管理费用 89 230

贷：银行存款 89 230

借：管理费用 10 500

贷：库存现金 10 500

21. 12月23日，用银行存款支付业务宣传费100 000元。

借：销售费用 100 000

贷：银行存款 100 000

22. 12月23日，摊销基本生产车间固定资产改良支出47 000元。

借：制造费用 47 000

贷：长期待摊费用 47 000

23. 12月24日，分配应付职工工资853 100元，其中，在建工程人员工资43 000元，生产工人工资475 000元，车间管理人员工资170 000元，行政管理人员工资165 100元。

借：在建工程 43 000

生产成本 475 000

制造费用 170 000

管理费用 165 100

贷：应付职工薪酬——职工工资 853 100

24. 12月24日，结转制造费用341 000元。

借：生产成本 341 000

贷：制造费用 341 000

25. 12月24日，计算并结转本期完工产品成本1 974 000元。

借：库存商品 1 974 000

贷：生产成本 1 974 000

26. 12月25日，销售产品一批，开出增值税专用发票注明价款200 000元，增值税额34 000元，收到鸿达公司商业承兑汇票面值2 340 000元。

借：应收票据——鸿达公司 234 000

贷：主营业务收入 200 000

应交税费——应交增值税（销项税额） 340 000

27. 12月25日，计提本月应缴纳的城市维护建设税69 020元，教育费附加29 610元。

借：营业税金及附加——城市维护建设税　　69 020
　　　　　　　　　——教育费附加　　29 610
　贷：应交税费——应交城市维护建设税　　69 020
　　　　　　——应交教育费附加　　29 610

28. 12月26日，收回顺达公司前欠货款800 000元存入银行。

借：银行存款　　800 000
　贷：应收账款——顺达公司　　800 000

29. 12月27日，结转本期产品销售成本1 060 000元。

借：主营业务成本　　1 060 000
　贷：库存商品　　1 060 000

30. 12月28日，计提本月借款利息63 000元。其中，短期借款利息12 000元，长期借款（按季结算）资本化利息51 000元。

借：财务费用　　12 000
　　在建工程　　51 000
　贷：应付利息　　63 000

31. 12月29日，盘亏原材料66 000元，库存商品5 000元。经批准予以核销（不考虑进项税额）。

借：待处理财产损溢——待处理流动资产损溢　　710 000
　贷：原材料　　66 000
　　　库存商品　　5 000
借：营业外支出　　71 000
　贷：待处理财产损溢——待处理流动资产损溢　　710 000

32. 12月30日，汇总本月各科目发生额，试算平衡后，将各损益类科目本期发生额转入本年利润科目。

借：本年利润　　1 661 460
　贷：主营业务成本　　1 060 000
　　　营业税金及附加　　98 630
　　　管理费用　　319 830
　　　销售费用　　100 000
　　　财务费用　　12 000

营业外支出 71 000

借：主营业务收入 1 620 000

投资收益 148 000

营业外收入 1 600

贷：本年利润 1 769 600

33. 12月30日，依据本年度实现的利润总额3 307 140（3 199 000 + 1 769 600 – 1 661 460）元，按照企业所得税法的相关规定进行调整后，应确认的应纳税所得额为3 006 500元，所得税税率25%，计算并结转应交所得税费用。

借：所得税费用 751 625

贷：应交税费——应交企业所得税 751 625

借：本年利润 751 625

贷：所得税费用 751 625

34. 12月30日，依据本年度实现净利润2 555 515（3 307 140 – 751 625）元，按照10%计提法定盈余公积金255 551.50元，向投资者分配利润1 500 000元。

借：利润分配——提取法定盈余公积 255 551.50

——应付利润 1 500 000

贷：盈余公积 255 551.50

应付利润 1 500 000

35. 12月30日，结转本年利润。

借：本年利润 2 555 515

贷：利润分配——未分配利润 2 555 515

36. 12月30日，将利润分配各明细科目余额转入“未分配利润”明细科目。

借：利润分配——未分配利润 1 755 551.50

贷：利润分配——提取法定盈余公积 255 551.50

——应付利润 1 500 000

要求：

1. 根据林海公司20×3年12月份发生的经济业务事项，编制会计分录。(见资料三)

2. 根据资料三编制的会计分录进行试算平衡，并编制12月份的总账科目平衡表（见表8－6）。

3. 根据账户记录编制12月份的资产负债表（见表8－7）。

表8－6　　12月份总账科目平衡表　　单位：元

会计科目	本期期初余额		本期累计发生额		本期期末余额	
	借方	贷方	借方	贷方	借方	贷方
库存现金	25 000			10 500	14 500	
银行存款	1 693 300		3 375 000	4 739 930	328 370	
短期投资	500 000				500 000	
应收票据	240 000		234 000	20 000	454 000	
应收账款	525 000		1 076 400	1 250 000	351 400	
预付账款			500 000		500 000	
应收股利	8 000				8 000	
其他应收款	2 500				2 500	
在途物资	187 000		380 000		567 000	
原材料	957 000		105 000	440 000	622 000	
周转材料	200 000			5 000	195 000	
库存商品	850 000		1 974 000	1 065 000	1 759 000	
长期股权投资	950 000			852 000	98 000	
固定资产	7 598 050		1 031 000	38 000	8 591 050	
累计折旧		650 000	23 000	150 000		777 000
工程物资			589 000		589 000	
在建工程			94 000		94 000	
待处理财产损溢			71 000	71 000		
固定资产清理			20 000	20 000		
无形资产	500 000				500 000	
累计摊销		20 000		20 000		40 000
长期待摊费用	464 000			47 000	417 000	
生产成本	1 378 000		1 186 000	1 974 000	590 000	
制造费用			341 000	341 000		
短期借款		1 250 000	1 000 000	500 000		750 000
应付票据		1 048 000	25 000			1 023 000
应付账款		1 150 000		234 000		1 384 000
其他应付款		528 750				528 750
应付职工薪酬		630 000	853 100	853 100		630 000
应交税费		251 600	251 600	1 129 055		1 129 055
应付利息		50 500	50 000	63 000		63 500

续表

会计科目	本期期初余额		本期累计发生额		本期期末余额	
	借方	贷方	借方	贷方	借方	贷方
应付利润				1 500 000		1 500 000
长期借款		2 000 000				2 000 000
实收资本		4 800 000				4 800 000
资本公积		500 000				500 000
盈余公积				255 551. 5		255 551. 5
利润分配			3 511 103	4 311 066. 5		799 963. 5
主营业务收入			1 620 000	1 620 000		
主营业务成本			1 060 000	1 060 000		
营业税金及附加			98 630	98 630		
管理费用			319 830	319 830		
销售费用			100 000	100 000		
财务费用			12 000	12 000		
投资收益			148 000	148 000		
营业外收入			1 600	1 600		
营业外支出			71 000	71 000		
所得税费用			751 625	751 625		
本年利润		3 199 000	4 968 600	1 769 600		
合计	16 077 850	16 077 850	25 841 488	25 841 488	16 180 820	16 180 820

表 8－7　　　　资产负债表　　　　会小企 01 表

编制单位：林海有限责任公司　　　20×3 年 12 月 31 日　　　单位：元

资产	行次	期末余额	年初余额	负债和所有者权益	行次	期末余额	年初余额
流动资产：				流动负债：			
货币资金	1	342 870		短期借款	31	750 000	
短期投资	2	500 000		应付票据	32	1 023 000	
应收票据	3	454 000		应付账款	33	1 384 000	
应收账款	4	351 400		预收账款	34		
预付账款	5	500 000		应付职工薪酬	35	630 000	
应收股利	6	8 000		应交税费	36	1 129 055	
应收利息	7			应付利息	37	63 500	
其他应收款	8	2 500		应付利润	38	1 500 000	
存货	9	3 733 000		其他应付款	39	528 750	
其中：原材料	10	622 000		其他流动负债	40		

续表

资产	行次	期末余额	年初余额	负债和所有者权益	行次	期末余额	年初余额
在产品	11	590 000		流动负债合计	41	7 008 305	
库存商品	12	1 759 000		非流动负债：			
周转材料	13	195 000		长期借款	42	2 000 000	
其他流动资产	14			长期应付款	43		
流动资产合计	15	5 891 770		递延收益	44		
非流动资产：				其他非流动负债	45		
长期债券投资	16			非流动负债合计	46	2 000 000	
长期股权投资	17	98 000		负债合计	47	9 008 305	
固定资产原价	18	8 591 050					
减：累计折旧	19	777 000					
固定资产账面价值	20	7 814 050					
在建工程	21	94 000					
工程物资	22	589 000					
固定资产清理	23						
生产性生物资产	24			所有者权益（或股东权益）：			
无形资产	25	460 000		实收资本（或股本）	48	4 800 000	
开发支出	26			资本公积	49	500 000	
长期待摊费用	27	417 000		盈余公积	50	255 551.5	
其他非流动资产	28			未分配利润	51	799 963.5	
非流动资产合计	29	9 472 050		所有者权益（或股东权益）合计	52	6 355 515	
资产总计	30	15 363 820		负债和所有者权益（或股东权益）总计	53	15 363 820	

第三节 利 润 表

一、利润表的概念及作用

利润表，是指反映小企业在一定会计期间经营成果的会计报表。

利润表是动态会计报表，编制期间可以是一个月、一个季度或者一年。小企业编制利润表时，应当依据权责发生制和配比原则的要求，以各损益类账户的发生额或者累计发生额为依据，根据“收入－费用＝利润”这一会计等式，按照会计准则规定的标准和方法编制。利润表主要有以下几个方面的作用：

1. 反映小企业一定时期经营成果的实现情况。利润指标是评价一个企业经营业绩的重要标准之一。通过利润表，可以反映小企业在一定期间内收入实现的水平，各项成本、费用的发生情况，并按照配比原则确定一定时期的经营成果，即利润（或者亏损），据以评价小企业的经营成果与效率水平。

2. 评价小企业在一定时期的获利能力。评价一个企业是否具有持久的盈利能力，主要看营业利润的实现情况。如果一个企业的利润表中营业利润比较多，则说明企业具有很强的盈利能力。但是，如果一个企业的利润总额中营业外收入占的比重很大，也可以为企业创造利润，但不能判断企业是否具有盈利能力。根据利润表提供的经营成果数据，比较小企业在不同时期以及与同一行业的不同企业在相同时期的有关指标，分析与小企业利润相关的信息，可以评估、预测小企业今后的发展趋势和获利能力，为投资者或债权人做出决策提供信息来源。

3. 分析小企业一定时期各项税款的解缴情况。从税收的角度看，利润表中的利润总额指标主要有两方面的作用，一是计算小企业公益性捐赠支出税前扣除限额的基数。企业所得税法规定，企业发生的公益性捐赠支出，在年度利润总额12%以内的部分，准予在计算应纳税所得额时扣除，其中年度利润总额，是指企业依照国家统一会计制度的规定计算的年度会计利润。二是确认企业所得税应纳税所得额的主要依据。根据企业所得税法的有关规定，应纳税所得额是在会计利润总额的基础上，加纳税调增项目，减纳税调减项目计算而来。另外，在小企业的利润表中，增设了与涉税业务直接相关的信息，如在“营业税金及附加”项目下列示了一定时期实现的各种税款的解缴情况等。

二、利润表的格式

小企业的利润表按利润形成进行排列，其格式有单步式利润表和多步式利润表两种。

（一）单步式利润表

单步式利润表是将本期所有收入加在一起，然后再把所有费用加在一起，两者相减，通过依次计算得出当期损益。单步式利润表不提供营业利润、利润总额等中间性收益指标及其构成项目，认为用所有收入直接减去所有成本费用得出净利润指标更直接，更能够表明企业在本期的内经营业绩和资产增值的情况。单步式利润表相对于多步式利润表，其优点是表式简单，易于理解，避免项目分类时的困难，计算结果一目了然。但是中间性收益指标对信息使用者的意义重大，如果这些中间性信息不能直接反映出来，会减低利润表的实用性，所以其缺点也很明显。在实际工作中这种方法应用不多。单步式利润表见表8-8。

表8-8　　　　利润表

编制单位：　　　　年　　月　　日　　　　单位：元

项目	本月金额	本年累计金额
收入		
营业收入		
投资收益		
营业外收入		
收入合计		
费用		
营业成本		
营业税金及附加		
销售费用		
管理费用		
财务费用		
营业外支出		
所得税费用		
费用合计		
净利润		

（二）多步式利润表

多步式利润表是小企业常用的报表格式，它是将小企业经营活动发生的各项收入和费用项目，按照其重要性，区分日常经营活动与非日常经营活动业务，分别不同步骤计算当期利润的一种形式。多步式利润表一般分为以下几步：

第一步，计算营业利润

$$\text{营业利润}=\text{营业收入}-\text{营业成本}-\text{营业税金及附加}-\text{销售费用}-\text{管理费用}-\text{财务费用}+\text{投资收益（或减投资损失）}$$

第二步，计算利润总额

$$\text{利润总额}=\text{营业利润}+\text{营业外收入}-\text{营业外支出}$$

第三步，计算净利润

$$\text{净利润}=\text{利润总额}-\text{所得税费用}$$

多步式利润表中利润形成的排列格式注意了收入与费用支出配比的层次性，这样便于对企业生产经营情况进行分析，有利于不同企业之间进行比较，更重要的是利用多步式利润表有利于预测企业未来的盈利能力，因而被普遍采用。我国采用多步式利润表格式。多步式利润表见表8－9。

三、利润表的内容及其填列方法

利润表“本年累计金额”栏反映各项目自年初起至报告期末止的累计实际发生额。“本月金额”栏反映各项目的本月实际发生额；在编报年度财务报表时，应将“本月金额”栏改为“上年金额”栏，填列上年全年实际发生额。利润表各项目的内容及填列方法如下：

1. “营业收入”项目，反映小企业销售商品和提供劳务所实现的收入总额。本项目应根据“主营业务收入”科目和“其他业务收入”科目的发生额合计填列。

2. “营业成本”项目，反映小企业所销售商品的成本和所提供劳务的成本。本项目应根据“主营业务成本”科目和“其他业务成本”科目的发生额合计填列。

3. “营业税金及附加”项目，反映小企业开展日常生产活动应负担的消费税、营业税、城市维护建设税、资源税、土地增值税、城镇土地使用税、房产税、车船税、印花税和教育费附加、矿产资源补偿费、排污费等。本项目应根据“营业税金及附加”科目的发生额填列。

4. “销售费用”项目，反映小企业销售商品或提供劳务过程中发生的费用。本项目应根据“销售费用”科目的发生额填列。

5.“管理费用”项目，反映小企业为组织和管理生产经营发生的其他费用。本项目应根据“管理费用”科目的发生额填列。

6.“财务费用”项目，反映小企业为筹集生产经营所需资金发生的筹资费用。本项目应根据“财务费用”科目的发生额填列。

7.“投资收益”项目，反映小企业股权投资取得的现金股利（或利润）、债券投资取得的利息收入和处置股权投资和债券投资取得的处置价款扣除成本或账面余额、相关税费后的净额。本项目应根据“投资收益”科目的发生额填列；如为投资损失，以“－”号填列。

8.“营业利润”项目，反映小企业当期开展日常生产经营活动实现的利润。本项目应根据营业收入扣除营业成本、营业税金及附加、销售费用、管理费用和财务费用，加上投资收益后的金额填列。如为亏损，以“－”号填列。

9.“营业外收入”项目，反映小企业实现的各项营业外收入金额。包括：非流动资产处置净收益、政府补助、捐赠收益、盘盈收益、汇兑收益、出租包装物和商品的租金收入、逾期未退包装物押金收益、确实无法偿付的应付款项、已做坏账损失处理后又收回的应收款项、违约金收益等。本项目应根据“营业外收入”科目的发生额填列。

10.“营业外支出”项目，反映小企业发生的各项营业外支出金额。包括：存货的盘亏、毁损、报废损失，非流动资产处置净损失，坏账损失，无法收回的长期债券投资损失，无法收回的长期股权投资损失，自然灾害等不可抗力因素造成的损失，税收滞纳金，罚金，罚款，被没收财物的损失，捐赠支出，赞助支出等。本项目应根据“营业外支出”科目的发生额填列。

11.“利润总额”项目，反映小企业当期实现的利润总额。本项目应根据营业利润加上营业外收入减去营业外支出后的金额填列。如为亏损总额，以“－”号填列。

12.“所得税费用”项目，反映小企业根据企业所得税法确定的应从当期利润总额中扣除的所得税费用。本项目应根据“所得税费用”科目的发生额填列。

13.“净利润”项目，反映小企业当期实现的净利润。本项目应根据利润总额扣除所得税费用后的金额填列。如为净亏损，以“－”号填列。

【例8－2】 以例8－1资料为例，编制林海公司20×3年12月的利润表，见表8-9。

表8-9 **利润表** 会小企02表

编制单位：林海有限责任公司 20×3年12月 单位：元

项目	行次	本月金额	本年累计金额
一、营业收入	1	1 620 000	17 385 000
减：营业成本	2	1 060 000	11 249 000
营业税金及附加	3	98 630	492 630
其中：消费税	4		23 150
营业税	5		135 800
城市维护建设税	6	69 020	134 690
资源税	7		
土地增值税	8		34 750
城镇土地使用税、房产税、车船税、印花税	9		66 920
教育费附加、矿产资源补偿费、排污费	10	29 610	97 320
销售费用	11	100 000	651 000
其中：商品维修费	12		78 000
广告费和业务宣传费	13	100 000	200 000
管理费用	14	319 830	1 040 830
其中：开办费	15		104 500
业务招待费	16	4 000	186 033
研究费用	17		500 000
财务费用	18	12 000	431 000
其中：利息费用（收入以“-”号填列）	19	12 000	330 000
加：投资收益（损失以“-”号填列）	20	148 000	358 000
二、营业利润（亏损以“-”号填列）	21	177 540	3 878 540
加：营业外收入	22	1 600	149 600
其中：政府补助	23		
减：营业外支出	24	71 000	721 000
其中：坏账损失	25		
无法收回的长期债券投资损失	26		
无法收回的长期股权投资损失	27		300 000
自然灾害等不可抗力因素造成的损失	28		398 000
税收滞纳金	29		8 100
三、利润总额（亏损总额以“-”号填列）	30	108 140	3 307 140
减：所得税费用	31		751 625
四、净利润（净亏损以“-”号填列）	32	108 140	2 555 515

第四节 现金流量表

一、现金流量表的概念及作用

现金流量表，是指反映小企业在一定会计期间现金流入和流出情况的报表。

小企业现金流量表的现金，是指小企业的库存现金以及可以随时用于支付的存款和其他货币资金，也就是资产负债表中的货币资金。但是，如果银行存款中包含不准备随时动用的定期存款、或者由法院冻结的涉及法律诉讼的存款等，应当剔除。另外，小企业现金流量表的现金也不包含现金等价物。现金流量表主要有以下几个方面的作用：

1. 反映小企业一定期间内现金流入和流出的原因。在资产负债表中，“货币资金”项目是最受关注的内容之一。但是，在资产负债表中，我们能看到的仅仅是在某一时点上货币资金的增减变动的结果，即期初结余额和期末结余额。是什么原因导致的这一结果，在资产负债表中是无法体现的。而利润表能够反映一定时期各项业务发生的全过程，但是利润表是权责发生制的结果，既包括涉及现金收付的业务，也包括不涉及现金收付的业务。因此，只有通过现金流量表，把涉及现金的业务按照流入现金和流出现金项目分别列示，才能够清晰地反映小企业现金流入和流出的原因，即现金从哪里来，又用到哪里去。这些信息是资产负债表和利润表所不能提供的。

2. 评价小企业的偿债能力和支付能力。投资者投入资金、债权人提供企业短期或长期使用的资金，其目的主要是为了获得利润。企业获得的利润多少，在一定程度上表明企业具有一定的现金支付能力。但是，小企业一定期间内获得的利润并不代表企业真正具有偿债或支付能力。在某些情况下，虽然企业利润表上反映的经营业绩很可观，但财务困难，不能偿还到期债务。而有的企业虽然利润表上反映的经营成果并不理想，但却有足够的资金偿付能力。产生这种情况的主要原因，就是会计核算采用了权责发生制、配比原则等会计政策。现金流量表完全以现金的收支为基础，消除了会计核算中由于权责发生制等所产生的获利能力和支付能力。因此，通过现金流量表，投资者和债权人可了解小企业获取现金的能力和现金偿付的能力，从而更加合理的利用有限的资源，产生最大的经济效益。

3. 分析小企业投资和理财活动对经营成果和财务状况的影响。资产负债表能够提供企业一定日期财务的状况，它所提供的是静态的财务信息，并不能反映财务状况变动的原因，也不能表明这些资产、负债给企业带来多少现金，又用去多少现金；利润表虽然反映企业一定期间的经营成果，提供动态的财务信息，但利润表只能反映利润的构成，也不能反映经营活动、投资和筹资活动给企业带来多少现金，又支付多少现金，而且利润表不能反映投资和筹资活动的全部事项。现金流量表提供一定时期现金流入和流出的动态财务信息，表明企业在报告期内由经营活动、投资和筹资活动获得多少现金，企业获得的这些现金是如何运用的，能够说明资产、负债、净资产变动的原因，对资产负债表和利润表起到补充说明的作用。现金流量表是连接资产负债表和利润表的桥梁。

二、现金流量表的格式及内容

小企业的现金流量表应当分别经营活动、投资活动和筹资活动列报，现金流量应当分别按照现金流入和现金流出总额列报。小企业不需要编报补充资料。

（一）经营活动

经营活动，是指小企业投资活动和筹资活动以外的所有交易和事项。

小企业经营活动产生的现金流量应当单独列示反映下列信息的项目：

1. 销售产成品、商品、提供劳务收到的现金；
2. 购买原材料、商品、接受劳务支付的现金；
3. 支付的职工薪酬；
4. 支付的税费。

（二）投资活动

投资活动，是指小企业固定资产、无形资产、其他非流动资产的购建和短期投资、长期债券投资、长期股权投资及其处置活动。

小企业投资活动产生的现金流量应当单独列示反映下列信息的项目：

1. 收回短期投资、长期债券投资和长期股权投资收到的现金；
2. 取得投资收益收到的现金；
3. 处置固定资产、无形资产和其他非流动资产收回的现金净额；
4. 短期投资、长期债券投资和长期股权投资支付的现金；
5. 购建固定资产、无形资产和其他非流动资产支付的现金。

（三）筹资活动

筹资活动，是指导致小企业资本及债务规模和构成发生变化的活动。

小企业筹资活动产生的现金流量应当单独列示反映下列信息的项目：
1. 取得借款收到的现金；
2. 吸收投资者投资收到的现金；
3. 偿还借款本金支付的现金；
4. 偿还借款利息支付的现金；
5. 分配利润支付的现金。

小企业现金流量表的格式见表8－10。

表8－10 **现金流量表** 会小企03表

编制单位： 年 月 日 单位：元

项目	行次	本年累计金额	本月金额
一、经营活动产生的现金流量			
销售产成品、商品、提供劳务收到的现金	1		
收到其他与经营活动有关的现金	2		
购买原材料、商品、接受劳务支付的现金	3		
支付的职工薪酬	4		
支付的税费	5		
支付其他与经营活动有关的现金	6		
经营活动产生的现金流量净额	7		
二、投资活动产生的现金流量			
收回短期投资、长期债券投资和长期股权投资收到的现金	8		
取得投资收益收到的现金	9		
处置固定资产、无形资产和其他非流动资产收回的现金净额	10		

续表

项目	行次	本年累计金额	本月金额
短期投资、长期债券投资和长期股权投资支付的现金	11		
购建固定资产、无形资产和其他非流动资产支付的现金	12		
投资活动产生的现金流量净额	13		
三、筹资活动产生的现金流量			
取得借款收到的现金	14		
吸收投资者投资收到的现金	15		
偿还借款本金支付的现金	16		
偿还借款利息支付的现金	17		
分配利润支付的现金	18		
筹资活动产生的现金流量净额	19		
四、现金净增加额	20		
加：期初现金余额	21		
五、期末现金余额	22		

三、现金流量表的内容及其编制方法

现金流量表反映小企业一定会计期间内有关现金流入和流出的信息。本表“本年累计金额”栏反映各项目自年初起至报告期末止的累计实际发生额。本表“本月金额”栏反映各项目的本月实际发生额；在编报年度财务报表时，应将“本月金额”栏改为“上年金额”栏，填列上年全年实际发生额。现金流量表各项目的内容及填列方法如下：

（一）经营活动产生的现金流量

1. “销售产成品、商品、提供劳务收到的现金”项目，反映小企业本期销售产成品、商品、提供劳务收到的现金。本项目可以根据“库存现金”、“银行存款”和“主营业务收入”等科目的本期发生额分析填列。

2. “收到其他与经营活动有关的现金”项目，反映小企业本期收到的其他与经营活动有关的现金。本项目可以根据“库存现金”和“银行存款”等科目的本期发生额分析填列。

3.“购买原材料、商品、接受劳务支付的现金”项目，反映小企业本期购买原材料、商品、接受劳务支付的现金。本项目可以根据“库存现金”、“银行存款”、“其他货币资金”、“原材料”、“库存商品”等科目的本期发生额分析填列。

4.“支付的职工薪酬”项目，反映小企业本期向职工支付的薪酬。本项目可以根据“库存现金”、“银行存款”、“应付职工薪酬”科目的本期发生额填列。

5.“支付的税费”项目，反映小企业本期支付的税费。本项目可以根据“库存现金”、“银行存款”、“应交税费”等科目的本期发生额填列。

6.“支付其他与经营活动有关的现金”项目，反映小企业本期支付的其他与经营活动有关的现金。本项目可以根据“库存现金”、“银行存款”等科目的本期发生额分析填列。

（二）投资活动产生的现金流量

1.“收回短期投资、长期债券投资和长期股权投资收到的现金”项目，反映小企业出售、转让或到期收回短期投资、长期股权投资而收到的现金，以及收回长期债券投资本金而收到的现金，不包括长期债券投资收回的利息。本项目可以根据“库存现金”、“银行存款”、“短期投资”、“长期股权投资”、“长期债券投资”等科目的本期发生额分析填列。

2.“取得投资收益收到的现金”项目，反映小企业因权益性投资和债权性投资取得的现金股利或利润和利息收入。本项目可以根据“库存现金”、“银行存款”、“投资收益”等科目的本期发生额分析填列。

3.“处置固定资产、无形资产和其他非流动资产收回的现金净额”项目，反映小企业处置固定资产、无形资产和其他非流动资产取得的现金，减去为处置这些资产而支付的有关税费等后的净额。本项目可以根据“库存现金”、“银行存款”、“固定资产清理”、“无形资产”、“生产性生物资产”等科目的本期发生额分析填列。

4.“短期投资、长期债券投资和长期股权投资支付的现金”项目，反映小企业进行权益性投资和债权性投资支付的现金。包括：企业取得短期股票投资、短期债券投资、短期基金投资、长期债券投资、长期股权投资支付的现金。本项目可以根据“库存现金”、“银行存款”、“短期投资”、“长期债券投资”、“长期股权投资”等科目的本期发生额分析填列。

5.“购建固定资产、无形资产和其他非流动资产支付的现金”项目，反映小企业购建固定资产、无形资产和其他非流动资产支付的现金。包括购买机器设备、无形资产、生产性生物资产支付的现金、建造工程支付的现金等现金支出，不包括为购建固定资产、无形资产和其他非流动资产而发生的借款费用资本化部分和支付给在建工程和无形资产开发项目人员的薪酬。为购建固定资产、无形资产和其他非流动资产而发生借款费用资本化部分，在“偿还借款利息支付的现金”项目反映；支付给在建工程和无形资产开发项目人员的薪酬，在“支付的职工薪”项目反映。本项目可以根据“库存现金”、“银行存款”、“固定资产”、“在建工程”、“无形资产”、“研发支出”、“生产性生物资产”、“应付职工薪酬”等科目的本期发生额分析填列。

（三）筹资活动产生的现金流量

1.“取得借款收到的现金”项目，反映小企业举借各种短期、长期借款收到的现金。本项目可以根据“库存现金”、“银行存款”、“短期借款”、“长期借款”等科目的本期发生额分析填列。

2.“吸收投资者投资收到的现金”项目，反映小企业收到的投资者作为资本投入的现金。本项目可以根据“库存现金”、“银行存款”、“实收资本”、“资本公积”等科目的本期发生额分析填列。

3.“偿还借款本金支付的现金”项目，反映小企业以现金偿还各种短期、长期借款的本金。本项目可以根据“库存现金”、“银行存款”、“短期借款”、“长期借款”等科目的本期发生额分析填列。

4.“偿还借款利息支付的现金”项目，反映小企业以现金偿还各种短期、长期借款的利息。本项目可以根据“库存现金”、“银行存款”、“应付利息”等科目的本期发生额分析填列。

5.“分配利润支付的现金”项目，反映小企业向投资者实际支付的利润。本项目可以根据“库存现金”、“银行存款”、“应付利润”等科目的本期发生额分析填列。

第五节 财务报表附注

一、财务报表附注的概念及作用

附注，是指小企业对在资产负债表、利润表和现金流量表等报表中列示项目的文字描述或明细资料，以及对未能在这些报表中列示项目的说明等。通过附注提供的信息可以使报表使用者全面了解企业的财务状况、经营成果和现金流量。财务报表附注主要有以下几个方面的作用：

1. 可以提高小企业会计信息的相关性和可靠性。财务信息既要相关又要可靠，相关性和可靠性是财务信息的两个基本质量特征。由于财务会计本身的局限，相关性和可靠性的选择有时很难兼顾，而且很多时候都是不可兼得的。利用财务报表附注，可以在不降低财务信息可靠性的前提下提高信息的相关性。

2. 可以增强不同行业和行业内部不同企业之间会计信息的可比性。财务信息是由多种因素综合促成的，经济环境的不确定性，不同行业的不同特点，以及各企业前后各期情况的变化，都会降低不同企业之间会计信息的可比性，以及企业前后各期财务信息的一贯性。通过财务报表附注披露的内容等情况，向投资者传递相关信息，使投资者不仅能够“看懂”，而且能够“看透”会计处理方法的实质，从而不被会计方法所误导。

3. 可以完善财务信息披露的完整性。附注是财务报表主表的不可分割的一部分。财务报表主表与财务报表附注的关系可概括为：主表是本，附注是补充。正所谓“皮之不存，毛将焉附”。没有主表的存在，附注就失去了依靠，如果没有附注恰当的补充，财务报表主表的功能就难以有效地实现。

二、财务报表附注的披露

附注是财务报表的重要组成部分。小企业应当按照小企业会计准则规定的顺序与内容披露附注信息。

1. 遵循小企业会计准则的声明。

小企业应当声明编制的财务报表符合小企业会计准则的要求，真实、完整地反映了小企业的财务状况、经营成果和现金流量等有关信息。

2. 短期投资、应收账款、存货、固定资产项目的说明。

（1）短期投资的披露格式如表 8－11 所示。

表 8－11

项目	期末账面余额	期末市价	期末账面余额与市价的差额
1. 股票			
2. 债券			
3. 基金			
4. 其他			
合计			

（2）应收账款按账龄结构披露的格式如表 8－12 所示。

表 8－12

账龄结构	期末账面余额	年初账面余额
1 年以内（含 1 年）		
1～2 年（含 2 年）		
2～3 年（含 3 年）		
3 年以上		
合计		

（3）存货的披露格式如表 8－13 所示。

表 8－13

存货种类	期末账面余额	期末市价	期末账面余额与市价的差额
1. 原材料			
2. 在产品			
3. 库存商品			
4. 周转材料			
5. 消耗性生物资产			
……			
合计			

（4）固定资产的披露格式如表 8－14 所示。

表 8－14

项目	原价	累计折旧	期末账面价值
1. 房屋、建筑物			
2. 机器			
3. 机械			
4. 运输工具			
5. 设备			
6. 器具			
7. 工具			
……			
合计			

3. 应付职工薪酬、应交税费项目的说明。

（1）应付职工薪酬的披露格式如表 8－15 所示。

表 8－15　　应付职工薪酬明细表　　会小企 01 表附表 1

编制单位：　　年　月　　单位：元

项目	期末账面余额	年初账面余额
1. 职工工资		
2. 奖金、津贴和补贴		
3. 职工福利费		
4. 社会保险费		
5. 住房公积金		
6. 工会经费		
7. 职工教育经费		
8. 非货币性福利		
9. 辞退福利		
10. 其他		
合计		

（2）应交税费的披露格式如表 8－16 所示。

表 8－16　　应交税费明细表　　会小企 01 表附表 2

编制单位：　　年　月　　单位：元

项目	期末账面余额	年初账面余额
1. 增值税		
2. 消费税		
3. 营业税		
4. 城市维护建设税		
5. 企业所得税		
6. 资源税		
7. 土地增值税		
8. 城镇土地使用税		
9. 房产税		
10. 车船税		
11. 教育费附加		
12. 矿产资源补偿费		
13. 排污费		
14. 代扣代缴的个人所得税		
……		
合计		

4. 利润分配的说明（见表 8－17）。

表 8－17　　利润分配表　　会小企 01 表附表 3

编制单位：　　年度　　单位：元

项目	行次	本年金额	上年金额
一、净利润	1		
加：年初未分配利润	2		
其他转入	3		
二、可供分配的利润	4		
减：提取法定盈余公积	5		
提取任意盈余公积	6		
提取职工奖励及福利基金*	7		
提取储备基金*	8		
提取企业发展基金*	9		
利润归还投资**	10		
三、可供投资者分配的利润	11		
减：应付利润	12		
四、未分配利润	13		

注：* 提取职工奖励及福利基金、提取储备基金、提取企业发展基金这 3 个项目仅适用于小企业（外商投资）按照相关法律规定提取的 3 项基金。

** 利润归还投资这个项目仅适用于小企业（中外合作经营）根据合同规定在合作期间归还投资者的投资。

5. 用于对外担保的资产名称、账面余额及形成的原因；未决诉讼、未决仲裁以及对外提供担保所涉及的金额。

6. 发生严重亏损的，应当披露持续经营的计划、未来经营的方案。

7. 对已在资产负债表和利润表中列示项目与企业所得税法规定存在差异的纳税调整过程。

8. 其他需要说明的事项。

当小企业发生会计政策变更、会计估计变更和会计差错更正时，应当采用未来适用法进行会计处理，并将变更情况、处理结果在附注中予以披露。

会计政策，是指小企业在会计确认、计量和报告中所采用的原则、基础和会计处理方法。

会计估计变更，是指由于资产和负债的当前状况及预期经济利益和义务发生了变化，从而对资产或负债的账面价值或者资产的定期消耗金额进行调整。

前期差错包括计算错误、应用会计政策错误、应用会计估计错误等。未来适用法，是指将变更后的会计政策和会计估计应用于变更日及以后发生的交易或者事项，或者在会计差错发生或发现的当期更正差错的方法。

第六节 财务报表分析

一、财务报表分析的概念及作用

财务报表分析，是以小企业提供的财务报表信息为依据，采用一系列专门方法，对有关数据进行加工整理，并结合其他有关补充信息，对小企业的财务状况、经营成果和现金流量情况进行综合比较和评价，为财务报表使用者提供管理决策和控制依据的一项管理工作。

财务报表作为提供给所有外部使用者的会计信息，由于阅读人要达到的目标不同，导致了财务报表分析对不同的使用者的作用和意义也有所不同。财务报表分析主要有以下几个方面的作用：

1. 小企业管理人员通过财务报表分析，可以评价小企业的财务状况和经营成果，揭示小企业在生产经营活动中存在的矛盾和问题，为改善经营管理提供方案和线索。

2. 小企业投资者和债权人通过财务报表分析，可以预测小企业未来的报酬和风险，了解小企业的偿债能力和支付能力，为投资决策提供可靠的依据。

3. 小企业主管部门通过财务报表分析，可以检查小企业各项预算的完成情况，考察经营管理人员的业绩，为建立健全合理的经营机制提供帮助。

4. 税务部门通过财务报表分析，可以了解小企业财务状况的变化和经营成果的现实情况，掌握税源变化规律，及时发现纳税的疑点线索，并有针对性地开展纳税评估、税务稽查和税源监控等的工作。

二、财务报表分析的基本方法

小企业财务报表分析常用的方法有水平分析法、垂直分析法和比率分析法。

（一）水平分析法

水平分析法，又称趋势分析法，它是最简单的一种方法。是指将企业连续若干会计年度的报表资料在不同年度间进行横向对比，确定不同年度的差异额或差异率，据以分析企业各报表项目的变化情况及变动趋势。一般包括比较分析法和趋势分析法。

1. 比较分析法

比较分析法，是通过某项财务指标与一定的标准进行对比，揭示企业财务状况、经营情况和现金流量情况的一种分析方法。可以选择的标准主要有历史标准、预算标准、行业标准等。

比较分析法是最基本的分析方法，在财务报表分析中应用最广泛的一种方法。按比较对象的不同分为三种形式：

（1）绝对数比较分析。通过编制比较财务报表，将比较各期的报表项目的数额予以并列，直接观察每一项目的增减变化情况。

（2）绝对数增减变动分析。在比较财务报表绝对数的基础上增加绝对数“增减金额”一栏，计算比较对象各项目之间的增减变动差额。

（3）相对数增减变动分析。在计算增减变动额的同时计算变动百分比，并列示于比较财务报表中，以消除项目绝对规模因素的影响，使报表使用者一目了然。

比较分析法一般适应于两期（项）指标的对比分析，当需要比较两期（项）以上的指标时，比较分析法就变得很麻烦。

2. 趋势分析法

趋势分析法，是将企业连续数期的指标进行对比，以分析有关指标变动情况和变动趋势的一种分析方法。如果比较的期数为两期，则趋势分析法等同于比较分析法，因此，趋势分析法的期数一般超过两期。趋势分析法根据对比的基数不同有定基比较和环比比较两种具体形式。

（1）定基比较，是指将连续数期指标中的其中一期的指标为基期指标（通常是以最早一期为基期），将其他各期指标与基期指标进行对比。这种方法是通过计算与基期指标变动百分比来揭示变动趋势。

$$定基比率=\frac{分析期指标}{基期指标}$$

（2）环比比较，是指将连续数期指标中的各期与前一期指标进行对比。这种方法总以前一期为基期，连续计算各期变动百分比来揭示变动趋势。

$$环比比率=\frac{分析期指标}{前一期指标}$$

（二）垂直分析法

垂直分析法，是指将当期的有关会计资料和上述水平分析中所得的指标，与本企业过去时期的同类资料进行对比，以分析小企业各项业务、绩效的成长及发展趋势。通过垂直分析可以了解小企业的经营是否有发展进步及其发展进步的程度和速度。因此，必须把上述的水平分析与垂直分析结合起来，才能充分发挥财务分析的积极作用。

垂直分析法是与水平分析法相对应的。水平分析注重的是关键项目不同年份的比较，垂直分析法更注重于报表内部各项目的内在结构分析。通常情况下，利润表中的项目用营业收入的百分率表示，资产负债表中的项目则更多用资产总额的百分率表示。

（三）比率分析法

比率分析法，是以同一期财务报表上若干重要项目的相关数据相互比较，求出比率，用以分析和评价小企业的经营活动状况的一种方法，是财务分析最基本的工具。由于进行财务分析的目的不同，因而各种分析者包括债权人、管理当局、政府机构等所采取的侧重点也不同。如作为投资者，主要关注获利能力比率、偿债能力比率、成长能力比率、周转能力比率等。而税务人员更关注的是通过对获利能力、营运能力和偿债能力的分析发现涉税疑点。

三、常用财务比率分析

（一）反映偿债能力的比率

偿债能力，是指企业偿还到期债务（包括本息）的能力。反映偿债能力的比率一般包括短期偿债能力比率和长期偿债能力比率两个方面。

1. 反映短期偿债能力的比率

反映短期偿债能力的比率主要包括流动比率、速动比率和现金流动负债率。

（1）流动比率。流动比率是小企业流动资产与流动负债的比率，计算公式为：

$$流动比率 = \frac{流动资产}{流动负债}$$

流动比率反映了小企业的流动资产偿还流动负债的能力，表示小企业每1元流动负债有多少流动资产作为偿还的保证。一般情况下，流动比率越高，反映小企业短期偿债能力越强，说明小企业不仅拥有较多的营运资金抵偿短期债务，而且表明小企业可以变现的资产数额较大，债权人的风险就会越小。但是，流动比率并不是越高越好，流动比率过高，表明小企业流动资产可能存在不能盈利或闲置等情况。因此，分析流动比率还要结合现金流量进行分析。一般认为，流动比率保持在2:1是比较合理的。

【例8－3】丰润公司为制造业小企业，20×3年12月31日资产负债表、利润表如表8－18、表8－19所示。要求计算该公司流动比率并进行分析。以下各指标计算分析均以此为例。

依据报表资料计算丰润公司流动比率：

$$年初流动比率 = \frac{6\ 841\ 131}{2\ 890\ 435} = 2.37$$

$$年末流动比率 = \frac{9\ 111\ 770}{5\ 008\ 305} = 1.82$$

计算结果表明，该企业年初流动比率为2.37，高于公认标准值，有较强的短期偿债能力。但是，年末流动比率为1.82，低于公认标准值，而且比年初有明显降低，反映出该企业短期偿债能力明显降低。

表8-18 资产负债表 会小企01表

编制单位：丰润有限责任公司 20×3年12月31日 单位：元

资产	行次	期末余额	年初余额	负债和所有者权益	行次	期末余额	年初余额
流动资产：				流动负债：			
货币资金	1	1 342 870	932 381	短期借款	31	1 750 000	750 000
短期投资	2	500 000		应付票据	32	423 000	200 000
应收票据	3	1 454 000	606 300	应付账款	33	884 000	106 000
应收账款	4	2 851 400	3 598 450	预收账款	34		
预付账款	5	500 000		应付职工薪酬	35	230 000	315 060
应收股利	6	228 000		应交税费	36	629 055	729 025
应收利息	7			应付利息	37	63 500	30 000
其他应收款	8	2 500	50 000	应付利润	38	500 000	400 000
存货	9	2 233 000	1 654 000	其他应付款	39	528 750	360 350
其中：原材料	10			其他流动负债	40		
在产品	11			流动负债合计	41	5 008 305	2 890 435
库存商品	12			非流动负债：			
周转材料	13			长期借款	42	3 000 000	2 000 000
其他流动资产	14			长期应付款	43		
流动资产合计	15	9 111 770	6 841 131	递延收益	44		
非流动资产：				其他非流动负债	45		
长期债券投资	16			非流动负债合计	46	3 000 000	2 000 000
长期股权投资	17			负债合计	47	8 008 305	4 890 435
固定资产原价	18	3 491 050	2 897 300				
减：累计折旧	19	777 000	561 000				
固定资产账面价值	20	2 714 050	2 336 300				
在建工程	21	1 787 000	1 409 500				
工程物资	22	694 000	229 000				
固定资产清理	23						
生产性生物资产	24			所有者权益（或股东权益）：			

续表

资产	行次	期末余额	年初余额	负债和所有者权益	行次	期末余额	年初余额
无形资产	25	277 000	180 000	实收资本（或股本）	48	5 000 000	5 000 000
开发支出	26			资本公积	49	400 000	400 000
长期待摊费用	27			盈余公积	50	475 652	408 630
其他非流动资产	28			未分配利润	51	699 863	296 866
非流动资产合计	29	5 472 050	4 154 800	所有者权益（或股东权益）合计	52	6 575 515	6 105 496
资产总计	30	14 583 820	10 995 931	负债和所有者权益（或股东权益）总计	53	14 583 820	10 995 931

表 8－19 **利润表** 会小企02表

编制单位：丰润有限责任公司 20×3 年 12 月 单位：元

项　目	行次	上年累计金额	本年累计金额
一、营业收入	1	8 625 000	9 385 000
减：营业成本	2	6 060 500	5 649 500
营业税金及附加	3	228 630	323 730
其中：消费税	4	18 570	
营业税	5	130 550	135 700
城市维护建设税	6	19 020	134 690
资源税	7		
土地增值税	8		
城镇土地使用税、房产税、车船税、印花税	9	60 490	36 020
教育费附加、矿产资源补偿费、排污费	10	29 610	17 320
销售费用	11	610 000	451 000
其中：商品维修费	12		48 000
广告费和业务宣传费	13	500 000	300 000
管理费用	14	709 830	940 830
其中：开办费	15		
业务招待费	16	94 810	79 030
研究费用	17		
财务费用	18	92 000	231 000

续表

项　目	行次	上年累计金额	本年累计金额
其中：利息费用（收入以“－”号填列）	19	85 000	219 430
加：投资收益（损失以“－”号填列）	20		100 000
二、营业利润（亏损以“－”号填列）	21	924 040	1 888 940
加：营业外收入	22		
其中：政府补助	23		
减：营业外支出	24	51 000	521 000
其中：坏账损失	25		
无法收回的长期债券投资损失	26		
无法收回的长期股权投资损失	27		
自然灾害等不可抗力因素造成的损失	28		98 000
税收滞纳金	29		
三、利润总额（亏损总额以“－”号填列）	30	873 040	1 367 940
减：所得税费用	31	256 100	370 421
四、净利润（净亏损以“－”号填列）	32	616 940	997 519

（2）速动比率。速动比率又称酸性测试比率，是速动资产与流动负债的比率，计算公式为：

$$速动比率=\frac{速动资产}{流动负债}$$

其中：

$$速动资产=流动资产-存货$$

速动比率消除了存货等变现能力较差的流动资产的影响，反映企业短期内可变现资产偿还短期债务的能力。存货在流动资产中是变现速度最慢的一种资产，甚至有些存货可能滞销，无法变现。因此，在计算速动比率时，应当从流动资产中扣除存货。一般来说，速动比率越高，说明资产的流动性越强，短期偿债能力也越强；速动比率越低，说明资产的流动性越差，短期偿债能力越弱。但是，速动比率也不能过高，如果过高，企业在速动资产上占用过多资金，会增加企业投资的机会成本。一般认为，速动比率保持在1∶1较为合理，它表明企业的每1元流动负债就有1元易于变现的流动资产来抵偿，使短期偿债能力有可靠的保证。

依据报表资料计算丰润公司速动比率：

$$年初速动比率=\frac{5\ 187\ 131}{2\ 890\ 435}=1.79$$

$$年末速动比率=\frac{6\ 878\ 770}{5\ 008\ 305}=1.37$$

其中：

年初速动资产 = 6 841 131 − 1 654 000 = 5 187 131（元）

年末速动资产 = 9 111 770 − 2 233 000 = 6 878 770（元）

计算结果表明，该企业年末速动比率虽然比年初有明显降低，但超过公认标准，反映出该企业短期内可变现资产偿还短期债务的能力仍然较强。同时，该企业年末流动比率低于公认标准，但是年末速动比率却高于公认标准，反映出该企业流动资产中，存货所占比重较低，其真实的偿还短期债务的能力较强。

（3）现金比率。现金比率是现金与流动负债的比率，计算公式为：

$$现金比率=\frac{现金}{流动负债}$$

这里所称现金，是指小企业的现金及现金等价物，一般包括小企业资产负债表中的货币资金、短期投资和应收票据。

现金比率反映小企业可以立即偿还流动负债的能力。现金比率越高，表明小企业立即偿还到期债务的能力越强，现金比率越低，表明小企业立即偿还到期债务的能力越弱。但是，现金比率过高，又表明小企业持有大量不能产生收益的现金，可能使小企业的获利能力降低。实务中，现金比率并没有一个较为接近的、公认的合理比较标准，小企业可以结合自身情况确定。

依据报表资料计算丰润公司速动比率：

$$年初现金比率=\frac{932\ 381+606\ 300}{2\ 890\ 435}=0.53$$

$$年末现金比率=\frac{1\ 342\ 870+500\ 000+1\ 454\ 000}{5\ 008\ 305}=0.66$$

计算结果表明，该企业年末现金比率明显高于年初，反映出该企业年末现金比年初充裕，立即偿还流动负债的能力高于年初。

该类指标反映了企业短期偿债能力的大小，是债权人关注的重要指标之一。税务人员也可以通过对短期偿债能力的分析，了解企业流动资金的变现能力、现金支付能力（如税款的支付能力）等情况。

2. 反映长期偿债能力的比率

反映长期偿债能力的指标主要包括资产负债率、产权比率、利息保障倍数。

（1）资产负债率。资产负债率又称负债比率，是负债总额与资产总额的比率，计算公式为：

$$资产负债率 = \frac{负债总额}{资产总额} \times 100\%$$

资产负债率反映小企业利用债权人提供资金进行经营活动的能力，以及小企业资产对债权人权益的保障程度。资产负债率的高低对企业的债权人和所有者具有不同的意义。对债权人来说，希望负债比率越低越好，负债比率越低，债权人发放贷款的安全程度越高，企业偿还长期债务的能力越强，债权的保障程度就越高；反之，负债比率越高，债权人发放贷款的安全程度越就低，企业偿还长期债务的能力就越弱。对所有者而言，最关心的是投入资本的收益率。只要企业的总资产收益率高于借款的利息率，此时，举债越多，即负债比率越大，所有者的投资收益就越大。但是，也不是说举债越多就越好，举债经营必然要承担债务成本，这会增加企业的财务负担，如果出现资金链断裂，很有可能面临破产的风险。因此，小企业应当结合自身的实际经营情况，将负债的规模控制在一个合理的水平。一般认为，资产负债率在55%～65%之间比较安全合理。

依据报表资料计算丰润公司资产负债率：

$$年初资产负债率 = \frac{4\ 890\ 435}{10\ 995\ 931} \times 100\% = 44.47\%$$

$$年末资产负债率 = \frac{8\ 008\ 305}{14\ 583\ 820} \times 100\% = 54.91\%$$

计算结果表明，该企业资产负债率在安全范围内，债权人的债权安全。但是年末资产负债率明显高于年初，反映出债权人的安全程度在降低。

（2）产权比率。产权比率也称资本负债率，是负债总额与所有者权益总额的比率，计算公式为：

$$产权比率 = \frac{负债总额}{所有者权益总额}$$

产权比率反映了所有者权益对债权人权益的保障程度，是企业财务结构稳健与否的重要标志。产权比率指标越低，说明企业偿还长期债务的能力越强，债权人权益的保障程度越高，承担的风险越小，但企业不能充分地发挥负债的财务杠杆效应。实务中，企业应从提高获利能力和增强偿债能力两个方面对此比率进行综合分析。

依据报表资料计算丰润公司产权比率：

$$年初产权比率=\frac{4\ 890\ 435}{6\ 105\ 496}=0.8$$

$$年末产权比率=\frac{8\ 008\ 305}{6\ 575\ 515}=1.22$$

计算结果表明，该企业年末产权比率比年初有明显提高，反映出该企业本年更注重债务筹资，这也是年末资产负债率明显高于年初的主要原因。

（3）利息保障倍数。利息保障倍数又称已获利息倍数，是息税前利润与利息费用得比率，计算公式为：

$$利息保障倍数=\frac{息税前利润}{利息费用}$$

其中：

$$息税前利润=利润总额+利息费用$$

理论上，公式中息税前利润包含的利息费用属于财务费用中的利息支出，分母中的利息费用则包括财务费用中的利息和计入固定资产等资本化的利息。实务中，小企业为简便计算，通常直接使用利润表中的利息费用。

利息保障倍数反映企业用经营所得支付债务利息的能力。利息保障倍数越高，说明企业支付利息费用的能力越强，该比率越低，说明企业难以保证用经营所得来及时足额地支付负债利息。因此，它是企业是否举债经营，衡量其偿债能力强弱的主要指标。若要合理地确定企业的利息保障倍数，需将该指标与其他企业，特别是同行业平均水平进行比较。根据稳健原则，应以指标最低年份的数据作为参照物。一般情况下，利息保障倍数不能低于1。

依据报表资料计算丰润公司利息保障倍数：

$$本年利息保障倍数=\frac{1\ 367\ 940+219\ 430}{219\ 430}=7.23$$

$$上年利息保障倍数=\frac{873\ 040+85\ 000}{85\ 000}=11.27$$

计算结果表明，该企业本年利息保障倍数虽然较上年有所降低，但是远远高于1，其原因可能是借款发生在年末，导致利息费用相对较少，利息支出有充分保障。

长期偿债能力的分析主要是对债权人和投资人权益保障程度的分析。税务人员根据该类指标可以总体把握企业资产的规模构成状况，了解企业负债所承担的成本以及对税收的影响，并对企业未来实现的税收走势作出预测。

（二）反映营运能力的比率

营运能力也称资产周转速度，用来衡量小企业资产管理方面的效率。反映营运能力的比率一般包括应收账款周转率和存货周转率。

1. 应收账款周转率

应收账款周转率是反映应收账款周转速度的比率，一般有两种表示方法，即应收账款周转次数和应收账款周转天数。

（1）应收账款周转次数。应收账款周转次数反映一定时期内应收账款的平均周转次数，是一定时期赊销净额与应收账款平均余额的比率，计算公式为：

$$\text{应收账款周转次数}=\frac{\text{赊销净额}}{\text{应收账款平均余额}}$$

其中：

$$\begin{aligned}\text{赊销净额}&=\text{营业收入}-\text{现销收入}-\text{销货退回}\\&\quad-\text{销售折扣}-\text{销售折让}\end{aligned}$$

$$\text{应收账款平均余额}=\frac{\text{期初应收账款余额}+\text{期末应收账款余额}}{2}$$

实务中，由于赊销净额属于商业秘密，企业外部人员分析时通常以营业收入取代赊销净额。

应收账款周转次数是一个正指标。应收账款周转率越高，平均收账期越短，说明应收账款的收回越快，企业应收账款的管理水平就越高。否则，周转次数越少，说明应收账款的变现能力越弱，企业的营运资金会过多地呆滞在应收账款上，影响企业正常的资金周转。

（2）应收账款周转天数。应收账款周转天数也称平均收账期，反映年度内应收账款平均变现一次所需要的天数，即企业从取得应收账款的权利到收回款项、转换为现金所需要的时间，计算公式为：

$$应收账款周转天数=\frac{360}{应收账款周转次数}=\frac{应收账款平均余额\times 360}{赊销净额}$$

应收账款周转天数越短越好。应收账款的周转次数越多，则周转天越短，说明流动资金使用效率越好；反之，周转次数越少，则周转天数越长，从而影响流动资金的使用效益。

依据报表资料计算丰润公司应收账款周转率：

$$应收账款周转次数=\frac{9\ 385\ 000}{3\ 224\ 925}=2.91$$

$$应收账款周转天数=\frac{360}{2.91}=123.71$$

2. 存货周转率

存货周转率，是反映存货周转速度的比率，一般有两种表示方法，即存货周转次数和存货周转天数。

（1）存货周转次数。存货周转次数反映年度内存货平均周转的次数，是营业成本与平均存货的比率，计算公式为：

$$存货周转次数=\frac{营业成本}{平均存货}$$

其中：

$$平均存货=\frac{期初存货+期末存货}{2}$$

存货周转率指标反映企业存货管理水平的高低。存货周转次数越多，说明存货周转越快，存货的占用水平越低，存货转换为现金或应收账款的速度越快，企业实现盈利的能力也就越强。反之，存货周转次数越少，说明企业占用在存货上的资金越多，存货转换为现金或应收账款的速度越慢，存货管理水平就越低。因此，提高存货周转率可以提高企业的变现能力。

（2）存货周转天数。

$$存货周转天数=\frac{360}{存货周转次数}=\frac{平均存货\times 360}{营业成本}$$

该指标可用来评价企业的存货管理水平，还可用来衡量企业存货的变现能力。如果存货适销对路，存货的变现能力强，则存货周转的次数就越多，周转天数就越少；反之，如果存货积压，变现能力差，则存货周转次数就越少，周转天数就越长。

依据报表资料计算丰润公司存货周转率：

$$存货周转次数=\frac{5\ 649\ 500}{1\ 943\ 500}=2.9$$

$$存货周转次数=\frac{360}{2.9}=124.14$$

实务中，对反映营运能力比率的分析，应有一定的比较标准，如同行业标准进行对比分析，同时结合企业历史指标进行趋势分析，才能反映出企业的实际营运能力及其变动趋势。

税务人员在利用营运能力比率时，应结合基期数据进行综合分析。如果存货周转率和应收账款周转率比前期加快，表明企业存货占用水平较低，流动性较强，企业实现销售的能力增强，存货转变为现金、应收账款的速度加快，从而实现税收的能力也会相应增加。在这种情况下，如果企业应纳税额没有增加，反而出现减少的迹象，则可能存在隐瞒销售收入、虚列成本的问题。

（三）反映获利能力的指标

获利能力，是小企业获得利润的能力，用来衡量小企业的经营成果。反映获利能力的指标一般包括销售利润率、销售毛利率、总资产报酬率、所有者权益净利率。

1. 销售利润率

销售利润率是小企业实现的净利润与营业收入的比率，计算公式为：

$$销售利润率=\frac{净利润}{销售收入}\times 100\%$$

其中：

$$净利润=利润总额-所得税费用$$

销售利润率指标表示营业收入实现的收益水平。该指标越大越好，该指标的变化反映小企业经营理财状况的稳定性以及面临的危险或可能出现的转机。销售利润率也可以分解为销售毛利率、销售成本率、销售费用率、管理费用率、财务费用率等指标，税务人员可以据此分析纳税人的各项费用的发生情况，判断小企业是否存在多列成本费用的问题。

依据报表资料计算丰润公司销售利润率：

$$本年销售利润率=\frac{997\ 519}{9\ 385\ 000}\times 100\%=10.63\%$$

$$上年销售利润率=\frac{616\ 940}{8\ 625\ 000}\times 100\%=7.15\%$$

2. 销售毛利率

销售毛利率是小企业获得的销售毛利与销售收入的比率，计算公式为：

$$销售毛利率=\frac{销售毛利}{销售收入}\times 100\%$$

其中：

销售毛利 = 销售收入 - 销售成本。

实务中，小企业外部分析者无法获得销售收入和销售成本的相关资料，通常以营业收入和营业成本取代销售收入和销售成本。

销售毛利率，表示每100元销售收入扣除销售成本后，有多少钱可以用于各项期间费用支出和形成盈利。销售毛利率是税务人员分析企业纳税情况常用的、也是最基础的指标。在实际工作中，不同行业之间的毛利率差别很大，但是，同一行业或者相同产品之间的毛利率，在正常情况下变化不会太大。因此，当一个企业的毛利率不符合该行业标准或变化出现异常时（主要是偏低），应进一步分析其变动原因，可能存在少计收入或虚列成本的问题。

依据报表资料计算丰润公司销售毛利率：

$$本年销售毛利率=\frac{9\ 385\ 000-5\ 649\ 500}{9\ 385\ 000}\times 100\%=39.8\%$$

$$上年销售毛利率=\frac{8\ 625\ 000-6\ 060\ 500}{8\ 625\ 000}\times 100\%=29.73\%$$

3. 总资产报酬率

总资产报酬率也称基本获利率，反映了企业总体的获利能力，是息税前利润与平均资产总额的比率，计算公式为：

$$总资产报酬率=\frac{息税前利润}{平均资产总额}\times 100\%$$

其中：

$$息税前利润 = 利润总额 + 利息费用$$

$$平均资产总额 = \frac{期初资产总额 + 期末资产总额}{2}$$

总资产报酬率指标将企业的全部资产作为一种投入，而对应的回报就是息税前利润，以此可以评价企业的投入和产出的效率。该指标越高，说明企业的投资回报就越大。如果总资产报酬率高于银行贷款利率，在不考虑其他因素影响的情况下，表明企业在支付了贷款利息后仍能获利，这时企业应当选择举债经营。税务人员在运用该指标时，应当结合其他指标进行综合分析，尤其是当总资产报酬率等于或低于银行贷款利率时，要分析其原因，可能存在隐瞒收入或者多列成本费用的问题。

依据报表资料计算丰润公司总资产报酬率：

$$总资产报酬率 = \frac{1\ 367\ 940 + 219\ 430}{12\ 789\ 875} \times 100\% = 12.41\%$$

4. 所有者权益净利率

所有者权益净利率是小企业实现的净利润与所有者权益平均总额的比率，计算公式为：

$$所有者权益净利率 = \frac{净利润}{所有者权益平均总额} \times 100\%$$

其中：

$$所有者权益平均总额 = \frac{期初所有者权益总额 + 期末所有者权益总额}{2}$$

所有者权益净利率指标反映所有者投资的获利能力。该指标越高，说明企业所有者权益的获利能力越强；反之，该指标越低，说明企业所有者权益的获利能力越弱。影响所有者权益净利率的因素，除了企业的获利水平和所有者权益大小以外，小企业的负债也会影响它的变化。根据“资产 = 负债 + 所有者权益”的恒等式原理分析，当一个企业的负债增时，在资产不变的情况下，必然会导致所有者权益的减少，从而使所有者权益净利率上升。因此，税务人员可以结合该指标的变化，在分析小企业净资产获利能力的基础上，分析负债的变化对税收的影响。

依据报表资料计算丰润公司所有者权益净利率：

$$所有者权益净利率=\frac{997\ 519}{6\ 340\ 505.5}\times100\%=15.73\%$$

实务中，对反映获利能力指标的分析，应有一定的比较标准，如同行业标准进行对比分析，同时结合企业历史指标进行趋势分析，才能反映出企业的实际获利能力及其变动趋势。

附录1

中小企业划型标准规定

2011年6月18日　工信部联企业［2011］300号

一、根据《中华人民共和国中小企业促进法》和《国务院关于进一步促进中小企业发展的若干意见》（国发［2009］36号），制定本规定。

二、中小企业划分为中型、小型、微型三种类型，具体标准根据企业从业人员、营业收入、资产总额等指标，结合行业特点制定。

三、本规定适用的行业包括：农、林、牧、渔业，工业（包括采矿业，制造业，电力、热力、燃气及水生产和供应业），建筑业，批发业，零售业，交通运输业（不含铁路运输业），仓储业，邮政业，住宿业，餐饮业，信息传输业（包括电信、互联网和相关服务），软件和信息技术服务业，房地产开发经营，物业管理，租赁和商务服务业，其他未列明行业（包括科学研究和技术服务业，水利、环境和公共设施管理业，居民服务、修理和其他服务业，社会工作，文化、体育和娱乐业等）。

四、各行业划型标准为：

（一）农、林、牧、渔业。营业收入20 000万元以下的为中小微型企业。其中，营业收入500万元及以上的为中型企业，营业收入50万元及以上的为小型企业，营业收入50万元以下的为微型企业。

（二）工业。从业人员1 000人以下或营业收入40 000万元以下的为中小微型企业。其中，从业人员300人及以上，且营业收入2 000万元及以上的为中型企业；从业人员20人及以上，且营业收入300万元及以上的为小型企业；从业人员20人以下或营业收入300万元以下的为微型企业。

（三）建筑业。营业收入80 000万元以下或资产总额80 000万元以下的为中小微型企业。其中，营业收入6 000万元及以上，且资产总额5 000万元及以上的为中型企业；营业收入300万元及以上，且资产总额300万元及以上的为小型企业；营业收入300万元以下或资产总额300万元以下的为微型企业。

（四）批发业。从业人员200人以下或营业收入40 000万元以下的为中小微型企业。从业人员20人及以上，且营业收入5 000万元及以上的为中型企业；从业人员5人及以上，且营业收入1 000万元及以上的为小型企业；从业人员5人以下或营业收入1 000万元以下的为微型企业。

（五）零售业。从业人员 300 人以下或营业收入 20 000 万元以下的为中小微型企业。其中，从业人员 50 人及以上，且营业收入 500 万元及以上的为中型企业；从业人员 10 人及以上，且营业收入 100 万元及以上的为小型企业；从业人员 10 人以下或营业收入 100 万元以下的为微型企业。

（六）交通运输业。从业人员 1 000 人以下或营业收入 30 000 万元以下的为中小微型企业。其中，从业人员 300 人及以上，且营业收入 3 000 万元及以上的为中型企业；从业人员 20 人及以上，且营业收入 200 万元及以上的为小型企业；从业人员 20 人以下或营业收入 200 万元以下的为微型企业。

（七）仓储业。从业人员 200 人以下或营业收入 30 000 万元以下的为中小微型企业。其中，从业人员 100 人及以上，且营业收入 1 000 万元及以上的为中型企业；从业人员 20 人及以上，且营业收入 100 万元及以上的为小型企业；从业人员 20 人以下或营业收入 100 万元以下的为微型企业。

（八）邮政业。从业人员 1 000 人以下或营业收入 30 000 万元以下的为中小微型企业。其中，从业人员 300 人及以上，且营业收入 2 000 万元及以上的为中型企业；从业人员 20 人及以上，且营业收入 100 万元及以上的为小型企业；从业人员 20 人以下或营业收入 100 万元以下的为微型企业。

（九）住宿业。从业人员 300 人以下或营业收入 10 000 万元以下的为中小微型企业。其中，从业人员 100 人及以上，且营业收入 2 000 万元及以上的为中型企业；从业人员 10 人及以上，且营业收入 100 万元及以上的为小型企业；从业人员 10 人以下或营业收入 100 万元以下的为微型企业。

（十）餐饮业。从业人员 300 人以下或营业收入 10 000 万元以下的为中小微型企业。其中，从业人员 100 人及以上，且营业收入 2 000 万元及以上的为中型企业；从业人员 10 人及以上，且营业收入 100 万元及以上的为小型企业；从业人员 10 人以下或营业收入 100 万元以下的为微型企业。

（十一）信息传输业。从业人员 2 000 人以下或营业收入 100 000 万元以下的为中小微型企业。其中，从业人员 100 人及以上，且营业收入 1 000 万元及以上的为中型企业；从业人员 10 人及以上，且营业收入 100 万元及以上的为小型企业；从业人员 10 人以下或营业收入 100 万元以下的为微型企业。

（十二）软件和信息技术服务业。从业人员 300 人以下或营业收入 10 000 万元以下的为中小微型企业。其中，从业人员 100 人及以上，且营业收入 1 000 万元及以上的为中型企业；从业人员 10 人及以上，且营业收入 50 万元及以上的为小型企业；从业人员 10 人以下或营业收入 50 万元以下的为微型企业。

（十三）房地产开发经营。营业收入 200 000 万元以下或资产总额 10 000 万元以下的为中小微型企业。其中，营业收入 1 000 万元及以上，且资产总额 5 000 万元及以上的为中型企业；营业收入 100 万元及以上，且资产总额 2 000 万元及以上的为小型企业；营业收入 100 万元以下或资产总额 2 000 万元以下的为微型企业。

（十四）物业管理。从业人员 1 000 人以下或营业收入 5 000 万元以下的为中小微型企业。其中，从业人员 300 人及以上，且营业收入 1 000 万元及以上的为中型企业；从业人员 100 人及以上，且营业收入 500 万元及以上的为小型企业；从业人员 100 人以下或营业收入 500 万元以下的为微型企业。

（十五）租赁和商务服务业。从业人员 300 人以下或资产总额 120 000 万元以下的为中小微型企业。其中，从业人员 100 人及以上，且资产总额 8 000 万元及以上的为中型企业；从业人员 10 人及以上，且资产总额 100 万元及以上的为小型企业；从业人员 10 人以下或资产总额 100 万元以下的为微型企业。

（十六）其他未列明行业。从业人员 300 人以下的为中小微型企业。其中，从业人员 100 人及以上的为中型企业；从业人员 10 人及以上的为小型企业；从业人员 10 人以下的为微型企业。

五、企业类型的划分以统计部门的统计数据为依据。

六、本规定适用于在中华人民共和国境内依法设立的各类所有制和各种组织形式的企业。个体工商户和本规定以外的行业，参照本规定进行划型。

七、本规定的中型企业标准上限即为大型企业标准的下限，国家统计部门据此制定大中小微型企业的统计分类。国务院有关部门据此进行相关数据分析，不得制定与本规定不一致的企业划型标准。

八、本规定由工业和信息化部、国家统计局会同有关部门根据《国民经济行业分类》修订情况和企业发展变化情况适时修订。

九、本规定由工业和信息化部、国家统计局会同有关部门负责解释。

十、本规定自发布之日起执行，原国家经贸委、原国家计委、财政部和国家统计局 2003 年颁布的《中小企业标准暂行规定》同时废止。

附录 2

小企业会计准则

2011 年 10 月 18 日　财会［2011］17 号

第一章　总　　则

第一条　为了规范小企业会计确认、计量和报告行为，促进小企业可持续发展，发挥小企业在国民经济和社会发展中的重要作用，根据《中华人民共和国会计法》及其他有关法律和法规，制定本准则。

第二条　本准则适用于在中华人民共和国境内依法设立的、符合《中小企业划型标准规定》所规定的小型企业标准的企业。

下列三类小企业除外：

（一）股票或债券在市场上公开交易的小企业。

（二）金融机构或其他具有金融性质的小企业。

（三）企业集团内的母公司和子公司。

前款所称企业集团、母公司和子公司的定义与《企业会计准则》的规定相同。

第三条　符合本准则第二条规定的小企业，可以执行本准则，也可以执行《企业会计准则》。

（一）执行本准则的小企业，发生的交易或者事项本准则未作规范的，可以参照《企业会计准则》中的相关规定进行处理。

（二）执行《企业会计准则》的小企业，不得在执行《企业会计准则》的同时，选择执行本准则的相关规定。

（三）执行本准则的小企业公开发行股票或债券的，应当转为执行《企业会计准则》；因经营规模或企业性质变化导致不符合本准则第二条规定而成为大中型企业或金融企业的，应当从次年 1 月 1 日起转为执行《企业会计准则》。

（四）已执行《企业会计准则》的上市公司、大中型企业和小企业，不得转为执行本准则。

第四条　执行本准则的小企业转为执行《企业会计准则》时，应当按照《企业会计准则第 38 号——首次执行企业会计准则》等相关规定进行会计处理。

第二章 资　　产

第五条　资产，是指小企业过去的交易或者事项形成的、由小企业拥有或者控制的、预期会给小企业带来经济利益的资源。

小企业的资产按照流动性，可分为流动资产和非流动资产。

第六条　小企业的资产应当按照成本计量，不计提资产减值准备。

第一节　流动资产

第七条　小企业的流动资产，是指预计在1年内（含1年，下同）或超过1年的一个正常营业周期内变现、出售或耗用的资产。

小企业的流动资产包括：货币资金、短期投资、应收及预付款项、存货等。

第八条　短期投资，是指小企业购入的能随时变现并且持有时间不准备超过1年（含1年，下同）的投资，如小企业以赚取差价为目的从二级市场购入的股票、债券、基金等。

短期投资应当按照以下规定进行会计处理：

（一）以支付现金取得的短期投资，应当按照购买价款和相关税费作为成本进行计量。

实际支付价款中包含的已宣告但尚未发放的现金股利或已到付息期但尚未领取的债券利息，应当单独确认为应收股利或应收利息，不计入短期投资的成本。

（二）在短期投资持有期间，被投资单位宣告分派的现金股利或在债务人应付利息日按照分期付息、一次还本债券投资的票面利率计算的利息收入，应当计入投资收益。

（三）出售短期投资，出售价款扣除其账面余额、相关税费后的净额，应当计入投资收益。

第九条　应收及预付款项，是指小企业在日常生产经营活动中发生的各项债权。包括应收票据、应收账款、应收股利、应收利息、其他应收款等应收款项和预付账款。

应收及预付款项应当按照发生额入账。

第十条　小企业应收及预付款项符合下列条件之一的，减除可收回的金额后确认的无法收回的应收及预付款项，作为坏账损失：

（一）债务人依法宣告破产、关闭、解散、被撤销，或者被依法注销、吊销营业执照，其清算财产不足清偿的。

（二）债务人死亡，或者依法被宣告失踪、死亡，其财产或者遗产不足清偿的。

（三）债务人逾期3年以上未清偿，且有确凿证据证明已无力清偿债务的。

（四）与债务人达成债务重组协议或法院批准破产重整计划后，无法追偿的。

（五）因自然灾害、战争等不可抗力导致无法收回的。

（六）国务院财政、税务主管部门规定的其他条件。

应收及预付款项的坏账损失应当于实际发生时计入营业外支出，同时冲减应收及预付款项。

第十一条 存货，是指小企业在日常生产经营过程中持有以备出售的产成品或商品、处在生产过程中的在产品、将在生产过程或提供劳务过程中耗用的材料和物料等，以及小企业（农、林、牧、渔业）为出售而持有的、或在将来收获为农产品的消耗性生物资产。

小企业的存货包括原材料、在产品、半成品、产成品、商品、周转材料、委托加工物资、消耗性生物资产等。

（一）原材料，是指小企业在生产过程中经加工改变其形态或性质并构成产品主要实体的各种原料及主要材料、辅助材料、外购半成品（外购件）、修理用备件（备品备件）、包装材料、燃料等。

（二）在产品，是指小企业正在制造尚未完工的产品。包括：正在各个生产工序加工的产品，以及已加工完毕但尚未检验或已检验但尚未办理入库手续的产品。

（三）半成品，是指小企业经过一定生产过程并已检验合格交付半成品仓库保管，但尚未制造完工成为产成品，仍需进一步加工的中间产品。

（四）产成品，是指小企业已经完成全部生产过程并已验收入库，符合标准规格和技术条件，可以按照合同规定的条件送交订货单位，或者可以作为商品对外销售的产品。

（五）商品，是指小企业（批发业、零售业）外购或委托加工完成并已验收入库用于销售的各种商品。

（六）周转材料，是指小企业能够多次使用、逐渐转移其价值但仍保持原有形态且不确认为固定资产的材料。包括：包装物、低值易耗品、小企业（建筑业）的钢模板、木模板、脚手架等。

（七）委托加工物资，是指小企业委托外单位加工的各种材料、商品等物资。

（八）消耗性生物资产，是指小企业（农、林、牧、渔业）生长中的大田作物、蔬菜、用材林以及存栏待售的牲畜等。

第十二条 小企业取得的存货，应当按照成本进行计量。

（一）外购存货的成本包括：购买价款、相关税费、运输费、装卸费、保险费以及在外购存货过程发生的其他直接费用，但不含按照税法规定可以抵扣的增值税进项税额。

（二）通过进一步加工取得存货的成本包括：直接材料、直接人工以及按照一定方法分配的制造费用。

经过 1 年期以上的制造才能达到预定可销售状态的存货发生的借款费用，也计入存货的成本。

前款所称借款费用，是指小企业因借款而发生的利息及其他相关成本。包括：借款利息、辅助费用以及因外币借款而发生的汇兑差额等。

（三）投资者投入存货的成本，应当按照评估价值确定。

（四）提供劳务的成本包括：与劳务提供直接相关的人工费、材料费和应分摊的间接费用。

（五）自行栽培、营造、繁殖或养殖的消耗性生物资产的成本，应当按照下列规定确定：

1. 自行栽培的大田作物和蔬菜的成本包括：在收获前耗用的种子、肥料、农药等材料费、人工费和应分摊的间接费用。

2. 自行营造的林木类消耗性生物资产的成本包括：郁闭前发生的造林费、抚育费、营林设施费、良种试验费、调查设计费和应分摊的间接费用。

3. 自行繁殖的育肥畜的成本包括：出售前发生的饲料费、人工费和应分摊的间接费用。

4. 水产养殖的动物和植物的成本包括：在出售或入库前耗用的苗种、饲料、肥料等材料费、人工费和应分摊的间接费用。

（六）盘盈存货的成本，应当按照同类或类似存货的市场价格或评估价值确定。

第十三条 小企业应当采用先进先出法、加权平均法或者个别计价法确定发出存货的实际成本。计价方法一经选用，不得随意变更。

对于性质和用途相似的存货，应当采用相同的成本计算方法确定发出存货的成本。

对于不能替代使用的存货、为特定项目专门购入或制造的存货以及提供的劳务，采用个别计价法确定发出存货的成本。

对于周转材料，采用一次转销法进行会计处理，在领用时按其成本计入生产成本或当期损益；金额较大的周转材料，也可以采用分次摊销法进行会计处理。出租或出借周转材料，不需要结转其成本，但应当进行备查登记。

对于已售存货，应当将其成本结转为营业成本。

第十四条 小企业应当根据生产特点和成本管理的要求，选择适合于本企业的成本核算对象、成本项目和成本计算方法。

小企业发生的各项生产费用，应当按照成本核算对象和成本项目分别归集。

（一）属于材料费、人工费等直接费用，直接计入基本生产成本和辅助生产成本。

（二）属于辅助生产车间为生产产品提供的动力等直接费用，可以先作为辅助生产成本进行归集，然后按照合理的方法分配计入基本生产成本；也可以直接计入所生产产品发生的生产成本。

（三）其他间接费用应当作为制造费用进行归集，月度终了，再按一定的分配标准，分配计入有关产品的成本。

第十五条 存货发生毁损，处置收入、可收回的责任人赔偿和保险赔款，扣除其成本、相关税费后的净额，应当计入营业外支出或营业外收入。

盘盈存货实现的收益应当计入营业外收入。

盘亏存货发生的损失应当计入营业外支出。

第二节 长期投资

第十六条 小企业的非流动资产，是指流动资产以外的资产。

小企业的非流动资产包括：长期债券投资、长期股权投资、固定资产、生产性生物资产、无形资产、长期待摊费用等。

第十七条 长期债券投资，是指小企业准备长期（在1年以上，下同）持有的债券投资。

第十八条 长期债券投资应当按照购买价款和相关税费作为成本进行计量。

实际支付价款中包含的已到付息期但尚未领取的债券利息，应当单独确认为应收利息，不计入长期债券投资的成本。

第十九条 长期债券投资在持有期间发生的应收利息应当确认为投资收益。

（一）分期付息、一次还本的长期债券投资，在债务人应付利息日按照票面利率计算的应收未收利息收入应当确认为应收利息，不增加长期债券投资的账面余额。

（二）一次还本付息的长期债券投资，在债务人应付利息日按照票面利率计算的应收未收利息收入应当增加长期债券投资的账面余额。

（三）债券的折价或者溢价在债券存续期间内于确认相关债券利息收入时采用直线法进行摊销。

第二十条 长期债券投资到期，小企业收回长期债券投资，应当冲减其账面余额。处置长期债券投资，处置价款扣除其账面余额、相关税费后的净额，应当计入投资收益。

第二十一条 小企业长期债券投资符合本准则第十条所列条件之一的，减除可收回的金额后确认的无法收回的长期债券投资，作为长期债券投资损失。

长期债券投资损失应当于实际发生时计入营业外支出，同时冲减长期债券投资账面余额。

第二十二条 长期股权投资，是指小企业准备长期持有的权益性投资。

第二十三条 长期股权投资应当按照成本进行计量。

（一）以支付现金取得的长期股权投资，应当按照购买价款和相关税费作为成本进行计量。

实际支付价款中包含的已宣告但尚未发放的现金股利，应当单独确认为应收股利，不计入长期股权投资的成本。

（二）通过非货币性资产交换取得的长期股权投资，应当按照换出非货币性资产的评估价值和相关税费作为成本进行计量。

第二十四条 长期股权投资应当采用成本法进行会计处理。

在长期股权投资持有期间，被投资单位宣告分派的现金股利或利润，应当按照应分得的金额确认为投资收益。

第二十五条 处置长期股权投资，处置价款扣除其成本、相关税费后的净额，应当计入投资收益。

第二十六条 小企业长期股权投资符合下列条件之一的，减除可收回的金额后确认的无法收回的长期股权投资，作为长期股权投资损失：

（一）被投资单位依法宣告破产、关闭、解散、被撤销，或者被依法注销、吊销营业执照的。

（二）被投资单位财务状况严重恶化，累计发生巨额亏损，已连续停止经营3年以上，且无重新恢复经营改组计划的。

（三）对被投资单位不具有控制权，投资期限届满或者投资期限已超过10年，且被投资单位因连续3年经营亏损导致资不抵债的。

（四）被投资单位财务状况严重恶化，累计发生巨额亏损，已完成清算或清算期超过3年以上的。

（五）国务院财政、税务主管部门规定的其他条件。

长期股权投资损失应当于实际发生时计入营业外支出，同时冲减长期股权投资账面余额。

第三节 固定资产和生产性生物资产

第二十七条 固定资产，是指小企业为生产产品、提供劳务、出租或经营管理而持有的，使用寿命超过1年的有形资产。

小企业的固定资产包括：房屋、建筑物、机器、机械、运输工具、设备、器具、工具等。

第二十八条 固定资产应当按照成本进行计量。

（一）外购固定资产的成本包括：购买价款、相关税费、运输费、装卸费、保险费、安装费等，但不含按照税法规定可以抵扣的增值税进项税额。

以一笔款项购入多项没有单独标价的固定资产，应当按照各项固定资产或类似资产的市场价格或评估价值比例对总成本进行分配，分别确定各项固定资产的成本。

（二）自行建造固定资产的成本，由建造该项资产在竣工决算前发生的支出（含相关的借款费用）构成。

小企业在建工程在试运转过程中形成的产品、副产品或试车收入冲减在建工程成本。

（三）投资者投入固定资产的成本，应当按照评估价值和相关税费确定。

（四）融资租入的固定资产的成本，应当按照租赁合同约定的付款总额和在签订租赁合同过程中发生的相关税费等确定。

（五）盘盈固定资产的成本，应当按照同类或者类似固定资产的市场价格或评估价值，扣除按照该项固定资产新旧程度估计的折旧后的余额确定。

第二十九条 小企业应当对所有固定资产计提折旧，但已提足折旧仍继续使用的固定资产和单独计价入账的土地不得计提折旧。

固定资产的折旧费应当根据固定资产的受益对象计入相关资产成本或者当期损益。

前款所称折旧，是指在固定资产使用寿命内，按照确定的方法对应计折旧额进行系统分摊。应计折旧额，是指应当计提折旧的固定资产的原价（成本）扣除其预计净残值后的金额。预计净残值，是指固定资产预计使用寿命已满，小企业从该项固定资产处置中获得的扣除预计处置费用后的净额。已提足折旧，是指已经提足该项固定资产的应计折旧额。

第三十条 小企业应当按照年限平均法（即直线法，下同）计提折旧。小企业的固定资产由于技术进步等原因，确需加速折旧的，可以采用双倍余额递减法和年数总和法。

小企业应当根据固定资产的性质和使用情况，并考虑税法的规定，合理确定固定资产的使用寿命和预计净残值。

固定资产的折旧方法、使用寿命、预计净残值一经确定，不得随意变更。

第三十一条 小企业应当按月计提折旧，当月增加的固定资产，当月不计提折旧，从下月起计提折旧；当月减少的固定资产，当月仍计提折旧，从下月起不计提折旧。

第三十二条 固定资产的日常修理费，应当在发生时根据固定资产的受益对象计入相关资产成本或者当期损益。

第三十三条 固定资产的改建支出，应当计入固定资产的成本，但已提足折旧的固定资产和经营租入的固定资产发生的改建支出应当计入长期待摊费用。

前款所称固定资产的改建支出，是指改变房屋或者建筑物结构、延长使用年限等发生的支出。

第三十四条 处置固定资产，处置收入扣除其账面价值、相关税费和清理费用后的净额，应当计入营业外收入或营业外支出。

前款所称固定资产的账面价值，是指固定资产原价（成本）扣减累计折旧后的金额。

盘亏固定资产发生的损失应当计入营业外支出。

第三十五条 生产性生物资产，是指小企业（农、林、牧、渔业）为生产农产品、提供劳务或出租等目的而持有的生物资产。包括：经济林、薪炭林、产畜和役畜等。

第三十六条 生产性生物资产应当按照成本进行计量。

（一）外购的生产性生物资产的成本，应当按照购买价款和相关税费确定。

（二）自行营造或繁殖的生产性生物资产的成本，应当按照下列规定确定：

1. 自行营造的林木类生产性生物资产的成本包括：达到预定生产经营目的前发生的造林费、抚育费、营林设施费、良种试验费、调查设计费和应分摊的间接费用等必要支出。

2. 自行繁殖的产畜和役畜的成本包括：达到预定生产经营目的前发生的饲料费、人工费和应分摊的间接费用等必要支出。

前款所称达到预定生产经营目的，是指生产性生物资产进入正常生产期，可以多年连续稳定产出农产品、提供劳务或出租。

第三十七条 生产性生物资产应当按照年限平均法计提折旧。

小企业（农、林、牧、渔业）应当根据生产性生物资产的性质和使用情况，并考虑税法的规定，合理确定生产性生物资产的使用寿命和预计净残值。

生产性生物资产的折旧方法、使用寿命、预计净残值一经确定，不得随意变更。

小企业（农、林、牧、渔业）应当自生产性生物资产投入使用月份的下月起按月计提折旧；停止使用的生产性生物资产，应当自停止使用月份的下月起停止计提折旧。

第四节 无形资产

第三十八条 无形资产，是指小企业为生产产品、提供劳务、出租或经营管理而持有的、没有实物形态的可辨认非货币性资产。

小企业的无形资产包括：土地使用权、专利权、商标权、著作权、非专利技术等。

自行开发建造厂房等建筑物，相关的土地使用权与建筑物应当分别进行处理。外购土地及建筑物支付的价款应当在建筑物与土地使用权之间按照合理的方法进行分配；难以合理分配的，应当全部作为固定资产。

第三十九条 无形资产应当按照成本进行计量。

（一）外购无形资产的成本包括：购买价款、相关税费和相关的其他支出（含相关的借款费用）。

（二）投资者投入的无形资产的成本，应当按照评估价值和相关税费确定。

（三）自行开发的无形资产的成本，由符合资本化条件后至达到预定用途前发生的支出（含相关的借款费用）构成。

第四十条 小企业自行开发无形资产发生的支出，同时满足下列条件的，才能确认为无形资产：

（一）完成该无形资产以使其能够使用或出售在技术上具有可行性；

（二）具有完成该无形资产并使用或出售的意图；

（三）能够证明运用该无形资产生产的产品存在市场或无形资产自身存在市场，无形资产将在内部使用的，应当证明其有用性；

（四）有足够的技术、财务资源和其他资源支持，以完成该无形资产的开发，并有能力使用或出售该无形资产；

（五）归属于该无形资产开发阶段的支出能够可靠地计量。

第四十一条 无形资产应当在其使用寿命内采用年限平均法进行摊销，根据其受益对象计入相关资产成本或者当期损益。

无形资产的摊销期自其可供使用时开始至停止使用或出售时止。有关法律规定或合同约定了使用年限的，可以按照规定或约定的使用年限分期摊销。

小企业不能可靠估计无形资产使用寿命的，摊销期不得低于10年。

第四十二条 处置无形资产，处置收入扣除其账面价值、相关税费等后的净额，应当计入营业外收入或营业外支出。

前款所称无形资产的账面价值，是指无形资产的成本扣减累计摊销后的金额。

第五节 长期待摊费用

第四十三条 小企业的长期待摊费用包括：已提足折旧的固定资产的改建支出、经营租入固定资产的改建支出、固定资产的大修理支出和其他长期待摊费用等。

前款所称固定资产的大修理支出，是指同时符合下列条件的支出：

（一）修理支出达到取得固定资产时的计税基础50%以上；

（二）修理后固定资产的使用寿命延长2年以上。

第四十四条 长期待摊费用应当在其摊销期限内采用年限平均法进行摊销，根据其受益对象计入相关资产的成本或者管理费用，并冲减长期待摊费用。

（一）已提足折旧的固定资产的改建支出，按照固定资产预计尚可使用年限分期摊销。

（二）经营租入固定资产的改建支出，按照合同约定的剩余租赁期限分期摊销。

（三）固定资产的大修理支出，按照固定资产尚可使用年限分期摊销。

（四）其他长期待摊费用，自支出发生月份的下月起分期摊销，摊销期不得低于3年。

第三章 负 债

第四十五条 负债，是指小企业过去的交易或者事项形成的，预期会导致经济利益流出小企业的现时义务。

小企业的负债按照其流动性，可分为流动负债和非流动负债。

第一节 流动负债

第四十六条 小企业的流动负债，是指预计在1年内或者超过1年的一个正常营业周期内清偿的债务。

小企业的流动负债包括：短期借款、应付及预收款项、应付职工薪酬、应交税费、应付利息等。

第四十七条 各项流动负债应当按照其实际发生额入账。

小企业确实无法偿付的应付款项，应当计入营业外收入。

第四十八条 短期借款应当按照借款本金和借款合同利率在应付利息日计提利息费用，计入财务费用。

第四十九条 应付职工薪酬，是指小企业为获得职工提供的服务而应付给职工的各种形式的报酬以及其他相关支出。

小企业的职工薪酬包括：

（一）职工工资、奖金、津贴和补贴。

（二）职工福利费。

（三）医疗保险费、养老保险费、失业保险费、工伤保险费和生育保险费等社会保险费。

（四）住房公积金。

（五）工会经费和职工教育经费。

（六）非货币性福利。

（七）因解除与职工的劳动关系给予的补偿。

（八）其他与获得职工提供的服务相关的支出等。

第五十条 小企业应当在职工为其提供服务的会计期间，将应付的职工薪酬确认为负债，并根据职工提供服务的受益对象，分别下列情况进行会计处理：

（一）应由生产产品、提供劳务负担的职工薪酬，计入产品成本或劳务成本。

（二）应由在建工程、无形资产开发项目负担的职工薪酬，计入固定资产成本或无形资产成本。

（三）其他职工薪酬（含因解除与职工的劳动关系给予的补偿），计入当期损益。

第二节 非流动负债

第五十一条 小企业的非流动负债，是指流动负债以外的负债。

小企业的非流动负债包括：长期借款、长期应付款等。

第五十二条 非流动负债应当按照其实际发生额入账。

长期借款应当按照借款本金和借款合同利率在应付利息日计提利息费用，计入相关资产成本或财务费用。

第四章 所有者权益

第五十三条 所有者权益，是指小企业资产扣除负债后由所有者享有的剩余权益。

小企业的所有者权益包括：实收资本（或股本，下同）、资本公积、盈余公积和未分配利润。

第五十四条 实收资本，是指投资者按照合同协议约定或相关规定投入到小企业、构成小企业注册资本的部分。

（一）小企业收到投资者以现金或非货币性资产投入的资本，应当按照其在本企业注册资本中所占的份额计入实收资本，超出的部分，应当计入资本公积。

（二）投资者根据有关规定对小企业进行增资或减资，小企业应当增加或减少实收资本。

第五十五条 资本公积，是指小企业收到的投资者出资额超过其在注册资本或股本中所占份额的部分。

小企业用资本公积转增资本，应当冲减资本公积。小企业的资本公积不得用于弥补亏损。

第五十六条 盈余公积，是指小企业按照法律规定在税后利润中提取的法定公积金和任意公积金。

小企业用盈余公积弥补亏损或者转增资本，应当冲减盈余公积。小企业的盈余公积还可以用于扩大生产经营。

第五十七条 未分配利润，是指小企业实现的净利润，经过弥补亏损、提取法定公积金和任意公积金、向投资者分配利润后，留存在本企业的、历年结存的利润。

第五章　收　　入

第五十八条 收入，是指小企业在日常生产经营活动中形成的、会导致所有者权益增加、与所有者投入资本无关的经济利益的总流入。包括：销售商品收入和提供劳务收入。

第五十九条 销售商品收入，是指小企业销售商品（或产成品、材料，下同）取得的收入。

通常，小企业应当在发出商品且收到货款或取得收款权利时，确认销售商品收入。

（一）销售商品采用托收承付方式的，在办妥托收手续时确认收入。

（二）销售商品采取预收款方式的，在发出商品时确认收入。

（三）销售商品采用分期收款方式的，在合同约定的收款日期确认收入。

（四）销售商品需要安装和检验的，在购买方接受商品以及安装和检验完毕时确认收入。安装程序比较简单的，可在发出商品时确认收入。

（五）销售商品采用支付手续费方式委托代销的，在收到代销清单时确认收入。

（六）销售商品以旧换新的，销售的商品作为商品销售处理，回收的商品作为购进商品处理。

（七）采取产品分成方式取得的收入，在分得产品之日按照产品的市场价格或评估价值确定销售商品收入金额。

第六十条 小企业应当按照从购买方已收或应收的合同或协议价款，确定销售商品收入金额。

销售商品涉及现金折扣的，应当按照扣除现金折扣前的金额确定销售商品收入金额。现金折扣应当在实际发生时，计入当期损益。

销售商品涉及商业折扣的，应当按照扣除商业折扣后的金额确定销售商品收入金额。

前款所称现金折扣，是指债权人为鼓励债务人在规定的期限内付款而向债务人提供的债务扣除。商业折扣，是指小企业为促进商品销售而在商品标价上给予的价格扣除。

第六十一条 小企业已经确认销售商品收入的售出商品发生的销售退回（不论属于本年度还是属于以前年度的销售），应当在发生时冲减当期销售商品收入。

小企业已经确认销售商品收入的售出商品发生的销售折让，应当在发生时冲减当期销售商品收入。

前款所称销售退回，是指小企业售出的商品由于质量、品种不符合要求等原因发生的退货。销售折让，是指小企业因售出商品的质量不合格等原因而在售价上给予的减让。

第六十二条 小企业提供劳务的收入，是指小企业从事建筑安装、修理修配、交通运输、仓储租赁、邮电通信、咨询经纪、文化体育、科学研究、技术服务、教育培训、餐饮住宿、中介代理、卫生保健、社区服务、旅游、娱乐、加工以及其他劳务服务活动取得的收入。

第六十三条 同一会计年度内开始并完成的劳务，应当在提供劳务交易完成且收到款项或取得收款权利时，确认提供劳务收入。提供劳务收入的金额为从接受劳务方已收或应收的合同或协议价款。

劳务的开始和完成分属不同会计年度的，应当按照完工进度确认提供劳务收入。年度资产负债表日，按照提供劳务收入总额乘以完工进度扣除以前会计年度累计已确认提供劳务收入后的金额，确认本年度的提供劳务收入；同时，按照估计的提供劳务成本总额乘以完工进度扣除以前会计年度累计已确认营业成本后的金额，结转本年度营业成本。

第六十四条 小企业与其他企业签订的合同或协议包含销售商品和提供劳务时，销售商品部分和提供劳务部分能够区分且能够单独计量的，应当将销售商品的部分作为销售商品处理，将提供劳务的部分作为提供劳务处理。

销售商品部分和提供劳务部分不能够区分，或虽能区分但不能够单独计量的，应当作为销售商品处理。

第六章 费 用

第六十五条 费用，是指小企业在日常生产经营活动中发生的、会导致所有者权益减少、与向所有者分配利润无关的经济利益的总流出。

小企业的费用包括：营业成本、营业税金及附加、销售费用、管理费用、财务费用等。

（一）营业成本，是指小企业所销售商品的成本和所提供劳务的成本。

（二）营业税金及附加，是指小企业开展日常生产经营活动应负担的消费税、营业税、城市维护建设税、资源税、土地增值税、城镇土地使用税、房产税、车船税、印花税和教育费附加、矿产资源补偿费、排污费等。

（三）销售费用，是指小企业在销售商品或提供劳务过程中发生的各种费用。包括：销售人员的职工薪酬、商品维修费、运输费、装卸费、包装费、保险费、广告费、业务宣传费、展览费等费用。

小企业（批发业、零售业）在购买商品过程中发生的费用（包括：运输费、装卸费、包装费、保险费、运输途中的合理损耗和入库前的挑选整理费等）也构成销售费用。

（四）管理费用，是指小企业为组织和管理生产经营发生的其他费用。包括：小企业在筹建期间内发生的开办费、行政管理部门发生的费用（包括：固定资产折旧费、修理费、办公费、水电费、差旅费、管理人员的职工薪酬等）、业务招待费、研究费用、技术转让费、相关长期待摊费用摊销、财产保险费、聘请中介机构费、咨询费（含顾问费）、诉讼费等费用。

（五）财务费用，是指小企业为筹集生产经营所需资金发生的筹资费用。包括：利息费用（减利息收入）、汇兑损失、银行相关手续费、小企业给予的现金折扣（减享受的现金折扣）等费用。

第六十六条 通常，小企业的费用应当在发生时按照其发生额计入当期损益。

小企业销售商品收入和提供劳务收入已予确认的，应当将已销售商品和已提供劳务的成本作为营业成本结转至当期损益。

第七章 利润及利润分配

第六十七条 利润，是指小企业在一定会计期间的经营成果。包括：营业利润、利润总额和净利润。

（一）营业利润，是指营业收入减去营业成本、营业税金及附加、销售费用、管理费用、财务费用，加上投资收益（或减去投资损失）后的金额。

前款所称营业收入，是指小企业销售商品和提供劳务实现的收入总额。投资收益，由小企业股权投资取得的现金股利（或利润）、债券投资取得的利息收入和处置股权投资和债券投资取得的处置价款扣除成本或账面余额、相关税费后的净额三部分构成。

（二）利润总额，是指营业利润加上营业外收入，减去营业外支出后的金额。

（三）净利润，是指利润总额减去所得税费用后的净额。

第六十八条 营业外收入，是指小企业非日常生产经营活动形成的、应当计入当期损益、会导致所有者权益增加、与所有者投入资本无关的经济利益的净流入。

小企业的营业外收入包括：非流动资产处置净收益、政府补助、捐赠收益、盘盈收益、汇兑收益、出租包装物和商品的租金收入、逾期未退包装物押金收益、确实无法偿付的应付款项、已作坏账损失处理后又收回的应收款项、违约金收益等。

通常，小企业的营业外收入应当在实现时按照其实现金额计入当期损益。

第六十九条 政府补助，是指小企业从政府无偿取得货币性资产或非货币性资产，但不含政府作为小企业所有者投入的资本。

（一）小企业收到与资产相关的政府补助，应当确认为递延收益，并在相关资产的使用寿命内平均分配，计入营业外收入。

收到的其他政府补助，用于补偿本企业以后期间的相关费用或亏损的，确认为递延收益，并在确认相关费用或发生亏损的期间，计入营业外收入；用于补偿本企业已发生的相关费用或亏损的，直接计入营业外收入。

（二）政府补助为货币性资产的，应当按照收到的金额计量。

政府补助为非货币性资产的，政府提供了有关凭据的，应当按照凭据上标明的金额计量；政府没有提供有关凭据的，应当按照同类或类似资产的市场价格或评估价值计量。

（三）小企业按照规定实行企业所得税、增值税、消费税、营业税等先征后返的，应当在实际收到返还的企业所得税、增值税（不含出口退税）、消费税、营业税时，计入营业外收入。

第七十条 营业外支出，是指小企业非日常生产经营活动发生的、应当计入当期损益、会导致所有者权益减少、与向所有者分配利润无关的经济利益的净流出。

小企业的营业外支出包括：存货的盘亏、毁损、报废损失，非流动资产处置净损失，坏账损失，无法收回的长期债券投资损失，无法收回的长期股权投资损失，自然灾害等不可抗力因素造成的损失，税收滞纳金，罚金，罚款，被没收财物的损失，捐赠支出，赞助支出等。通常，小企业的营业外支出应当在发生时按照其发生额计入当期损益。

第七十一条 小企业应当按照企业所得税法规定计算的当期应纳税额，确认所得税费用。

小企业应当在利润总额的基础上，按照企业所得税法规定进行纳税调整，计算出当期应纳税所得额，按照应纳税所得额与适用所得税税率为基础计算确定当期应纳税额。

第七十二条 小企业以当年净利润弥补以前年度亏损等剩余的税后利润，可用于向投资者进行分配。

小企业（公司制）在分配当年税后利润时，应当按照公司法的规定提取法定公积金和任意公积金。

第八章 外币业务

第七十三条 小企业的外币业务由外币交易和外币财务报表折算构成。

第七十四条　外币交易，是指小企业以外币计价或者结算的交易。

小企业的外币交易包括：买入或者卖出以外币计价的商品或者劳务、借入或者借出外币资金和其他以外币计价或者结算的交易。

前款所称外币，是指小企业记账本位币以外的货币。记账本位币，是指小企业经营所处的主要经济环境中的货币。

第七十五条　小企业应当选择人民币作为记账本位币。业务收支以人民币以外的货币为主的小企业，可以选定其中一种货币作为记账本位币，但编报的财务报表应当折算为人民币财务报表。

小企业记账本位币一经确定，不得随意变更，但小企业经营所处的主要经济环境发生重大变化除外。

小企业因经营所处的主要经济环境发生重大变化，确需变更记账本位币的，应当采用变更当日的即期汇率将所有项目折算为变更后的记账本位币。

前款所称即期汇率，是指中国人民银行公布的当日人民币外汇牌价的中间价。

第七十六条　小企业对于发生的外币交易，应当将外币金额折算为记账本位币金额。

外币交易在初始确认时，采用交易发生日的即期汇率将外币金额折算为记账本位币金额；也可以采用交易当期平均汇率折算。

小企业收到投资者以外币投入的资本，应当采用交易发生日即期汇率折算，不得采用合同约定汇率和交易当期平均汇率折算。

第七十七条　小企业在资产负债表日，应当按照下列规定对外币货币性项目和外币非货币性项目进行会计处理：

（一）外币货币性项目，采用资产负债表日的即期汇率折算。因资产负债表日即期汇率与初始确认时或者前一资产负债表日即期汇率不同而产生的汇兑差额，计入当期损益。

（二）以历史成本计量的外币非货币性项目，仍采用交易发生日的即期汇率折算，不改变其记账本位币金额。

前款所称货币性项目，是指小企业持有的货币资金和将以固定或可确定的金额收取的资产或者偿付的负债。货币性项目分为货币性资产和货币性负债。货币性资产包括：库存现金、银行存款、应收账款、其他应收款等；货币性负债包括：短期借款、应付账款、其他应付款、长期借款、长期应付款等。非货币性项目，是指货币性项目以外的项目。包括：存货、长期股权投资、固定资产、无形资产等。

第七十八条　小企业对外币财务报表进行折算时，应当采用资产负债表日的即期汇率对外币资产负债表、利润表和现金流量表的所有项目进行折算。

第九章　财务报表

第七十九条　财务报表，是指对小企业财务状况、经营成果和现金流量的结构性表述。小企业的财务报表至少应当包括下列组成部分：

（一）资产负债表；

（二）利润表；

（三）现金流量表；

（四）附注。

第八十条 资产负债表，是指反映小企业在某一特定日期的财务状况的报表。

（一）资产负债表中的资产类至少应当单独列示反映下列信息的项目：

1. 货币资金；
2. 应收及预付款项；
3. 存货；
4. 长期债券投资；
5. 长期股权投资；
6. 固定资产；
7. 生产性生物资产；
8. 无形资产；
9. 长期待摊费用。

（二）资产负债表中的负债类至少应当单独列示反映下列信息的项目：

1. 短期借款；
2. 应付及预收款项；
3. 应付职工薪酬；
4. 应交税费；
5. 应付利息；
6. 长期借款；
7. 长期应付款。

（三）资产负债表中的所有者权益类至少应当单独列示反映下列信息的项目：

1. 实收资本；
2. 资本公积；
3. 盈余公积；
4. 未分配利润。

（四）资产负债表中的资产类应当包括流动资产和非流动资产的合计项目；负债类应当包括流动负债、非流动负债和负债的合计项目；所有者权益类应当包括所有者权益的合计项目。

资产负债表应当列示资产总计项目，负债和所有者权益总计项目。

第八十一条 利润表，是指反映小企业在一定会计期间的经营成果的报表。

费用应当按照功能分类，分为营业成本、营业税金及附加、销售费用、管理费用和财务费用等。

利润表至少应当单独列示反映下列信息的项目：

（一）营业收入；

（二）营业成本；

（三）营业税金及附加；

（四）销售费用；

（五）管理费用；

（六）财务费用；

（七）所得税费用；

（八）净利润。

第八十二条 现金流量表，是指反映小企业在一定会计期间现金流入和流出情况的报表。

现金流量表应当分别经营活动、投资活动和筹资活动列报现金流量。现金流量应当分别按照现金流入和现金流出总额列报。

前款所称现金，是指小企业的库存现金以及可以随时用于支付的存款和其他货币资金。

第八十三条 经营活动，是指小企业投资活动和筹资活动以外的所有交易和事项。

小企业经营活动产生的现金流量应当单独列示反映下列信息的项目：

（一）销售产成品、商品、提供劳务收到的现金；

（二）购买原材料、商品、接受劳务支付的现金；

（三）支付的职工薪酬；

（四）支付的税费。

第八十四条 投资活动，是指小企业固定资产、无形资产、其他非流动资产的购建和短期投资、长期债券投资、长期股权投资及其处置活动。

小企业投资活动产生的现金流量应当单独列示反映下列信息的项目：

（一）收回短期投资、长期债券投资和长期股权投资收到的现金；

（二）取得投资收益收到的现金；

（三）处置固定资产、无形资产和其他非流动资产收回的现金净额；

（四）短期投资、长期债券投资和长期股权投资支付的现金；

（五）购建固定资产、无形资产和其他非流动资产支付的现金。

第八十五条 筹资活动，是指导致小企业资本及债务规模和构成发生变化的活动。

小企业筹资活动产生的现金流量应当单独列示反映下列信息的项目：

（一）取得借款收到的现金；

（二）吸收投资者投资收到的现金；

（三）偿还借款本金支付的现金；

附录3

小企业会计科目表

顺序号	编号	会计科目名称	顺序号	编号	会计科目名称
		一、资产类	35	2202	应付账款
1	1001	库存现金	36	2203	预收账款
2	1002	银行存款	37	2211	应付职工薪酬
3	1012	其他货币资金	38	2221	应交税费
4	1101	短期投资	39	2231	应付利息
5	1121	应收票据	40	2232	应付利润
6	1122	应收账款	41	2241	其他应付款
7	1123	预付账款	42	2401	递延收益
8	1131	应收股利	43	2501	长期借款
9	1132	应收利息	44	2701	长期应付款
10	1221	其他应收款	三、所有者权益类		
11	1401	材料采购	45	3001	实收资本
12	1402	在途物资	46	3002	资本公积
13	1403	原材料	47	3101	盈余公积
14	1404	材料成本差异	48	3103	本年利润
15	1405	库存商品	49	3104	利润分配
16	1407	商品进销差价	四、成本类		
17	1408	委托加工物资	50	4001	生产成本
18	1411	周转材料	51	4101	制造费用
19	1421	消耗性生物资产	52	4301	研发支出
20	1501	长期债券投资	53	4401	工程施工
21	1511	长期股权投资	54	4403	机械作业
22	1601	固定资产	五、损益类		
23	1602	累计折旧	55	5001	主营业务收入
24	1604	在建工程	56	5051	其他业务收入
25	1605	工程物资	57	5111	投资收益
26	1606	固定资产清理	58	5301	营业外收入
27	1621	生产性生物资产	59	5401	主营业务成本
28	1622	生产性生物资产累计折旧	60	5402	其他业务成本
29	1701	无形资产	61	5403	营业税金及附加
30	1702	累计摊销	62	5601	销售费用
31	1801	长期待摊费用	63	5602	管理费用
32	1901	待处理财产损溢	64	5603	财务费用
		二、负债类	65	5711	营业外支出
33	2001	短期借款	66	5801	所得税费用
34	2201	应付票据			

（四）偿还借款利息支付的现金；

（五）分配利润支付的现金。

第八十六条 附注，是指对在资产负债表、利润表和现金流量表等报表中列示项目的文字描述或明细资料，以及对未能在这些报表中列示项目的说明等。

附注应当按照下列顺序披露：

（一）遵循小企业会计准则的声明。

（二）短期投资、应收账款、存货、固定资产项目的说明。

（三）应付职工薪酬、应交税费项目的说明。

（四）利润分配的说明。

（五）用于对外担保的资产名称、账面余额及形成的原因；未决诉讼、未决仲裁以及对外提供担保所涉及的金额。

（六）发生严重亏损的，应当披露持续经营的计划、未来经营的方案。

（七）对已在资产负债表和利润表中列示项目与企业所得税法规定存在差异的纳税调整过程。

（八）其他需要在附注中说明的事项。

第八十七条 小企业应当根据实际发生的交易和事项，按照本准则的规定进行确认和计量，在此基础上按月或者按季编制财务报表。

第八十八条 小企业对会计政策变更、会计估计变更和会计差错更正应当采用未来适用法进行会计处理。

前款所称会计政策，是指小企业在会计确认、计量和报告中所采用的原则、基础和会计处理方法。会计估计变更，是指由于资产和负债的当前状况及预期经济利益和义务发生了变化，从而对资产或负债的账面价值或者资产的定期消耗金额进行调整。前期差错包括：计算错误、应用会计政策错误、应用会计估计错误等。未来适用法，是指将变更后的会计政策和会计估计应用于变更日及以后发生的交易或者事项，或者在会计差错发生或发现的当期更正差错的方法。

第十章　附　则

第八十九条 符合《中小企业划型标准规定》所规定的微型企业标准的企业参照执行本准则。

第九十条 本准则自2013年1月1日起施行。财政部2004年发布的《小企业会计制度》（财会［2004］2号）同时废止。